LATEIN IN UNSERER ZEIT

herausgegeben von
Werner Müller, Günter Lachawitz,
Renate Oswald, Wolfgang J. Pietsch

DAS LEKTÜREBUCH

BAND I

ROSTRA

AMOR VINCIT OMNIA

GRUNDFRAGEN DER MENSCHLICHEN EXISTENZ

IOCUS – IAMBUS – SATURA

BRAUMÜLLER

Mit Bescheid des Bundesministeriums für Unterricht, Kunst und Kultur für den Unterrichtsgebrauch an nachstehend angeführtem Schultyp im Unterrichtsgegenstand **Latein** als geeignet erklärt:
GZ 5.004/0014-Präs. 8/2009 vom 25.02.2010 für die 7. und 8. Klasse an **allgemein bildenden höheren Schulen** (vierjähriges Latein).

Dieses Werk wurde auf Grundlage eines zielorientierten Lehrplans verfasst. Konkretisierung, Gewichtung und Umsetzung der Inhalte erfolgen durch die Lehrerinnen und Lehrer.

Dieses Schulbuch folgt den Bestimmungen der **Neuregelung der deutschen Rechtschreibung**. Primärtexte folgen der Rechtschreibung der angegebenen Quelle.

Schulbuchnummer: 150.593

1. Auflage 2010 (1.00)

Dieser Sammelband beruht auf den folgenden Einzelbänden der Reihe„Latein in unserer Zeit":
„Rostra. Politik und Rhetorik von der Antike bis heute" von Wolfgang Schepelmann und Werner Müller
„Amor vincit omnia. Liebe, Lust und Leidenschaft in der lateinischen Literatur" von Eva Cescutti und Christian Goldstern
„Grundfragen der menschlichen Existenz. Sinn und Glück im Spiegel der antiken Philosophie" von Eva Fussl und Maximilian Fussl
„Iocus – Iambus – Satura. Heiteres und Hintergründiges in lateinischen Texten" von Günter Lachawitz

Schulbuchvergütung/Bildrechte: © VBK/Wien
Bildnachweis: siehe S. 155 f.

Umschlag, Innengestaltung und Bildbearbeitung: Grieder Graphik, A 2083 Pleissing
Coverbild/Bildausschnitte:
1. Statue Ciceros am Palazzo di Giustizia in Rom, entstanden 1889–1910 als Teil der Fassadengestaltung von A. Maccagnani, E. Quattrini, M. Benini, M. Tripisciano, A. Dazzi und E. Bianchi; „Concert". Montage: Rosi Grieder
2 Erotische Szene. Fußbodenmosaik im Schlafgemach (3./4. Jh. n. Chr.), Piazza Armerina (Sizilien)
3 Akademie des Platon. Mosaik aus Torre Annunziata, aus vespasianischer Zeit, Neapel, Archäologisches Nationalmuseum
4 Dioskurides von Samos: fahrende Schauspieler und Musikanten. Pompeji, Museo Nazionale
Vollständige Abbildungen siehe S. 1, 39, 75, 113; Bildnachweis S. 155 f.

Druck: Druckerei Theiss GmbH, A 9431 St. Stefan im Lavanttal
ISBN 978-3-7003-1729-6

Vorwort

Dieser Band ist der erste Teil eines Unterrichtswerkes, mit dem die Forderungen des Lehrplans 2004 für die **7. und 8. Klassen des vierjährigen Lateinunterrichts** abgedeckt werden. Die Erarbeitung aller sieben Module ist verpflichtend, Reihenfolge und Schwerpunktsetzung bleiben der Lehrerin/dem Lehrer überlassen. Wenn auch die Auswahl an Texten reichlich und das Angebot an Hintergrundinformation ausgewogen ist, so kann es durchaus sinnvoll sein, zur Behandlung eines Schwerpunktthemas die ausführlicheren Modulbände der Reihe „Latein in unserer Zeit" heranzuziehen. Dieser Band deckt vier Module ab:

Teil 1 ist dem Modul **„Politik und Rhetorik"** gewidmet. Anhand von Texten aus Ciceros Reden gegen Verres und Catilina kann die enge Verknüpfung von rhetorischer Kunst und politischer Wirksamkeit gezeigt werden, eine Verknüpfung, die selbst noch in der berühmten, aber fiktiven Rede aus Shakespeares Drama „Julius Caesar" deutlich wird. Staatsphilosophische Theorien können in Auszügen aus Ciceros *„De re publica"*, Augustinus' *„De civitate Dei"* und Thomas Morus' *„Utopia"* angerissen werden.

Teil 2 stellt zum Modul **„Liebe, Lust und Leidenschaft"** eine Fülle von vornehmlich poetischen Texten bereit, in denen Catull und Ovid, die Meister der subjektiven römischen Liebeslyrik und der Liebes-Didaktik, ausgiebig zu Wort kommen. Das unerschöpfliche Thema von wechselseitiger Empfindung, von Liebe und Partnerschaft wird jedoch auch blitzlichtartig einerseits in der früheren griechischen Philosophie (Platon in deutscher Übersetzung) erhellt, andererseits ins Christentum (Neues Testament), ins Mittelalter und bis in die Neuzeit verfolgt.

Teil 3 bringt zum Modul **„Formen der Lebensbewältigung"** lateinische Texte aus der Philosophie, vor allem aus der Teildisziplin der Ethik. Der großen Bedeutung der antiken Philosophie entsprechend gibt hier ein ausführliches Einleitungskapitel den nötigen philosophiegeschichtlichen Hintergrund, bevor dann die einzelnen Teilabschnitte – „Sinnvoller Umgang mit der Zeit: *otium – negotium*", „Wege zum glückseligen, sinnerfüllten Leben", „Formen der Lebensbewältigung" und „Grenzsituationen des Lebens: Krankheit und Tod" – vor allem Texte aus Senecas reichhaltigem Werk vorstellen.

Teil 4 stellt zum Modul **„Heiteres und Hintergründiges"** entsprechende Kostproben aus lateinischer Literatur vor. Hier darf gelacht oder zumindest gelächelt werden, wenn etwa Catulls Epigramme, voll von Spott und Ironie, auch heute noch ihre Wirkung entfalten, wenn Martials Gedichte mit satirischer Schärfe Missstände anprangern, die keineswegs auf das alte Rom beschränkt sein müssen. Humor, Witz und Ironie in lateinischer Sprache begegnen uns aber auch in spätantiken Anekdoten und, was vielleicht besonderes Erstaunen und Bewundern hervorrufen mag, in Texten von Zeitgenossen. Aber ob aus dem 20. Jahrhundert, aus Antike oder Mittelalter, die lateinische Literatur zeigt uns, dass sie weder in ihrer Form noch in ihrer Aussage „tot" ist. Vielmehr ist sie höchst lebendig. Man muss sie nur richtig lesen und verstehen können.

Die **Übersetzungshilfe** bietet so viele **Vokabelangaben**, dass eine einigermaßen flüssige Lektüre trotz der Vielfalt an nicht standardisiertem Wortgut möglich ist. Trotzdem ist auch die notwendige Übung im Umgang mit dem Wörterbuch gewährleistet. Komplexere syntaktische Strukturen werden durch einfach formulierte grammatikalische Erläuterungen, Strukturierungshilfen und/oder Übersetzungsvorschläge „entschärft". Im **Kommentarteil** wird die zum Textverständnis nötige Hintergrundinformation geboten. Namen, Funktionen, Wertbegriffe u. ä. werden hier erklärt. Mit den **Vertiefungsfragen** werden die Schülerinnen und Schüler zu einer eingehenderen Beschäftigung mit dem Textinhalt angeregt. Sie sind mit geringem Vorwissen anhand der jeweiligen Textpassagen und unter Heranziehung des **Stilmittel-Verzeichnisses** zu bewältigen. Eine kurz gefasste Einführung in die **Verslehre (Metrik**) ermöglicht den Schülerinnen und Schülern auch das rhythmische und metrische Verständnis lateinischer Dichtung.

Natürlich kann die Auswahl der Texte aus so umfangreichen Themenkreisen nur subjektiv und unvollständig sein. Sowohl die Texte selbst als auch die in den Einleitungen und Kommentaren vermittelten Informationen bieten jedoch genug Unterlagen und Anregungen zum Erarbeiten von Kern- und Spezialthemen für die Reifeprüfung. Sollte der Wunsch nach weiterer Information bestehen, sei auf die **Einzelbände** der Reihe **„Latein in unserer Zeit"** verwiesen, in denen auf die entsprechenden Themen ausführlich eingegangen wird.

Die **neue Reifeprüfung** (SKRP, gültig ab dem Schuljahr 2013/14) wird im Fach Latein vor allem Änderungen in der Gestaltung der Prüfungsaufgaben nach sich ziehen. Einschlägige Beispiele finden sich in der Reihe **„Latein in unserer Zeit – Übungstexte"** bzw. als Downloads von der Verlagshomepage **www.braumueller.at**. Die Arbeit mit und an den Texten im Unterricht ist nach wie vor Domäne der Kreativität der Lehrenden. Die vertiefenden Aufgabenstellungen, die sämtliche für die neue Reifeprüfung relevanten Kompetenzen abdecken, sind daher als Hilfestellung sowohl für die Unterrichtsarbeit als auch als Vorbereitung für die schriftliche Reifeprüfung in hohem Maße geeignet.

Das Team der Autoren und Herausgeber

Hinweise zur Verwendung des Buches

Neben den jeweiligen Texten befinden sich am Rand **Hinweise zur Übersetzung** (Vokabel und grammatikalische Erklärungen) sowie verwandte lateinische, englische und deutsche Wörter zum Sprachvergleich.

Im Anschluss an den Text folgt der eigentliche **Kommentar** mit literaturkundlichen, historischen und kulturhistorischen Informationen sowie Vergleichstexten. Dieser Kommentar sollte ebenso wie die Übersetzungshinweise für eine Sinn erfassende Arbeit am Text herangezogen werden und ist auch eine wesentliche Hilfe für die Beantwortung der Interpretationsfragen, die daran anschließen.

Der **Aufgabenteil (Vertiefung)** umfasst neben den Interpretationsfragen weiterführende Arbeitsaufgaben, Fragen mit Gegenwartsbezug sowie Querverbindungen zu anderen Unterrichtsfächern und Eigenbezügen der Schülerinnen und Schüler.

Die Zitierweise, auch der Eigennamen, entspricht im Wesentlichen der **Zitierweise des „Stowasser"**. Die abgekürzten Werktitel der antiken lateinischen Texte entsprechen der Zitierweise des *„Thesaurus linguae Latinae"*.

Um schwierigere Sätze und Textstrukturen durchsichtiger zu machen und um den Übersetzungsvorgang zu erleichtern, werden einzelne Texte in Teil 1 „kolometrisch" gedruckt: D. h. im Druckbild werden Haupt- und Gliedsätze oder Satzglieder voneinander abgesetzt, eingerückt und untereinander geschrieben. Das betrifft auch den AcI, der im Lateinischen als Satzglied und nicht als Gliedsatz gilt.

Zeichenerklärung:

➤ Querverweis

ā Langvokal; ĕ Kurzvokal

Inhalt

Teil 1 ROSTRA
Politik und Rhetorik von der Antike bis heute
Wolfgang Schepelmann, Werner Müller

Teil 2 AMOR VINCIT OMNIA

Liebe, Lust und Leidenschaft in der lateinischen Literatur

Eva Cescutti, Christian Goldstern

Teil 4 IOCUS – IAMBUS – SATURA
Heiteres und Hintergründiges in lateinischen Texten
Günter Lachawitz

Anhang

Abkürzungen

Abb.: Abbildung
abh.: abhängig
abl.: Ablativ
abl. comp.: ablativus comparationis
abl. instr.: ablativus instrumenti
abl. lim.: ablativus limitationis / der Beziehung
abl. sep.: ablativus separationis / separativus
acc.: Akkusativ
AcI: accusativus cum infinitivo
adi.: Adjektiv
adv.: Adverb
bez.: bezogen auf
c.: Kapitel
coni.: Konjunktiv
coni. irr.: coniunctivus irrealis
coni. opt.: coniunctivus optativus
coni. pot.: coniunctivus potentialis
dat.: Dativ
dat. auct.: dativus auctoris
dat. fin.: dativus finalis
dt.: deutsch
E-Text: Ergänzungstext
eigtl.: eigentlich
engl.: englisch
erg.: ergänze
etc.: et cetera
etw.: etwas
f.: feminin; folgende
gek.: gekürzt
gen.: Genitiv
gen. obi.: genitivus obiectivus
gen. part.: genetivus partitivus
griech.: griechisch
h.: hier
Imp.: Imperativ
Impf.: Imperfekt
ind.: Indikativ
indecl.: indeklinabel
indir.: indirekt
inf.: Infinitiv
Interrog.-Pron.: Interrogativpronomen
intr.: intransitiv (kein Akkusativobjekt verlangend)
ital.: italienisch
Jh.: Jahrhundert
K: Kommentar
km: Kilometer
konsek.: konsekutiv
lat.: lateinisch
m.: maskulin
med.: medial
n. Chr.: nach Christi Geburt
n.: neutrum
näml.: nämlich
NcI: nominativus cum infinitivo
nom.: Nominativ
o.a.: oben angeführt
obi.: Objekt
o.J.: ohne Jahresangabe
part.coni.: participium coniunctum
pass.: passiv
Perf.: Perfekt
PFA: Partizip Futur aktiv
pl.: plural
poet.: poetisch
PPP: participium perfecti passivum
praep.: Präposition
refl.: reflexiv
rel.: relativ
Rel.-Pron.: Relativpronomen
Rel.-Satz: Relativsatz
rhet.: rhetorisch
röm.: römisch
S.: Seite
s.: siehe
sc.: scilicet, wörtl. „man kann es wissen" = selbstverständlich, denke dir dazu, ergänze
sg.: singular
sog.: sogenannt
subst.: substantivisch, Substantiv
T: Text
übers.: übersetzt
unpers.: unpersönlich
usw.: und so weiter
V: vertiefende Fragen
V.: Vers
v. Chr.: vor Christi Geburt
Vght.: Vergangenheit
vgl.: vergleiche
voc.: Vokativ
Z.: Zeile

ROSTRA 1

Politik und Rhetorik von der Antike bis heute

ausgewählt und erläutert von
Wolfgang Schepelmann und Werner Müller

Einführung

Gesellschaft und Politik in der römischen Republik und im Kaiserreich

Die Demokratie, sowohl die Athens zur Zeit des Perikles als auch die des modernen Parlamentarismus, war dem alten Rom völlig fremd. Schon seit der Gründung der Republik (um 510 v. Chr.) hatte es immer wieder Auseinandersetzungen zwischen den dominierenden **Patriziern**, den Häuptern der führenden Adelsgeschlechter, und den **Plebejern**, der nicht adeligen Volksmehrheit, gegeben. Als durch Roms zahlreiche Kriege die Bauern verarmten, entstand eine städtische Unterschicht, die ***plebs urbana***, die jeder politischen Agitation zugänglich war.
Im 1. Jh. v. Chr. wurde der Staat schließlich von einem unüberbrückbaren Gegensatz zwischen einer sehr reichen, wohlhabenden Minderheit und einer riesigen einflusslosen, oft verschuldeten und verarmten Mehrheit beherrscht. Diesem Gegensatz entsprachen zwei *factiones*, politische Gruppierungen, die oft in unversöhnlichem Hass einander gegenüber standen, die **„Optimaten"**, die Gruppe der wohlhabenden Senatsherrschaft, und die **„Popularen"**, die Vertreter der Volksversammlung. Die Gegensätze wurden noch durch die als Kontrolle der

***Abb. 1: Die Rostra vom Forum aus gesehen** (digitale Rekonstruktion der University of California Los Angeles, „Digital Roman Forum"). Das* rostrum *(eigtl. „Schnabel") bezeichnet den Schiffsschnabel, oder besser Rammsporn, einen spitzen, kräftigen, eisernen Stachel unter der Wasserlinie, mit dem ein feindliches Kriegsschiff gerammt und versenkt werden konnte. Im Jahre 338 v. Chr. ließ der Konsul C. Maenius nach dem Sieg über Antium die* rostra *der sechs erbeuteten Schiffe nach Rom bringen, wo sie als Trophäen die Rednerbühne schmückten. Von nun an wurde dieser Platz nach den Schiffsschnäbeln bezeichnet und bildete über Jahrhunderte das Zentrum des politischen Lebens in Rom. Später wurden weitere* rostra *hinzugefügt und die Anlage wurde immer wieder umgebaut. Der heutige Zustand geht auf eine Restauration im Jahre 1905 zurück. Die Bühne wurde von der Rückseite betreten, an der Fassade waren die eigentlichen* rostra *befestigt. Ein Rednerpult gab es nicht, da die Reden frei bzw. auswendig gehalten wurden. Die enormen Ausmaße (eine Front von 23,80 Metern!) waren nötig, weil neben dem Kaiser auch sein ganzes Gefolge Platz finden sollte. Eine der faszinierendsten Persönlichkeiten, die hier triumphale Erfolge feierte, war M. Tullius Cicero* *(➤ S. 7)*

Macht gedachte Kollegialität (zwei oder mehr Amtskollegen) und Annuität (ein Jahr Amtsdauer) der höchsten Magistrate, die sich oft in gegenseitiger Lähmung und Handlungsunfähigkeit auswirkte, verschärft.
Als schließlich **Iulius Caesar**, ein Vertreter der Popularen, die politische Bühne betrat, schien die Zeit reif für das Ende der aristokratischen Republik. Es wäre auch bereits ein gleitender Übergang zur Monarchie möglich gewesen, wenn der „Diktator auf Lebenszeit" nicht vorzeitig einem Attentat zum Opfer gefallen wäre (Iden des März = 15. März 44 v. Chr.). Der darauf folgende Bürgerkrieg mündete nach Ausrottung des größten Teils des alten Amtsadels in den Prinzipat (Vorherrschaft) des ersten „echten" römischen Kaisers, des **Augustus**.
Von da an (13. Jänner 27 v. Chr.) bis zum Ende des Römischen Reiches war Rom eine Monarchie, auch wenn die alten Ämter bestehen blieben. Tatsächlich herrschte unter den ersten Kaisern – mochten sie auch so wie Caligula und Nero willkürliche Despoten gewesen sein – innerer Friede. Das Reich blühte auf. Auch wenn es uns seltsam erscheinen mag, dass eine Diktatur von der Mehrheit der Bewohner einer „freien" Republik vorgezogen wurde, war dies in Rom angesichts der unschätzbaren Vorteile eines Friedensreiches nur allzu verständlich.

Reden und Politik

Auf den ersten Blick scheint es, als ob sich in der Bedeutung der politischen Rede bis zur heutigen Zeit nicht viel geändert hätte, nur dürfen wir nicht vergessen, dass es in der Gegenwart die Massenmedien gibt, die dem Politiker zusätzlich zum gesprochenen Wort ungeheuer vielfältige Beeinflussungsmöglichkeiten bieten. In der lateinisch-griechischen Welt offenbarte sich also **politisches Handeln** durch das gesprochene Wort; deswegen sind in allen lateinischen historischen Texten immer wieder Reden eingefügt, um die erzählten Geschehnisse verständlicher zu machen; daher werden auch die Reden der großen *oratores*, allen voran natürlich die Ciceros, bis auf den heutigen Tag als lebendiges Beispiel des freien Wortes gegenüber der realen Macht verstanden. In unserer Zeit hat Rhetorik oft einen zwiespältigen Ruf, aus verschiedenen Gründen. Einer ist das Blutbad, das demagogische Redner und Mörder wie Hitler und Goebbels im 20. Jh. angerichtet haben. Ein anderer ist das Misstrauen der Öffentlichkeit gegenüber den modernen Medien mit allen Möglichkeiten der **Massenmanipulation**, einschließlich politischer Propaganda und der Werbung für Konsumgüter.

*Abb. 2: **„L'arringatore"**, der Redner – jener Typus, den Cicero in seiner Meisterschaft wohl verkörperte. Etruskische Bronzeplastik (1. Jh. v. Chr.), Florenz, Nationalmuseum*

Auf der anderen Seite steht die Tatsache, dass gerade die großen internationalen Firmen ihre Führungskräfte in aufwendigen rhetorischen Seminaren in **moderner Redekunst** schulen und sogar im Deutschunterricht unserer höheren Schulen Präsentationstechniken und rhetorischer Darstellung immer mehr Bedeutung beigemessen wird. Die Beschäftigung mit der Entwicklung und dem Wesen der Redekunst ist also auch in der heutigen Zeit nutzbringend und fruchtbar.

Die Geschichte der Rhetorik

Die Geschichte der Rhetorik beginnt in Griechenland. Besondere Bedeutung kommt dabei den **Sophisten** zu, die an die Lehrbarkeit des Wissens glaubten (➤ S. 76). Ihre Überzeugungen trafen sich mit den Grundanliegen der Rhetorik, so in der systematischen Erfassung der Kunst des Überredens und im Interesse an materiellem Gewinn und Macht. Der Sophist **Gorgias** aus Sizilien, der 427 v. Chr. zum ersten Mal in Athen auftrat, war der erste große Redelehrer. Er war auch der Begründer der rhetorischen Figurenlehre (➤ S. 147 ff.).
Mit dem großen Philosophen **Sokrates** (ca. 470–399 v. Chr.) setzte die Gegenbewegung der Philosophie gegen die Sophistik ein (➤ S. 76 ff.). Sein Schüler **Platon** (428–348 v. Chr.) führte einen lebenslangen Kampf gegen die Rhetorik. Platons bedeutendster Schüler **Aristoteles** (384–322 v. Chr.) folgte zwar der sophistischen Tradition in der Redekunst, ging aber eigene Wege. Seine drei Bücher umfassende „Rhetorik" ist das bedeutendste aller existierenden Lehrbücher der Redekunst. Die großen attischen Redner des 4. Jhs. v. Chr., wie z. B. der berühmteste griechische Redner, **Demosthenes** (384–322 v. Chr.), wirkten zu allen Zeiten als Stilmuster nach, ohne jedoch die theoretische Diskussion weiterzuführen.
In Rom strömte mit der griechischen Bildung im 2. Jh. v. Chr. auch die griechische Rhetorik ein, erfuhr aber keine schöpferische Neugestaltung. Diese Mischung von rhetorischem und philosophischem Unterricht findet ihren Ausdruck in **Ciceros** Ideal des *orator sapiens*, des philosophisch gebildeten Redners und Staatsmannes. Ciceros wohl bedeutendste theoretische Leistung war die Entwicklung einer lateinischen Terminologie der Rhetorik. Seine wichtigsten theoretischen Bücher über die Redekunst sind eher unsystematisch: So behandelt *„De oratore"* (55 v. Chr.) die Frage nach dem Sachwissen des Redners, *„Brutus"* (46 v. Chr.) die Geschichte der römischen Beredsamkeit und der aus demselben Jahr stammende *„Orator"* das Thema des vollkommenen Redners und der besten Art des Redens (➤ T 1.1, S. 8).
In der **Kaiserzeit** schwindet mit dem Verlust der politischen Auseinandersetzungen auch die Bedeutung der Redekunst für das öffentliche Leben. Die Rhetorik, die seit Vespasian (regierte 69–79 n. Chr.) an staatlichen Schulen gelehrt wurde, entwickelte sich einerseits immer mehr zum Bildungsfach des Schulbetriebs, andererseits entstand ein regelrechtes Virtuosentum der professionellen Redekünstler. Das letzte große Lehrbuch in dieser Zeit – und das umfangreichste seiner Art – ist die *„Institutio oratoria"* des Spaniers **M. Fabius Quintilianus** (ca. 35–100 n. Chr.). Quintilian breitet darin das ganze rhetorische Wissen seiner Zeit aus, wobei ihm vor allem Cicero als großes Vorbild dient.
Im **Mittelalter** war die Rhetorik eines der Grundelemente des sogenannten „Trivium", das außerdem noch Grammatik und Dialektik umfasste und Bestandteil der „Sieben freien Künste" war. Bis etwa ins 18. Jh. durchdrang die Rhetorik die gesamte höhere Bildung.

1

Die Rede und ihr Aufbau

Eine Rede ist ein Stück Prosa, das ein konkretes persönliches, juridisches, gesellschaftliches oder politisches Problem zum Anlass nimmt, um – in ihrer ursprünglichen, **mündlichen** Fassung – dem Publikum den Standpunkt des Autors zu verdeutlichen und es womöglich davon zu überzeugen. Anders als heute war es in der Antike nicht üblich, Reden vor dem mündlichen Vortrag bereits schriftlich verteilen zu lassen oder sie von einem Manuskript abzulesen. Tatsächlich war die antike Rede der unmittelbare Ausdruck einer lebendigen Auseinandersetzung mit der politischen Wirklichkeit.

Die **schriftliche** Fassung einer Rede war entweder überhaupt nur zum Lesen bestimmt (wie Ciceros *„actio secunda“* gegen Verres), oder sie war die Neubearbeitung einer tatsächlich gehaltenen mündlichen Rede. So finden sich Elemente einer späteren Rechtfertigung in der aus dem Jahre 60 v. Chr. stammenden Fassung der Catilinarischen Reden. Solche zum Lesen aufbereitete oder ausschließlich dafür verfassten Reden zeigen, wie weit die Rhetorik über ihren unmittelbaren Anlassfall hinaus eigenständigen, ja literarischen, Charakter gewonnen hatte.

In der klassischen Rhetorik werden **drei Arten von Reden** unterschieden, wobei jedoch zu beachten ist, dass sich Cicero selbst oft über die Theorie hinwegsetzte.

1. Das **genus iudiciale**, die Gerichtsrede. Sie entspricht unserem Plädoyer. Es gab jeweils Anklage- und Verteidigungsreden. Oft waren mehrere Ankläger und Verteidiger an einem Fall beteiligt. Der typische Aufbau einer Gerichtsrede:
   exordium: Einleitung (Rechtfertigung der persönlichen Beteiligung an einem Prozess)
   narratio (und **divisio**): Erzählung des Hergangs (und Gliederung) des Sachverhalts
   argumentatio (**confirmatio** und **refutatio**): Beweisführung (Nachweis der eigenen Behauptungen und Widerlegung der gegnerischen). Dieser Teil, der z. B. in der Ersten Rede gegen Catilina (➤ S. 16 ff.)– die zwar politisch, aber in ihrem Aufbau doch Gerichtsrede ist – eine wesentliche Rolle spielt, fehlt in der Rede *„De signis“* gegen Verres, wo Einzelerzählungen die Beweise vertreten; Cicero nähert sich so der Dokumentation.
   peroratio*:* Schlusswort, meist recht pathetisch, mit der Bitte um Milde bzw. Strenge der Richter, oft verbunden mit einer Anrufung der Götter.
2. Das **genus deliberativum**, die „Abwägungsrede“. Ein politisches Problem wird nach verschiedenen Richtungen hin untersucht und die Meinung des Redners, z. B. hinsichtlich eines Gesetzesantrags, wird kundgetan.
3. Das **genus demonstrativum**, die „Hinweisungsrede“, die Gelegenheitsrede. Aus einem festlichen Anlass wird z. B. eine Dankesrede gehalten.

Die Gliederung dieser beiden letzteren Genera folgt keineswegs dem strengen Schema der Gerichtsrede, sondern orientiert sich am vorgegebenen Stoff.

In der rhetorischen Praxis gab es noch einen vierten Typus, die **Invektive** oder „Schmährede“. Ein – meist politischer – Gegner wird nach allen Regeln der Kunst „fertig gemacht“, wobei die Invektive keineswegs auf private, persönliche Angriffe verzichtet. Eine typische Invektive ist die zweite „Philippische Rede“. Sie lässt sich am ehesten mit dem Anklagetypus der Gerichtsrede vergleichen.

Aufgaben und Arbeit des Redners

Cicero (Or. 14, 16) sah in der philosophischen Schulung eine der Grundvoraussetzungen für einen erfolgreichen Redner, wobei er sich Demosthenes zum Vorbild nahm:

> Festgelegt sei daher vor allem, was später noch deutlicher zu erkennen sein wird: Dass es ohne die Philosophie nicht möglich ist, einen solchen Redner, den wir suchen, hervorzubringen. [...] Denn ohne die Schulung der Philosophen können wir weder Gattung und Art jeder Sache erkennen, noch sie in der Definition erklären, noch sie gliedern, noch beurteilen, was wahr und was falsch ist, noch die Konsequenzen erkennen, die Widersprüche sehen, die Doppeldeutigkeiten unterscheiden.

Diese Grundvoraussetzungen gestatten es dem Redner, mit größter intellektueller Sicherheit an seine Aufgaben bei der Gliederung und Abfassung der Rede heranzugehen. Diese Tätigkeiten sind in der rhetorischen Theorie ebenfalls genau eingeteilt, wobei die ersten drei Prinzipien auch heute beim Verfassen eines Aufsatzes nichts von ihrer Bedeutung verloren haben:

inventio: das Auffinden der Hauptgesichtspunkte, die Stoffsammlung. Dazu gehörte auch das Auffinden der passenden **„topoi“**, der *loci communes*, d. h. immer wieder verwendeter Beispiele („Gemeinplätze“) zur Unterstützung der Argumentation. (Heute werden unter „Topoi“ in der Literaturwissenschaft bestimmte Denk- und Ausdrucksschemata verstanden, die in Texten immer wiederkehren, so z. B. der Topos vom „unglücklichen Reichen“.)

dispositio: die Stoffgliederung nach wesentlichen und weniger wichtigen Teilen, auch heute noch „Disposition“ genannt

elocutio: Die stilistische Formulierung war für das Endprodukt, die fertige Rede, von besonders großer Bedeutung. Je nach Verwendungszweck wurden drei **Stilarten** eingesetzt:

- das **genus subtile** (der schlichte Stil), z. B. in der *narratio*,
- das **genus medium** (der mittlere Stil), z. B. in der *argumentatio*,
- das **genus grande** (der erhabene Stil), z. B. in der *peroratio*.

Zur Ausschmückung dienten die **Figuren** und **Tropen**, die Stilmittel der Rhetorik. Schließlich war auch die **Rhythmisierung der Aussagen** sehr wichtig, und so manche Wortfolge wurde nicht so sehr von ihrem Inhalt als von ihrem Rhythmus her bestimmt.

memoria: das Memorieren, das Auswendiglernen der Rede. Die Rede wurde ja nicht abgelesen, sondern frei vorgetragen.

actio: der eigentliche Vortrag. Dabei ging es nicht nur um die Sprechleistung an sich, sondern auch um die Mimik und Gestik des Redners, die genau einstudiert wurden.

Die Grundvoraussetzungen für diese Fähigkeiten und Techniken wurden in eigenen Rhetorenschulen gelehrt. Die großen Meister der Redekunst, wie Cicero, beherrschten sie so gut, dass sie wirkungsvolle Reden, wie z. B. die Erste Rede gegen Catilina, auch improvisieren konnten.

Staatslehre und Staatsräson

Die Staatslehre – auch Staatstheorie oder Staatsphilosophie genannt – beschäftigt sich mit der Frage der besten Staatsformen, dem Verhältnis von Herrscher und Volk zueinander, dem Wandel der Staatsformen und den juridischen wie ethischen Grundlagen staatlicher Ordnung.

Der erste bedeutende Staatstheoretiker war der Grieche **Platon** (428/7–348/7 v. Chr., ➤ S. 77 f.), der u. a. in seiner *„Politeia“* („Staat“) das Modell eines Idealstaates entwirft, in dem Gütergemeinschaft herrscht, die Menschen nach ethischen Grundsätzen erzogen werden und letztlich die Philosophen Könige bzw. die Könige Philosophen sein sollten.

Abb. 3: Platon*, Kopf einer Bronzestatue von Silanion (?; um 350 v. Chr.) in einer Marmorkopie aus dem 1. Jh. n. Chr., Schweiz, Privatbesitz*

Platons Schüler **Aristoteles** (384–322 v. Chr., ➤ S. 78 f.) wandte sich von dem rein theoretischen Programm seines Lehrers ab und betonte den Menschen als Individuum, als *zoon politikon* („die Gemeinschaft suchendes Lebewesen", bei Cicero: *animal sociale*). Deswegen müssten die realen Staaten untersucht und kritisiert werden. Damit steht Aristoteles an der Schwelle zu den hellenistischen Staatstheoretikern, deren bedeutendster der berühmte Historiker **Polybios** (200–120 v. Chr.) war (von dem Cicero stark beeinflusst wurde).

M. Tullius Cicero (106–43 v. Chr.), der große römische Staatsmann und Redner, war als Philosoph (➤ S. 81 f.) vornehmlich Eklektiker („Auswähler"). Ihm ging es darum, die griechische Philosophie einem darin noch weitgehend ungebildeten römischen Publikum schmackhaft zu machen.

Spätantike und neuzeitliche Staatslehre

Mit dem Sieg des Christentums (unter Kaiser Theodosius, 347–395 n. Chr., röm. Kaiser 379–394) änderte sich die Staatsauffassung Europas grundlegend. Anstelle der hellenistischen Kreislauftheorien traten theologisch inspirierte Lehren von der Geradlinigkeit der Weltschöpfung und der Zwei-Staaten-Lehre (**Augustinus**, 354–430 n. Chr.).

In der Neuzeit wurden von der Renaissance ausgehend zahlreiche Staatstheorien aufgestellt, so von **Niccolò Machiavelli** (1469–1527) in seinem Hauptwerk „Il Principe". Ein mächtiger „Fürst" muss die unberechenbaren Menschen im Zaum halten und voreinander schützen.

Thomas Morus (1478–1535, ➤ T 1.12, 1.13, S. 36 ff.) hielt in *„Utopia"* seiner Zeit einen gesellschaftskritischen Spiegel vor, der, weit vorausschauend, auch kommunistische Züge enthält.

Thomas Hobbes (1588–1679) behauptete in seinem „Leviathan" den „Krieg aller gegen alle", der durch einen vernunftmäßigen Gesellschaftsvertrag überwunden werden muss. Dennoch steht über allen der absolute Herrscher, der an kein Gesetz gebunden ist.

Seit der **Aufklärung** setzten sich jedoch die liberal geprägten Staatstheorien durch: **John Locke** (1632–1704) forderte ebenfalls einen Gesellschaftsvertrag, führte jedoch das in der heutigen amerikanischen Verfassung noch immer gültige System der „checks and balances" ein, um dem Machtmissbrauch entgegenzuwirken.

Vor allem aber **Jean-Jacques Rousseau** (1712–1778) war der Wegbereiter der modernen freiheitlichen Demokratie, da er forderte, in einem Gesellschaftsvertrag die natürliche Freiheit des Einzelnen als gesellschaftliche Freiheit wiederherzustellen.

In den Staatstheorien des 19. Jhs. wird einerseits der liberale Staat gefordert, der frei wirtschaften lässt und sich auf den Schutz der Bürger beschränkt, andererseits der sozialistische, der die Benachteiligten fördern soll, und der kommunistische: **Karl Marx** (1818–1883) beschwört die Revolution der Arbeiterklasse und die klassenlose Gesellschaft.

POLITIK UND RHETORIK

M. Tullius Cicero (106–43 v. Chr.)

Cicero war und ist der berühmteste Redner der Latinitas (des lateinischen Schrifttums). Er wurde 106 v. Chr. in Arpinum (heute Arpino, Mittelitalien) als Sohn eines Ritters geboren. Nach einer hervorragenden Ausbildung in Rom und Griechenland folgten bald die ersten rednerischen Erfolge, noch unter Sullas Diktatur, als er überzeugend gegen einen Günstling des Diktators auftrat.

75 v. Chr. war Cicero Quästor (Finanzverwalter) in Sizilien und wurde nach Ablauf seiner Amtstätigkeit von den Gemeinden der Insel beauftragt, den Prozess *de repetundis* (zur Wiedererstattung erpressten Vermögens) gegen den verbrecherischen Statthalter C. Verres zu führen (➤ T 1.2–1.4, S. 10 ff.). Ciceros Vorgehen war so erfolgreich, dass er ab diesem Zeitpunkt als bedeutendster Redner und Anwalt Roms galt.

63 v. Chr. wurde Cicero als *homo novus* (Aufsteiger ohne Bindung an die großen römischen Patrizierfamilien) Konsul. Es gelang ihm, die Verschwörung des Catilina aufzudecken (➤ T 1.5–1.7, S. 17 ff.).

Abb. 4: Cicero als Redner, Statue im Liceo Tulliano (M.-Tullius-Cicero-Gymnasium) in Arpino (Italien)

Nach dem ersten Triumvirat Caesars, Pompeius' und Crassus' (60 v. Chr.) musste er durch die Feindschaft der Popularen, die ihm die gesetzwidrige Hinrichtung der Catilinarier vorwarfen, 58 v. Chr. in die Verbannung nach Griechenland gehen. Ein Jahr später wurde er mit allen Ehren zurückgerufen, hatte aber keinen tatsächlichen politischen Einfluss mehr.

Im Bürgerkrieg entschied er sich für Pompeius. Nach dessen Niederlage bei Pharsalos (48 v. Chr.) wurde Cicero zwar von Caesar mit großer Freundlichkeit und Milde zurückberufen, empfand jedoch die folgenden Jahre als äußerst bedrückend. Nach Caesars Ermordung (15. März 44 v. Chr.) sah er noch einmal die Stunde der Freiheit gekommen, wurde Führer der Senatspartei und der Opposition, jedoch auf Befehl des Triumvirn Marcus Antonius am 7. Dezember 43 v. Chr. ermordet. Sein Kopf und seine Hände wurden auf dem Forum zur Schau gestellt.

Cicero über die Redekunst – *„Orator"*

Der *„Orator"* ist Brutus, dem Caesarmörder (➤ Abb. 5, S. 8), gewidmet. Wahrscheinlich entstand dieses Werk im Jahre 46 v. Chr., also in einer Zeit, als Cicero politisch zur Untätigkeit gezwungen war. Er beschreibt den idealen Redner und seine Kunst: Das Studium der Rhetorik sollte mit dem der Philosophie Hand in Hand gehen, das heißt, ein guter Redner musste auf eine umfassende Bildung und ein fundiertes Allgemeinwissen zurückgreifen können. Natürlich kamen dazu die fachlichen Fähigkeiten, wie der richtige Einsatz der Stilmittel und die Wahl der passenden Stilebene sowie ein gewisses theatralisches Element, mit dem die Begeisterung des Publikums errungen werden konnte.

1 text

M. Tullius Cicero,
Orator 1, 2–4
in kolometrischer Darstellung

Der gute Redner

1,2 Quid enim est maius quam,
cum tanta sit inter oratores bonos dissimilitudo,
iudicare,
quae sit optima species[1] et quasi figura dicendi[2]?
Quod[3] quoniam me saepius rogas,
aggrediar[4] non tam[5] perficiendi spe quam[5] experiendi voluntate.
Malo enim,
cum[6] studio[7] tuo sim obsecutus,
desiderari[8] a te prudentiam meam quam,
si id non fecerim,
benevolentiam[9].
1,3 Quaeris igitur idque iam saepius,
quod eloquentiae genus probem[10] maxime
et quale mihi videatur illud,
cui nihil addi possit,
quod ego summum et perfectissimum iudicem.
In quo vereor,
ne[11],
si id,
quod vis,
effecero[12]
eumque oratorem,
quem quaeris,
expressero[13],
tardem[14] studia multorum,
qui desperatione debilitati[15] experiri id nolent,
quod[16]
se assequi posse
diffidant[16].
1,4 Sed par est[17]
omnes omnia experiri,
qui res[18] magnas et magno opere expetendas concupiverunt[18].
Quodsi[19] quem[20] aut natura sua aut illa praestantis ingenii vis forte[21] deficiet[22]
aut minus instructus erit magnarum artium disciplinis,
teneat tamen eum cursum,
quem poterit! [...]
Nam in poetis non Homero soli locus est,
ut de Graecis loquar,
aut Archilocho aut Sophocli aut Pindaro,
sed horum vel[23] secundis[24] vel[23] etiam infra secundos[24].

***Abb. 5: Die Münze mit der Abbildung des Brutus** und der Aufschrift* EID.MAR *(= Iden des März) zeigt die Dolche der Verschwörer und die Freiheitsmütze als Symbol der, wie Brutus glaubte, wiedergewonnenen* libera res publica.

1,2 **1 species**, -ei f.: Gestalt, Ideal **2 figura dicendi**: Form, Gestalt, Idee der Rede **3 quod**: das (bezieht sich auf den vorhergehenden Satz, rel. Anschluss) **4 aggrediar**: ich möchte (diese Frage) angehen, mich ihr widmen **5 non tam ... quam**: nicht so sehr ... als vielmehr **6 cum**: weil (cum causale) **7 studium**, -i: Interesse **8 desidero** 1: vermissen **9 benevolentia**, -ae: Wohlwollen, gute Absicht
1,3 **10 probo** 1: gutheißen, für gut halten **11 ne**: dass (Befürchtungssatz nach *vereor)* **12 efficio** 3M, -feci, -fectus: schaffen, zustande bringen **13 exprimo** 3, -pressi, -pressus: beschreiben **14 tardo** 1: hemmen **15 debilitatus** 3: entmutigt **16 quod ... diffidant**: von dem sie nicht glauben, dass...
1,4 **17 par est** (+ AcI): es ist zu billigen, es ist in Ordnung, dass... **18 res magnas et magno opere expetendas concupere**: große Ziele mit großem Einsatz anstreben **19 quodsi**: wenn daher **20 (ali)quem**: jemanden (nach *si* ohne *ali)* **21 forte**: etwa **22 deficio** 3M, -feci,-fectus: im Stich lassen **23 vel ... vel**: entweder ... oder (hier bleibt das erste *vel* besser unübersetzt) **24 (horum) secundus** 3: (im Verhältnis zu diesen) zweitrangig

Kommentar 1

1,2 **rogas**: Cicero wendet sich mit der 2. Person an Brutus, den Adressaten dieses Buches.
1,4 **Homerus**: legendärer Dichter der Ilias und der Odyssee
Archilochus: griechischer Dichter aus Paros (ca.700–650 v. Chr.)
Sophocles: griechischer Tragödiendichter (497–406/5 v. Chr.)
Pindarus: griechischer Lyriker aus Theben (522–442 v. Chr.)

Vertiefung 1

1. **Brutus**: Was weißt du über diese historische Persönlichkeit? Wie stand er zu Caesar, welche Rolle spielte er bei dessen Ermordung?
2. **non tam perficiendi spe quam experiendi voluntate**: Welches Stilmittel wird hier verwendet (➤ S. 146 ff.)?
3. **desiderari ...**: Welche Antwort wird sich Cicero von Brutus wohl erwartet haben?
4. **tardem ...**: Wodurch könnten angehende Redner abgeschreckt werden?
5. **par est ...**: Wie versucht Cicero junge Redner dennoch zu motivieren?
6. **res ... concupiverunt**: Wie lautet die wörtliche Übersetzung?

Die Willkür eines Statthalters – Aus Ciceros Reden gegen Verres

C. Verres hatte 73–71 v. Chr. Sizilien als Proprätor gewissenlos ausgebeutet. Cicero dagegen hatte sein Amt als Quästor so vorbildlich geführt, dass die Bürger Siziliens ihn ersuchten, die Anklage gegen den ehemaligen Proprätor im Prozess *de repetundis* (zur Rückerstattung erpressten Vermögens) zu übernehmen. Cicero sah darin eine einmalige Gelegenheit, mit seinen rhetorischen Fähigkeiten zu brillieren und auch die Korruption des Hochadels an einem eklatanten Fall aufzudecken. Obwohl die Parteigänger und Freunde des Verres mit allen möglichen Verfahrenskniffen Cicero Schwierigkeiten machten, gelang es diesem, innerhalb von nur 50 Tagen gewaltiges Beweismaterial zu sammeln.

Die actio prima, die erste Verhandlung gegen Verres, begann am 5. August 70 v. Chr. und diente vor allem der Vernehmung der zahlreichen Zeugen. Verres hatte deren eindeutigen Aussagen nichts entgegenzusetzen und entzog sich der *actio secunda,* der zweiten Verhandlung, durch Selbstverbannung.

Cicero gab die fünf Bücher (oder Reden) *„In Verrem"* der *actio secunda* nachträglich schriftlich heraus, um einer breiten Öffentlichkeit die gesamte Schwere der Verfehlungen des Verres vor Augen zu führen.

In der vierten Rede der zweiten Verhandlung befasst sich Cicero mit der „Sammelwut" des Verres, der sich auf jede nur mögliche Weise die Kunstschätze der Insel anzueignen verstand. Eines der bedeutendsten und meist verehrten Bildnisse war die Statue der Ceres von Henna.

2 text

M. Tullius Cicero,
In Verr. II 4, 106–108

Der uralte Kult der Ceres

106 Vetus est haec opinio, iudices, quae constat ex[1] antiquissimis Graecorum litteris ac monumentis[2], insulam Siciliam totam esse Cereri et Liberae consecratam[3]. Hoc cum[4] ceterae gentes sic arbitrantur, tum[4] ipsis Siculis ita persuasum est[5], ut in animis eorum insitum atque innatum[6] esse videatur. Nam et natas esse has in his locis deas et fruges[7] in ea terra primum repertas esse arbitrantur[8] et raptam esse Liberam, quam eandem[9] Proserpinam vocant, ex Hennensium nemore[10]; qui locus, quod in media est insula situs, umbilicus[11] Siciliae nominatur. Quam[12] cum investigare et conquirere Ceres vellet[12], dicitur inflammasse taedas[13] iis ignibus, qui ex Aetnae vertice erumpunt; quas sibi cum ipsa praeferret[14], orbem[15] omnem peragrasse terrarum.

107 Henna autem, ubi ea, quae dico, gesta[16] esse memorantur, est loco perexcelso atque edito[17], quo in summo est aequata agri planities[18] et aquae perennes[19], tota[20] vero ab omni aditu circumcisa atque directa[21] est; quam circa lacus lucique[22] sunt plurimi atque laetissimi flores[23] omni tempore anni, locus ut ipse[24] raptum illum virginis, quem iam a pueris accepimus[25], declarare[26] videatur. Etenim prope[27] est spelunca quaedam conversa ad aquilo-

106 **1 constare ex**: sich gründen auf **2 litterae ac monumenta**: schriftliche Denkmäler (Hendiadyoin, ➤ Stilmittel 40, S. 149) **3 Cereri et Liberae consecratam**: der C. und L. geweiht **4 cum ... tum**: einerseits ... andererseits **5 Siculis ita persuasum est**: die Sikuler (➤ 44) sind überzeugt **6 insitum atque innatum**: eingefleischt und angeboren **7 fruges** f. pl.: Feldfrüchte, Getreide **8 arbitrantur**: Hauptverb, davon sind die AcI abh. **9 eandem** *(v. idem):* auch **10 nemus**, -oris n.: Hain, Wäldchen **11 umbilicus**, -i: Nabel **12 Quam cum investigare ... vellet**: als sie (= Ceres) diese (= Proserpina) finden wollte **13 taeda**, -ae: Fackel **14 praefero**, -ferre, -tuli, -latus: vor sich her tragen (nämlich die Fackeln!) **15 orbis ... terrarum**: Erdkreis, Welt

107 **16 gero** 3, gessi, gestus: tun, pass.: geschehen **17 perexcelso atque edito**: außergewöhnlich hoch emporragend (Pleonasmus, ➤ Stilmittel 26, S. 148) **18 aequata agri planities**: eine ebene Fläche Landes **19 perennis**, -e: ewig, nie versiegend **20 tota**: bez. auf Henna **21 directus** 3: senkrecht abfallend **22 lucus**, -i: Hain, Wäldchen **23 laetissimi flores**: die buntesten Blumen **24 locus ut ipse**: ordne: *ut locus ipse* **25 a pueris accipere**: von Kindheit an davon hören **26 declaro** 1: bestätigen **27 prope** (adv.): in der Nähe

nem[28] infinita altitudine, qua[29] Ditem patrem ferunt[29] repente[30] cum curru exstitisse[31] abreptamque ex eo loco virginem[32] secum asportasse[33] et subito non longe a Syracusis penetrasse sub terras[34] lacumque in eo loco repente exstitisse, ubi usque ad hoc tempus Syracusani festos dies anniversarios agunt celeberrimo virorum mulierumque conventu[35].

Propter huius opinionis vetustatem[36], quod horum[37] in his locis vestigia ac prope incunabula[38] reperiuntur deorum, mira[39] quaedam totā Siciliā privatim ac publice religio est Cereris Hennensis. Etenim multa saepe prodigia[40] vim eius numenque[41] declarant[26]; multis saepe in difficillimis rebus[42] praesens auxilium[43] eius oblatum est, ut haec insula ab ea non solum diligi, sed etiam incoli custodirique videatur.

28 spelunca quaedam conversa ad aquilonem: eine nordwärts gerichtete Höhle **29 qua ... ferunt**: wo man sagt, dass ... **30 repente**: plötzlich **31 exsisto** 3, exstiti: erscheinen **32 abreptamque ex eo loco virginem**: das von dort entführte Mädchen **33 secum asportare**: aus *abs-portare,* wegführen **34 penetrare sub terras**: unter der Erde verschwinden **35 festos dies anniversarios agere celeberrimo ... conventu**: jährliche Festtage feiern unter großem Zulauf von ...
36 vetustas, -atis f.: Alter **37 horum**: bez. auf *deorum* **38 incunabula**, -orum n. pl.: Windeln, Geburtsort **39 mira**: bez. auf *religio* **40 prodigium**, -i: Wunderzeichen **41 vis ... numenque**: göttliche Macht **42 in difficillimis rebus**: in schwierigster Lage **43 praesens auxilium**: sofortige Hilfe

108 Nec solum Siculi[44], verum etiam ceterae gentes nationesque Hennensem Cererem maxime colunt. Etenim si Atheniensium sacra[45] summa cupiditate[46] expetuntur[47], ad quos Ceres in illo errore[48] venisse dicitur frugesque attulisse, quantam esse religionem convenit[49] eorum, apud[50] quos eam natam esse et fruges invenisse constat[50]?

108 44 Siculi, -orum m.: die Sikuler (Bewohner Siziliens) **45 Atheniensium sacra**: die athenischen Festtage (➤ K) **46 cupiditas**, -atis f.: h. Interesse **47 expeto** 3: besuchen **48 error**, -is m.: Irrfahrt (nämlich als Ceres ihre Tochter suchte) **49 convenit**: es gehört sich, man muss (vgl. Konvention) **50 apud quos ... constat**: bei denen, wie man weiß... (inf. als Hauptverb auflösen!)

Itaque apud patres nostros atroci ac difficili rei publicae tempore, cum Tiberio Graccho occiso magnorum periculorum metus ex ostentis portenderetur[51], P. Mucio L. Calpurnio consulibus[52] aditum est ad[53] libros Sibyllinos; ex quibus inventum est Cererem antiquissimam placari[54] oportere. Tum ex amplissimo collegio decemvirali[55] sacerdotes populi Romani, cum esset[56] in urbe nostra Cereris pulcherrimum et magnificentissimum templum, tamen usque[57] Hennam profecti sunt. Tanta enim erat auctoritas et vetustas[58] illius religionis, ut, cum illuc[59] irent, non ad aedem[60] Cereris, sed ad ipsam Cererem proficisci viderentur.

51 metus ex ostentis portenditur: Furcht wird aus Vorzeichen herausgelesen **52 P. Mucio L. Calpurnio consulibus**: 133 v. Chr. (➤ K, *Tiberio Graccho occiso)* **53 aditum est ad**: man befragte **54 placo** 1: versöhnen **55 amplissimum collegium decemvirale**: das hoch angesehene Zehn-Männer-Kolleg (➤ K, *ad libros Sibyllinos)* **56 cum esset**: obwohl ... existierte (cum concessivum) **57 usque** + Ortsakk.: bis nach (betont die weite Strecke) **58 auctoritas et vetustas** f.: die uralte Ehrfurcht (Hendiadyoin, ➤ Stilmittel 40, S. 149) **59 illuc**: dorthin **60 aedes**, -is f.: Tempel

Abb. 6: Luca Giordano, Raub der Proserpina, Deckengemälde (1684–1686, Ausschnitt), Florenz, Palazzo Medici-Riccardi

Kommentar 2

106 Cereri et Liberae: Ceres, griech. Demeter (= „Erdmutter"), ist eine der am meisten verehrten antiken Gottheiten überhaupt. Sie ist die Göttin der Fruchtbarkeit und des Wachstums. Der Mythos erzählt, dass ihre Tochter Proserpina (Libera, griech. Persephone, Kore) beim Spiel vom Gott der Unterwelt überrascht und entführt wird (➤ Abb. oben). Ceres irrt auf der Suche nach ihrer Tochter ziellos umher, bis sie vom Sonnengott über den Raub unterrichtet wird. Ceres lässt nun keine Saaten mehr wachsen, bis Merkur Proserpina aus der Unterwelt zurückholt. Durch Vermittlung Jupiters kommt ein Vertrag zustande, nach dem Proserpina ein Drittel des Jahres in der Unterwelt, die übrige Zeit im Olymp zubringen soll. Dieser Mythos erklärt den Kreislauf der Jahreszeiten: Im Winter wächst keine Frucht, da Proserpina in der Unterwelt weilt.

Aetna: Der Vulkan liegt an der Ostküste Siziliens und ist 3 279 m hoch. Der Mythos verlegte in den Ätna die Werkstätte des Hephaistos (Vulcanus) und der Kyklopen.

Henna: Henna (griech. Enna) liegt auf einem steilen, fast 1 000 m hohen Berg im Zentrum Siziliens. Es war das Zentrum des Demeterkultes, denn der 5 km von Henna entfernt liegende Pergus-See galt als Ort des Raubes der Persephone.

107 Ditem patrem: Dis pater, auch Orcus, griech. Hades oder Pluton, ist der Herrscher der Unterwelt und Gott des Reichtums.

prodigia: Das *prodigium*, oft synonym gebraucht mit *ostentum*, ist ein Vorzeichen für gute oder schlechte Ereignisse.

108 Atheniensium sacra: Cicero spricht hier die eleusinischen Mysterien an, den bedeutendsten Kult der Demeter und Persephone.

Tiberio Graccho occiso: Tiberius Gracchus war 133 v. Chr. (im Konsulatsjahr des P. Mucius Scaevola und des L. Calpurnius Piso) Volkstribun und versuchte, eine Bodenreform zugunsten der Kleinbauern durchzusetzen. Er wurde mitsamt einigen Hundert seiner Anhänger auf dem Kapitol erschlagen.

ad libros Sibyllinos: Die sibyllinischen Bücher, der Sibylle von Cumae zugeschrieben, waren Vorschriften bezüglich bestimmter Rituale, die in Notzeiten durchzuführen waren. Sie lagen im Keller des kapitolinischen Tempels und konnten nur auf Senatsbeschluss eingesehen werden.

Cereris ... templum: Der Tempel wurde zwischen Circus maximus und Aventin erbaut und 493 v. Chr. geweiht.

Vertiefung 2

1 **a** Fasse die Informationen über den Mythos der Ceres zusammen.

b Was können Ciceros Gründe für die ausführliche Behandlung des Mythos gewesen sein?

c Was wird über die religiöse Verehrung der Ceres gesagt?

2 Wie beschreibt Cicero Henna? Wie verknüpft er die realistische Beschreibung mit dem Mythos?

3 **a** Wie schildert der Autor die Zeit der Ermordung des Ti. Gracchus?

b Aus welchem Grund erinnert Cicero an diese Phase der römischen Geschichte? Wie ist sie mit dem Cereskult verknüpft?

3 text

M. Tullius Cicero,
In Verr. II 4, 109–110,1

Der Vorgang des Raubes

109 Non obtundam[1] diutius aures vestras[2]; etenim iamdudum vereor[3], ne oratio mea aliena[4] ab iudiciorum ratione[5] et a cotidiana[6] dicendi consuetudine esse videatur. Hoc dico[7] hanc ipsam Cererem antiquissimam, religiosissimam, principem[8] omnium sacrorum[9], quae apud omnes gentes nationesque fiunt[10], a C. Verre ex suis templis ac sedibus esse sublatam[11]. Qui accessistis[12] Hennam, vidistis simulacrum[13] Cereris e marmore et in altero templo Liberae[14]. Sunt ea perampla[15] atque praeclara, sed non ita antiqua. Ex aere[16] fuit quoddam modica amplitudine ac singulari opere[17] cum facibus[18] perantiquum, omnium illorum, quae sunt in eo fano[19], multo[20] antiquissimum; id sustulit.

109 **1 obtundo** 3: belästigen **2 aures vestras**: eure Ohren (gemeint sind die Richter) **3 vereor** + **ne** + coni.: fürchten, dass (Befürchtungssatz) **4 alienus** 3 **ab** (+ abl.): unvereinbar mit **5 iudiciorum ratio**: Gerichtsgebrauch **6 cotidianus** 3: täglich **7 hoc dico**: das sage ich nur **8 princeps**, -ipis: die Führerin **9 sacrum**, -i: heilige Handlung **10 fiunt** (v. *fieri*): gemacht werden **11 sublatum**: PPP v. *tollo 3, sustuli, sublatus,* entfernen **12 qui**: alle, die ihr (eigtl. Perf.) **13 simulacrum**, -i: Statue, Abbild **14 Libera** = Proserpina **15 peramplus** 3: überaus groß **16 aes**, aeris n.: Bronze **17 opus**, -eris n.: künstlerische Vollendung **18 fax**, -cis f.: Fackel **19 fanum** = *templum* **20 multo**: weitaus

110,1 Ac tamen eo contentus non fuit. Ante aedem[21] Cereris in aperto ac propatulo loco[22] signa[23] duo sunt, Cereris unum, alterum Triptolemi[24], pulcherrima ac perampla. Pulchritudo periculo[25], amplitudo saluti[25] fuit, quod eorum demolitio[26] atque asportatio[27] perdifficilis videbatur. Insistebat in manu Cereris dextra grande simulacrum pulcherrime factum Victoriae; hoc iste e signo Cereris avellendum asportandumque curavit[28].

110,1 21 aedes = *templum* **22 in aperto ac propatulo loco**: in einem geräumigen Vorhof **23 signum**, -i: Götterbild **24 Triptolemi**: ➤ K **25 periculo, saluti**: dat. fin. **26 demolitio**, -onis f.: Demontage **27 asportatio**, -onis f.: Abtransport **28 avellendum asportandumque curavit**: er ließ ... herunternehmen und abtransportieren (*curare* + Gerundiv: lassen)

Kommentar 3

110,1 Triptolemi: Auf der Suche nach ihrer Tochter kommt Demeter (Ceres) auch zum König Keleos von Eleusis. Sie befiehlt ihm, einen Tempel zu bauen, und beauftragt seinen Sohn Triptolemos (= „Dreimalpflüger",) den Anbau des Weizens und ihren Kult auf der ganzen Welt zu lehren.

Victoriae: Victoria (griech. Nike) war die Personifikation des Sieges.

Abb. 7: Karikatur, London 1787*; Edmund Burke, Ankläger von Warren Hastings, dem ersten Generalgouverneur der britischen Kolonie Ostindien, in Gewand und Pose Ciceros. Warren Hastings wurde, so wie Verres, die Ausbeutung der ihm anvertrauten Provinz vorgeworfen, er wurde allerdings nach siebenjährigem Prozess freigesprochen.*

Vertiefung 3

1 Wie leitet Cicero nach dem Exkurs über die Geschichte und Mythologie der Ceresstatue wieder zu seinem eigentlichen Thema über?

2 Aus welchen Worten spricht die römische Verherrlichung alter (= klassischer und vorklassischer) griechischer Kunst?

3 Warum erwähnt Cicero den Raub der Victoria-Statue zum Schluss?

4 text

M. Tullius Cicero,
In Verr. II 4, 112
in kolometrischer Darstellung

Was für ein Schurke!

112 Hennā[1] tu simulacrum Cereris tollere audebas,
Hennā[1] tu de manu Cereris Victoriam eripere et deam deae detrahere[2] conatus es?
Quorum[3] nihil violare[4], nihil attingere[5] ausi sunt[6],
in quibus erant omnia,
quae sceleri propiora sunt quam religioni.

Tenuerunt[7] enim P. Popilio P. Rupilio consulibus[8] illum locum
servi[9], fugitivi[10], barbari, hostes;
sed
neque tam servi illi dominorum[11] quam tu libidinum[12],
neque tam fugitivi illi ab dominis quam tu ab iure et ab legibus,
neque tam barbari linguā et natione[13] illi quam tu naturā et moribus,
neque tam illi hostes hominibus quam tu dis immortalibus.

Quae deprecatio[14] est igitur ei reliqua,
qui
indignitate[15] servos,
temeritate[16] fugitivos,
scelere barbaros,
crudelitate hostes
vicerit?

Abb. 8: Münze aus Henna mit dem Abbild der Ceres.
Die Göttin trägt eine Fackel in der rechten, die Statuette der Victoria auf der linken Hand.

112 **1 Hennā**: abl. sep. **2 detraho** 3: wegnehmen **3 quorum**: von diesen (gen. part.) **4 violo** 1: verletzen (mit der Nebenbedeutung: vergewaltigen) **5 attingo** 3: berühren **6 audeo** 2, ausus sum: wagen; **ausi sunt**: erg. *ii* **7 teneo** 2: in Besitz haben **8 P. Popilio P. Rupilio consulibus**: 132 v. Chr. (➤ K) **9 servi** etc.: Subjekt **10 fugitivus**, -i: entlaufener Sklave **11 tam servi illi dominorum**: erg. *erant* **12 quam tu libidinum**: erg. *es* (die folgenden Prädikate sind sinngemäß zu formulieren) **13 linguā et natione**: durch Sprache und Herkunft **14 deprecatio**, -onis f.: Entschuldigung **15 indignitate** u. die übr. abl.: an … (abl. lim.); indignitas, -atis f.: Würdelosigkeit **16 temeritas**, -atis f.: Rücksichtslosigkeit

■ Vertiefung 4

Untersuche die Klimax (➤ Stilmittel 43, S. 149), beginnend mit *tenuerunt* bis *immortalibus*, nach Bauweise und Wirkung auf den Leser / die Leserin:

a Welche Begriffe werden gesteigert?

b Welche Reizwörter verwendet Cicero?

Die Verschwörung des Catilina – Die symptomatische Krise

Der Konsul Cicero hatte im Herbst des Jahres 63 v. Chr. in den vier berühmten Reden *„In Catilinam"* (➤ T 1.5–1.7, S. 17 ff.) diesen des Terrorismus angeklagt und seine Flucht aus Rom und damit die endgültige Aufdeckung der Verschwörung bewirkt. In der Folgezeit war Cicero, der für seine Leistung als Erster den Ehrentitel der Republik, *pater patriae,* erhalten hatte, nicht müde, seine Aufdeckung der Catilinarischen Verschwörung immer wieder als Rettung des Vaterlandes zu feiern. Erst nach seiner Ermordung durch die Schergen des Marcus Antonius (43 v. Chr.) wurde sein Versepos *„De consulatu suo"* herausgegeben, in dem er seine eigene Leistung verherrlichte und Caesar heftig angriff.

1

Wer war Catilina?

L. Sergius Catilina, etwa 108 v. Chr. geboren, war ein verarmter Hochadeliger aus altem patrizischem Geschlecht. Nachdem er mehrmals bei den Konsulatswahlen durchgefallen war, reifte in ihm die Vorstellung, mittels einer Verschwörung gleichgesinnter Landsleute an die Macht zu kommen. Im Jahre 63 v. Chr., Ciceros Konsulatsjahr, wurden die Pläne für den Staatsstreich wirklich aktuell.

Abb. 9: Fantasieporträt des Catilina in der Schedelschen Weltchronik, Erstausgabe 1493. Der Holzschnitt zeigt den Verschwörer in zeitgenössischer Kleidung mit verschlagenem Lächeln.

Catilina war sicher kein Sozialrevolutionär im Sinne der Französischen oder Russischen Revolution. Wie viele seiner Anhänger, unter denen sich auch zahlreiche Sklaven befanden, wollte er einen Schuldenerlass *(tabulae novae)* und überhaupt Anteil am Reichtum der Mächtigen. Er wollte den gewaltsamen Umsturz einschließlich der Ermordung vieler Senatoren und Brandstiftung in der Stadt Rom selbst. Die Umsicht Ciceros, der durch die Geliebte eines Mitverschwörers Catilinas sehr gut informiert war, vereitelte jedoch dessen Vorhaben. Die wichtigsten Anhänger Catilinas, die sich durch ein Hilfsansuchen an den gallischen Volksstamm der Allobroger verraten hatten, wurden verhaftet und ohne Berufung an die Volksversammlung – was letztlich zu Ciceros Verbannung führte! – hingerichtet.

Catilina selbst war schon vorher aus Rom geflohen und zu seiner Armee in Etrurien gestoßen. Er fiel schließlich, heldenmütig kämpfend, gegen ein Heer unter Führung von Ciceros Mitkonsul Antonius in der Schlacht von Pistoria (62 v. Chr.).

Ciceros Erste Rede gegen Catilina

Cicero hielt diese Rede am 8. November 63 v. Chr. im Tempel des Iupiter Stator. Zum Erstaunen aller erschien Catilina persönlich. Cicero, der Catilina zum Staatsfeind erklären lassen wollte, musste nun eine improvisierte Rede halten, um der neuen Situation gerecht zu werden. Die Rede dauerte im Original etwa eine Stunde. Was wollte Cicero erreichen? Catilina sollte Rom verlassen, seine Anhängerschaft mitnehmen und sich zu seinem Heer in Etrurien begeben. Dann würden klare Fronten herrschen und niemand könnte mehr an den wahren Absichten des Verschwörers zweifeln. (Ciceros Hauptproblem war ja, dass er zwar über die Verschwörung durch eine Informantin sehr gut Bescheid wusste, ihm aber zu diesem Zeitpunkt noch die Beweise fehlten.)

Tatsächlich konnte Cicero zumindest das eine Anliegen durchsetzen: Catilina, der sich im Senat während der Rede des Konsuls zunehmend isoliert sah, verließ fluchtartig schon während oder am Ende der Rede die Sitzung und begab sich zu seinem Heer. Die wichtigsten seiner Mitverschworenen blieben jedoch in Rom und wurden erst durch ihre verräterischen Briefe an eine Gesandtschaft der Allobroger überführt.

Die Rede Ciceros ist ein Musterbeispiel rhetorischer Brillanz, wohl auch durch die nachträgliche schriftliche Überarbeitung. Der erste Satz ist als Zitat in die Weltliteratur eingegangen und war schon in der Antike in aller Munde.

Die folgenden drei Ausschnitte sind typisch für die Argumentation der ganzen Rede: Catilinas Vorhaben seien allgemein bekannt, er sei vollständig isoliert, er solle Rom verlassen, und die *patria* stehe geschlossen hinter Cicero. Diese vier Themen werden im Verlauf der gesamten Rede immer wieder kunstvoll variiert und mit allen Mitteln der Rhetorik ausgeschmückt. Man soll nicht glauben, dass Cicero bei der schriftlichen Überarbeitung aus dem Jahre 60 v. Chr. sehr viel daran geändert hat: Er war der berühmteste Redner seiner Zeit und konnte solche Meisterleistungen selbstverständlich auch aus dem Stegreif erbringen.

5 text

M. Tullius Cicero,
In Catilinam Oratio Prima, c. 1–2
in kolometrischer Darstellung

Quo usque tandem ...?

Quo usque tandem abutēre[1], Catilina, patientiā nostrā?
Quamdiu etiam furor[2] iste tuus nos eludet?
Quem ad finem[3] sese[4] effrenata[5] iactabit audacia?
Nihilne[6] te nocturnum praesidium Palatii[7],
nihil urbis vigiliae[8],
nihil timor populi,
nihil concursus[9] bonorum[10] omnium,
nihil hic munitissimus habendi senatūs locus[11],
nihil horum[12] ora vultūsque
moverunt?
  Patēre[13] tua consilia
non sentis?
  Constrictam[14] iam horum omnium scientiā[15] teneri coniurationem tuam
non vides?
  Quid proximā[16], quid superiore[17] nocte egeris,
  ubi fueris,
  quos convocaveris,
  quid consilii ceperis,
quem nostrum ignorare arbitraris[18]?

1 **quo usque tandem abutēre** (= *abutēris*) ...: Wie lange noch wirst du ... missbrauchen? **2 furor**, -oris m.: Wahnsinn **3 quo usque ... quamdiu ... quem ad finem**: Diese Variatio dreier Fragewörter kann im Dt. kaum nachgeahmt werden; alle drei heißen „Wie lange?" **4 sese** = *se, se iactare*: sich aufspielen **5 effrenatus** 3: zügellos **6 nihilne ...**: Das Prädikat ist das zuletzt stehende: *moverunt*. Es empfiehlt sich, im Dt. den langen Satz mit „Haben ... ?" zu beginnen (*movere* = beeindrucken). **7 Palatium**, -i: der Palatin (an das Forum angrenzender Hügel von Rom mit den Palais der Reichen) **8 vigiliae**, -arum f. pl.: Nachtwachen **9 concursus**, -us m.: Alarmierung **10 boni**, -orum m. pl.: die Anständigen **11 munitissimus habendi senatus locus**: das stark bewachte Senatsgebäude **12 horum ora vultūsque**: die Gesichter der hier Anwesenden und ihre Mienen **13 pateo** 2: offen daliegen, aufgedeckt sein **14 constrictam** (bez. auf *coniurationem*) **teneri**: in Fesseln gehalten werden **15 scientiā** = abl. causae od. instrumenti **16 proximus** 3: letzte (näml. Nacht) **17 superior**, -oris: vorletzte **18 quem nostrum ignorare arbitraris**: wer von uns, glaubst du, weiß das nicht? (Verschränkung von AcI + Fragesatz)

2 O tempora, o mores[19]!
Senatus haec intellegit,
consul videt;
hic tamen vivit.
Vivit?
Immo vero etiam in senatum venit,
fit publici consilii particeps[20],
notat[21] et designat oculis ad caedem unumquemque nostrum.
Nos autem fortes viri satis facere rei publicae videmur[22],
  si istius furorem ac tela vitamus[23].
  Ad mortem te, Catilina, duci
iussū consulis iam pridem oportebat[24],
  in te conferri pestem[25],
    quam tu in nos omnes iam diu machinaris[26].

2 **19 O tempora, o mores!** ➤ K **20 fit ... particeps** + gen.: er nimmt teil **21 notat et designat oculis**: er bezeichnet und markiert mit seinen Blicken **22 videri**: h. meinen **23 vito** 1: vermeiden (nicht: „leben"!) **24 iam pridem oportebat:** es hätte sich schon längst gehört (Modalverben, die den coni. irr. ausdrücken, stehen im Lat. meist im Indikativ) **25 in te conferri pestem**: dieses Unheil auf dich zu lenken **6 machinor** 1: planen

■ Kommentar 5

1 **Quo usque tandem ...**: Der zum Zitat gewordene Einleitungssatz ist so wie alle folgenden Sätze eine rhetorische Frage *(Interrogatio)*, d. h. sie dient nur der Hervorhebung (Emphase) des dahinter stehenden Gedankens und erwartet keine Antwort.

furor ... audacia: Cicero verwendet im Laufe der Rede eine ganze Reihe stark emotional besetzter Ausdrücke, die den Gegner abqualifizieren sollen. Diese Technik war in der Antike durchaus üblich und erregte viel weniger Missfallen, als das heute der Fall wäre.

nocturnum praesidium: Es gab keine Polizei in Rom. Auch das Militär durfte die Stadt vor der Kaiserzeit nicht betreten; es war daher üblich, Schutzmaßnahmen durch Freunde und Klienten zu veranlassen. Die Bewachung des Tempels des Iupiter Stator, wo die Senatssitzung stattfand, hatte Cicero seinem Stand, den römischen Rittern, anvertraut.

concursus bonorum: Ein Ciceros Werke durchziehender Gedanke: Die *boni* (das sind nicht nur die Optimaten, sondern alle „anständigen" Bürger) müssten sich zusammenschließen, um den Staat im Sinne der überlieferten republikanischen Verfassung zu retten.

2 **O tempora, o mores!**: Eine sog. *exclamatio*, ein rhetorischer Ausruf (kann beliebig frei oder auch wörtlich übersetzt werden). Auch dieser Ausruf wurde ein Zitat. Die Phrase selbst und die darauf folgenden Worte sind wohl ironisch zu verstehen. Cicero war bekannt für seine Ironie und seinen Witz; sein treuer Freigelassener Tiro gab nach seinem Tod eine Sammlung seiner witzigsten Aussprüche heraus.

ad mortem ...: Durch dieses scheinbare Eingeständnis seiner eigenen Untätigkeit versteht es Cicero, Spannung zu erzeugen; die Zuhörer müssten sich jetzt fragen, warum der Konsul den Verschwörer nicht verhaften lässt.

■ Vertiefung 5

1 Analysiere T 5 hinsichtlich der Verwendung rhetorischer Stilmittel (➤ S. 146 ff.); suche besonders Trikolon, rhetorische Frage, Klimax, Anapher, Alliteration, Ironie!

2 Bilde auf Deutsch Sätze mit den hier verwendeten Formulierungen wie *„Quo usque tandem …?“*, *„Nihilne te movet … ?“*, *„Quid … egeris, quem nostrum ignorare arbitraris?“*, *„O tempora, o mores!“*

3 **concursus bonorum**: Wen spricht Cicero mit dieser Aufforderung an? Ist eine solche moralische Einteilung der Bürger überhaupt sinnvoll? Wird sie auch heute noch getroffen?

4 Versuche, den Aufbau des ersten Kapitels unter Hervorhebung der Stilmittel grafisch darzustellen.

6 text

M. Tullius Cicero,
In Catilinam Oratio Prima, c. 5–6,1

Catilina kann noch nicht getötet werden

5 Castra[1] sunt in Italia contra populum Romanum in Etruriae faucibus[2] collocata, crescit in dies singulos[3] hostium numerus; eorum autem castrorum imperatorem ducemque hostium intra moenia[4] atque adeo[5] in senatu videtis intestinam aliquam cotidie perniciem[6] rei publicae molientem[7]. Si te iam, Catilina, comprehendi[8], si interfici iussero, credo, erit verendum mihi[9], ne non potius[10] hoc omnes boni[11] serius a me quam quisquam[12] crudelius factum esse dicat. Verum ego hoc, quod iam pridem factum esse oportuit[13], certa de causa nondum adducor, ut faciam[14]. Tum denique interficiēris, cum iam nemo tam improbus[15], tam perditus[16], tam tui similis inveniri poterit, qui id non iure factum esse fateatur.

6,1 Quamdiu quisquam erit, qui te defendere audeat, vives, et vives ita, ut nunc vivis, multis meis et firmis praesidiis obsessus, ne commovere te contra rem publicam possis. Multorum te etiam oculi et aures non sentientem[17], sicut adhuc fecerunt, speculabuntur[18] atque custodient.

5 **1 Castra sunt … collocata**: Es gibt ein Lager, das … errichtet wurde **2 fauces**, -um f. pl.: Schluchten **3 in dies singulos**: jeden einzelnen Tag **4 intra moenia**: innerhalb der Stadt **5 adeo**: sogar **6 intestina … pernicies**: ein Verderben im Inneren (des Staates) **7 molior** 4: planen, bewerkstelligen **8 comprehendi**: so wie *interfici* von *iussero* abhängig! **9 erit verendum mihi**: werde ich mich fürchten müssen (Gerundivkonstruktion im Futur) **10 ne non potius**: dass nicht so sehr **11 omnes boni** (➤ K 1.5, S. 18): erg. *dicant* **12 quam quisquam** (Prädikat: *dicat*): als dass einer sagen könnte **13 factum esse oportuit**: hätte geschehen müssen **14 certa de causa nondum adducor, ut faciam**: sehe ich mich aus einem bestimmten Grund noch nicht veranlasst, es zu tun **15 improbus** 3: schändlich **16 perditus** 3: heruntergekommen

6,1 **17 non sentientem**: ohne dass du es merkst **18 speculor** 1: beobachten (daher: *speculum* = Spiegel!)

■ Kommentar 6

5 castra: Das erwähnte Lager steht unter Catilinas Unterfeldherrn Manlius; Catilina bemühte sich gegen Ende der Verschwörung, als Feldherr dazustehen, der einen Krieg gegen Rom führte. Cicero übernimmt hier diesen Gedanken, obwohl er sonst bemüht ist, Catilina als gewöhnlichen Kriminellen zu brandmarken.

nemo tam improbus ...: Cicero sah und wusste, dass im Senat eine ganze Reihe Männer saßen, die Catilina gegenüber Sympathie hegten. Das Ziel von Ciceros Rede war es daher, einen Keil zwischen Catilina und den Rest der Senatoren zu treiben, was ihm größtenteils auch gelang.

6,1 oculi et aures: Ciceros Informationen stammten vor allem von einer gewissen Fulvia, die sie wieder von ihrem Geliebten Q. Curius, einem Mitglied der Verschwörung, erhielt.

■ Vertiefung 6

Mit welchen Schimpfwörtern, Vorwürfen und Beleidigungen greift Cicero Catilina hier an?

7 text

M. Tullius Cicero,
In Catilinam Oratio Prima, c. 16,2–18

Catilinas Isolation und die erste „*Patria*-Rede"

16,2 Nunc vero quae tua est ista vita? Sic enim iam tecum loquar, non ut odio permotus esse videar, quo[1] debeo, sed ut misericordiā[2], quae tibi nulla debetur[3]. Venisti paulo ante in senatum: Quis te ex hac tanta frequentia[4], tot ex tuis amicis ac necessariis[5] salutavit? Si hoc post hominum memoriam[6] contigit nemini, vocis exspectas contumeliam[7], cum sis gravissimo iudicio taciturnitatis[8] oppressus[9]? Quid, quod[10] adventu tuo ista subsellia[11] vacuefacta[12] sunt, quod omnes consulares[13], qui tibi[14] persaepe ad caedem constituti fuerunt, simulatque[15] adsedisti, partem istam subselliorum nudam atque inanem reliquerunt, quo tandem animo[16] hoc tibi ferendum[17] putas?

17 Servi mehercule[18] mei si[19] me isto pacto[20] metuerent, ut[21] te metuunt omnes cives[22] tui, domum meam relinquendam[23] putarem; tu tibi urbem[24] non arbitraris? Et si me[25] meis civibus iniuriā suspectum[26] tam graviter atque offensum viderem, carere me adspectu civium quam infestis[27] omnium oculis conspici mallem[28]; tu, cum conscientiā scelerum tuorum agnoscas odium omnium iustum et iam diu tibi debitum[29], dubitas, quorum mentes sensusque vulneras, eorum adspectum praesentiamque vitare[30]? Si te parentes[31] timerent atque odis-

16,2 **1 quo**: rel. zu *odio* **2 sed ut misericordia**: sondern aus Mitleid (eigtl.: *ut misericordia permotus esse videar*) **3 debetur**: Wortspiel mit *debere:* steht hier in beiden Bedeutungen: 1. müssen, 2. schulden **4 frequentia**, -ae: große Anzahl **5 necessarius**, -i: Verwandter, Freund **6 post hominum memoriam**: seit Menschengedenken (= seit sehr langer Zeit) **7 contumelia**,-ae: Beschimpfung, Schande **8 taciturnitas**, -atis f.: Schweigen **9 opprimo** 3, oppressi, oppressus: h. verurteilen **10 quid, quod**: außerdem, dass ... **11 subsellia**, -orum n. pl.: Sitzreihen **12 vacuefacio** 3M, -feci, -factus: leeren **13 consularis**, -is m.: (ehemaliger) Konsul **14 tibi** (dat. auct.): von dir (beim PPP häufig) **15 simulatque**: sobald **16 quo animo**: mit welcher Gesinnung, wie **17 ferendum**: erg. *esse*

17 **18 mehercule**: bei Gott! **19 si**: an die Spitze des Satzes vorziehen! **20 isto pacto** = *isto modo:* so sehr **21 ut**: mit Indikativ! **22 civis**,-is m.: Mitbürger **23 relinquendam**: erg. *esse* **24 urbem**: erg. *relinquendam esse* **25 et si me ...**: AcI, abh. v. *viderem* **26 suspectus** 3: verdächtig (vgl. engl. suspect) **27 infestus** 3: feindselig **28 malo**, malle: lieber wollen **29 debitum**: erg. *esse*; bez. auf *odium* (in der Bed.: geschuldet, gebührend) **30 vito** 1: vermeiden (nicht: leben!) **31 parentes**: verbinde mit *tui!*

Abb. 10: Cesare Maccari, Cicero klagt Catilina im Senat an, *Ölgemälde (entstanden zwischen 1882 und 1888), Rom, Palazzo Madama. Der Künstler zeigt Catilina mit gesenktem Blick, angespannt, von den anderen Senatoren isoliert (vgl.* ista subsellia vacuefacta sunt). *Die krallenartigen Hände und die schwarze Haartracht verleihen seinen Zügen etwas Dämonisches. Im Gegensatz zu ihm ist der anklagende Cicero, im Rücken die Senatoren, als Lichtgestalt dargestellt.*

sent tui neque eos ulla ratione[32] placare posses, ut opinor[33], ab eorum oculis aliquo concederes[34]; nunc te patria, quae communis est parens[35] omnium nostrum, odit ac metuit et iam diu nihil te iudicat nisi de parricidio suo cogitare[36]; huius tu neque auctoritatem verebere[37] nec iudicium sequeris nec vim pertimesces?

18 Quae[38] tecum, Catilina, sic agit et quodam modo[39] tacita loquitur: „Nullum[40] iam aliquot annis facinus exstitit nisi per te, nullum flagitium[41] sine te; tibi uni[42] multorum civium neces[43], tibi vexatio direptioque[44] sociorum impunita fuit ac libera[45]; tu[46] non solum ad neglegendas leges et quaestiones, verum etiam ad evertendas perfringendasque valuisti. Superiora illa[47], quamquam ferenda non fuerunt, tamen, ut potui[48], tuli. Nunc vero[49] me totam esse in metu propter unum te, quidquid increpuerit[50], Catilinam timeri, nullum videri contra me consilium iniri posse[51], quod a tuo scelere abhorreat[52], non est ferendum. Quam ob rem discede atque hunc mihi timorem eripe! Si est verus[53], ne opprimar, sin falsus, ut tandem aliquando timere[54] desinam."

32 neque … ulla ratione: und auf keine Weise **33 ut opinor**: wie ich meine **34 aliquo concedere**: irgendwohin weggehen, auswandern **35 parens**, -ntis (m., f.): Elternteil (vgl. engl. parent) **36 et iam diu … cogitare**: und schon lange ist sie der Meinung, dass du nur über den (Eltern-)Mord an ihr nachdenkst **37 verebere** = *vereberis:* v. *vereor* 2 (scheuen)

18 38 quae: rel. Anschluss bez. auf *patria* **39 quodam modo**: auf gewisse Weise **40 nullum**: bez. auf *facinus* (n.!) **41 flagitium**, -i: Schandtat **42 tibi uni**: für dich allein (… blieb straflos …) **43 nex**, necis f.: Ermordung **44 vexatio direptioque**: die Misshandlung und Plünderung **45 liber**, libera, liberum: h. ungestraft, ungesühnt **46 tu … valuisti**: du warst nicht nur imstande, Gesetze und gerichtliche Untersuchungen zu missachten, sondern sogar sie zu untergraben und zu brechen **47 superiora illa**: jene früheren Vorkommnisse **48 ut potui**: so gut ich konnte **49 nunc vero**: Prädikat = *non est ferendum*; davon abh. AcI **50 increpo** 1, -pui: sich regen; **quidquid increpuerit**: bei dem leisesten Geräusch **51 nullum videri contra me consilium iniri posse**: … dass anscheinend kein Plan gegen mich gefasst werden kann, … **52 abhorreo** 2: h. nichts (damit) zu tun haben **53 verus**: gemeint ist *timor* **54 timere**: h. Angst haben

1

Kommentar 7

16,2 tot ex tuis amicis ac necessariis: *amicus* meint den – auch politischen – Freund oder Parteigänger, *necessarius* ist der Angehörige der Sippe oder *gens*. Cicero will also deutlich machen, dass sogar Catilinas nächste Umgebung von ihm abrückt. Die Szene ist auf einem berühmten Ölgemälde von Cesare Maccari aus dem 19. Jh. anschaulich dargestellt (➤ Abb. 1.10, S. 21).
gravissimo iudicio taciturnitatis: Das Schweigen des Senats auf Ciceros Vorwürfe gegenüber Catilina nimmt der Redner zum Anlass, es als Zustimmung zu deuten. Er verwendet dieses Bild auch an anderen Stellen der Rede, so den berühmten Ausspruch *„cum tacent, clamant"*, oder in unserem Text *„tacita loquitur"* (sog. Oxymoron, ➤ Stilmittel 44, S. 149).
18 Quae tecum, Catilina, sic agit ...: Die Personifikation der *patria* kommt im Verlauf der Rede noch einmal vor (Cicero spricht dabei sich selbst an). – Es ist ganz offensichtlich, dass Cicero hier nicht nur einen rhetorischen Kunstgriff gebraucht, sondern bewusst „Theater spielt": Es war ja nicht so, dass der „weise" und viel ältere Cicero den jüngeren und „frechen" Catilina zur Rede stellte: Cicero war dreiundvierzig, Catilina fünfundvierzig! Das heißt, Cicero musste die Amtsautorität des Konsuls, ja sogar im moralischen Sinn der „Mutter aller", der gemeinsamen Heimat, in den Vordergrund stellen, um sich und den Senat von dem „missratenen Sohn" lossagen zu können.
hunc mihi timorem eripe: Sallust (Coniur. Cat. 31) beschreibt die Angst Roms, die durchaus real war, folgendermaßen:

> Das Antlitz der Stadt war verändert [...], alle befiel Niedergeschlagenheit. Es herrschte eine nervöse Unruhe, man vertraute keinem Ort und keinem Menschen, es wurde nicht Krieg geführt und man hatte nicht Frieden, und der Maßstab der Gefahr war die Furcht jedes Einzelnen [...]

Vertiefung 7

1 Wie bringt Cicero die anderen Senatoren ins Spiel?

2 Mit der „Rede in der Rede" wendet Cicero ein dramatisches Mittel an, das noch durch den Appell der personifizierten *patria* in eine hohe emotionale Ebene gehoben wird. Welche Argumente und Forderungen legt er ihr in den Mund?

E1 text

William Shakespeare, Julius Caesar III, 2, 78–266 (adapt.)

Abb. 11: Marin Droeshout, William Shakespeare, Kupferstich (1623)

William Shakespeare, geboren 1564 in Stratford-upon-Avon, entstammte einer gut situierten Bürgerfamilie. Er besuchte die Lateinschule seiner Stadt. Mit 18 Jahren heiratete er die 26-jährige Anne Hathaway, mit der er drei Kinder hatte. Um 1586 ging er nach London. Er schloss sich einer Schauspieltruppe an und begann auch selbst Stücke zu schreiben. Shakespeare wurde der erfolgreichste Bühnenautor seiner Zeit und war auch Teilhaber am Globe Theatre. Um 1611 zog er sich von der Bühne zurück und ging wieder nach Stratford. Dort wurde er nach seinem Tod 1616 in der Trinity Church beigesetzt.

Die Handlung setzt nach der Rückkehr Caesars aus dem Bürgerkrieg (49–45 v. Chr.) ein. Der siegreiche Imperator strebt nach immer mehr Macht, bis er schließlich nach der bei den

Römern verhassten Königswürde verlangt. Marcus Brutus, sein Freund und Vertrauter, zeigt sich besorgt, und nachdem er von Gajus Cassius aufgehetzt worden ist, ist er bereit zur Teilnahme an einer Verschwörung gegen Caesar. Im dritten Akt, also am Höhepunkt des Dramas, stirbt Caesar mit den Worten *Et tu, Brute?* unter den Stichen der Verschwörer. Brutus erlaubt Marcus Antonius, einem Günstling Caesars, auf dem Forum zu reden. Doch vorher hat Brutus zur Menge gesprochen und sie von der Notwendigkeit seiner Tat überzeugt. Dann darf Marcus Antonius neben der Bahre Caesars eine Leichenrede halten.

„Friends, Romans, Countrymen …“

Friends, Romans, countrymen, lend me your ears!
I come to bury Caesar, not to praise him.
The evil that men do lives after them,
the good is oft interred with their bones.
So let it be with Caesar. The noble Brutus
has told you Caesar was ambitious.
If it were so, it was a grievous fault,
and grievously has Caesar answered it.
Here, under leave of Brutus and the rest
(for Brutus is an honourable man;
so are they all, all honourable men)
come I to speak in Caesar's funeral.
He was my friend, faithful and just to me.
But Brutus says he was ambitious;
and Brutus is an honourable man.
He has brought many captives home to Rome
whose ransoms did the general coffers fill.
Did this in Caesar seem ambitious?
When that the poor have cried, Caesar has wept.
Ambition should be made of sterner stuff.
Yet Brutus says he was ambitious.
And Brutus is an honourable man.
You all did see that on the Lupercal
I thrice presented him a kingly crown,
Which he did thrice refuse. Was this ambition?
Yet Brutus says he was ambitious.
And, sure, he is an honourable man.
I speak not to disprove what Brutus spoke,
but here I am to speak what I do know.
You all did love him once, not without cause.
What cause withholds you then to mourn for him?
Oh Judgment! You have fled to brutish beasts,
and men have lost their reason. – Bear with me!
My heart is in the coffin there with Caesar
and I must pause till it come back to me.

Landsleute, Römer, Freunde, schenkt mir Gehör;
Cäsar begraben will ich, nicht ihn preisen.
„Das Böse, das ein Mensch tut, überlebt ihn,
Das Gute wird verscharrt oft mit den Knochen“;
Sei's auch bei Cäsar so. Der noble Brutus
Hat euch erzählt, Cäsar war machtbesessen.
Wenn das so war, dann war's ein schwerer Fehler,
Und schwer hat Cäsar nun dafür bezahlt.
Hier, wie erlaubt von Brutus und den andern
(Denn Brutus ist ein ehrenwerter Mann,
So wie sie alle, alles ehrenwerte Männer)
Komm ich und sprech zu Cäsars Grablegung.
Er war mein Freund, war mir gerecht und treu;
Doch Brutus sagt uns, er war machtbesessen,
Und Brutus ist ein ehrenwerter Mann.
Er brachte viel Gefangene nach Rom,
Durch deren Lösegeld der Staatsschatz wuchs:
Spricht das für Cäsars Machtbesessenheit?
Wenn Arme schrien vor Hunger, weinte Cäsar;
Aus härterm Stoff sollt Machtbesessenheit geschnitzt sein:
Doch Brutus sagt uns, er war machtbesessen,
Und Brutus ist ein ehrenwerter Mann.
Ihr alle saht am Lupercalienfest,
Wie ich ihm dreimal eine Krone bot,
Und dreimal wies er's ab. Aus Machtbesessenheit?
Doch Brutus sagt uns, er war machtbesessen,
Und der ist ganz gewiß ein ehrenwerter Mann.
Ich sprech hier nicht zu schmähn, was Brutus sprach,
Nein, ich sprech hier nur das aus, was ich weiß.
Ihr alle liebtet ihn einst, und nicht grundlos;
Dann welcher Grund hemmt euch, um ihn zu trauern?
O Urteilskraft, bist fort zum blöden Vieh
Und läßt das Volk vernunftlos! – Bitt um Nachsicht.
Mein Herz ist dort in diesem Sarg bei Cäsar,
Und ich muß still sein, bis es zu mir heimkehrt.

Marcus Antonius muss seine Rede unterbrechen, um seine Fassung wieder zu gewinnen. Die Stimmung wendet sich zu seinen Gunsten. Er spricht weiter und beteuert, dass er Brutus nicht Unrecht tun will …

But here's a parchment with the seal of Caesar.
I found it in his closet. 't is his will.
Let but the commons hear this testament,
which – pardon me – I do not mean to read,
and they would go and kiss dead Caesar's wounds,
and dip their napkins in his sacred blood,
yea, beg a hair of him for memory!

[…]
Doch hier ein Pergament mit Cäsars Siegel;
Sein Testament; ich fand's in seinem Zimmer.
Könnt's Volk nur seinen Letzten Willen hören,
Den ich, verzeiht's mir, nicht verlesen möchte,
Käm jeder gleich und küßte Cäsars Wunden,
Und tauchte Tücher in sein heiliges Blut,
Ja, würd ein Haar erbetteln als Erinnerung, […]

Die Zuhörer verlangen das Testament. Marcus Antonius weigert sich anfangs, gibt aber schließlich scheinbar widerstrebend nach.

If you have tears, prepare to shed them now!
You all do know this mantle. I remember
the first time ever Caesar put it on.
't was on a summer's evening in his tent,
that day he overcame the Nervii.
Look! In this place ran Cassius' dagger through!
See, what a rent the envious Casca made!
Through this the well-beloved Brutus stabbed,
and as he plucked his cursed steel away,
mark how the blood of Caesar followed it,
as rushing out of doors, to be resolved
if Brutus so unkindly knocked or no!
For Brutus, as you know, was Caesar's angel.
Judge, oh you gods, how dearly Caesar loved him!
This was the most unkindest cut of all.
For when the noble Caesar saw him stab,
ingratitude, more strong than traitors' arms,
quite vanquished him – then burst his mighty heart.
And, in his mantle muffling up his face,
even at the base of Pompey's statue,
which all the while ran blood, great Caesar fell.
Oh, what a fall was there, my countrymen!
Then I and you, and all of us fell down,
whilst bloody treason flourished over us.
Oh! Now you weep and I perceive you feel
the dint of pity. These are gracious drops,
kind souls, what! Weep you when you but behold
our Caesar's vesture wounded? Look you here!
Here is himself, marred as you see, with traitors.

Wer Tränen hat, der rüst sich, sie zu weinen.
Ihr alle kennt den Mantel. Ich erinner
Mich gut noch, wie ihn Cäsar erstmals trug;
In seinem Zelt, ein Sommerabend war's
Am Tag, als er die Nervier niederrang.
Da schaut, hier drang der Dolch des Cassius durch:
Seht, welchen Riß der üble Casca machte:
Hier stach der vielgeliebte Brutus durch;
Und wie er den verfluchten Stahl zurückzog,
Da seht doch, wie ihm Cäsars Blut gefolgt ist,
Als wollt's vors Haustor stürzen, nachzusehn,
Ob Brutus da so grob klopft oder nicht;
Denn Brutus, wie ihr wißt, war Cäsars Engel.
Urteilt, ihr Götter, wie ihn Cäsar liebte.
Dies war der herzloseste Stich von allen;
Denn als der große Cäsar sah, wer zustach,
War's Undank, stärker als Verräterhände,
Was ihm das Leben nahm: da brach sein starkes Herz;
Und das Gesicht im Mantel hier vergrabend,
Genau am Sockel von Pompejus' Standbild
(Das selbst vom Blut troff), fiel der große Cäsar.
Oh, Landsleute, was für ein Fall das war!
Da fielen ich und ihr, wir fielen alle,
Und blutig über uns Verrat, blank triumphierend.
O ja, nun weint ihr, und ich merk, ihr fühlt
Den Biß des Mitleids. Hier gehn Herzen über.
Was weint ihr, gute Seelen, nur beim Anblick
Von Cäsars schwer verletztem Kleid schon? Seht!
Hier ist er selbst, zerstückt, schaut, von Verrätern.
[…]

Die Zuhörer sind außer sich vor Empörung; Marcus Antonius versucht scheinbar, sie zu beruhigen.

I come not, friends, to steal away your hearts.
I am no orator, as Brutus is,
but, as you know me all, a plain blunt man,
that love my friend; and that they know full well
that gave me public leave to speak of him.
For I have neither wit, nor words, nor worth,
action, nor utterance, nor the power of speech
to stir men's blood. I only speak right on.
I tell you that which you yourselves do know,
show you sweet Caesar's wounds, poor, poor, dumb mouths,
and bid them speak for me. But were I Brutus,
and Brutus Antony, there were an Antony
[who] would ruffle up your spirits and put a tongue
in every wound of Caesar, that should move
the stones of Rome to rise and mutiny!

Ich komm nicht, Freunde, euch das Herz zu stehlen.
Ich bin kein Redner, so wie Brutus, nur
(Wie ihr mich kennt) ein schlichter, grader Mann,
Der seinen Freund liebt; was die sehr wohl wissen,
Die mir erlaubten, hier von ihm zu reden.
Denn mir gebricht's an Weisheit, Wort und Würde,
An Gestik, Sprechkunst und an Sprachgewalt,
Um's Blut des Volks zu reizen; ich sprech nur
Ganz schlicht. Ich sag euch, was ihr selbst wißt, zeig
Euch unsres lieben Cäsars Wunden, die
Arm-armen, stummen Münder, und heiß die
Statt meiner reden. Jedoch wär ich Brutus,
Und Brutus Mark Anton, wär's ein Anton,
Der euch den Geist aufscheucht und Zungen all
Den Wunden Cäsars lieh, auf daß sie selbst
Roms Steine in Empörung schrien und Rebellion.
[...] *(Übers. von Frank Günther, München 1998)*

Zum Aufruhr bereit will die Menge losstürmen, doch Marcus Antonius hält sie zurück. Er will erst seinen höchsten Trumpf ausspielen. Er liest Caesars Testament vor, in dem das Volk von Rom reich bedacht ist, ja jeder einzelne Bürger einen beachtlichen Anteil (75 Drachmen = 300 Sesterzen) erhalten soll. Nun sind die Menschen nicht mehr zu halten, die Jagd auf die Caesarmörder beginnt.

Brutus und Cassius fliehen aus Rom, in dem nun das sog. 2. Triumvirat von Marcus Antonius, Octavianus und Marcus Lepidus herrscht. Nach der militärischen Niederlage bei Philippi lassen sich Cassius und Brutus von ihren Sklaven töten. Zum Schluss der Tragödie hält Marcus Antonius eine Rede auf Brutus, in der dieser als einziger ehrenwerter Teilnehmer an der Verschwörung gegen Caesar bezeichnet wird.

Kommentar E1

noble Brutus: Brutus, einer der Anführer der Verschwörung, hatte die Zuhörer gerade für sich gewonnen. Es wäre ungeschickt gewesen, ihn jetzt direkt anzugreifen. Wirkungsvoller ist es, ihn scheinbar zu loben und die Zuhörer dazu zu bringen, dieses Lob selbst infrage zu stellen („Brutus is an honourable man").

***Abb. 12: Julius Caesar**, Aufführung des Wiener Burgtheaters 2007 in einer modernen Inszenierung von Falk Richter. Peter Simonischek (Julius Caesar, am Boden), Roland Koch (Marcus Brutus, mit Dolch), Michael Maertens (Marcus Antonius)*

ambitious: Natürlich hatte Caesar nach Macht gestrebt, das war auch legitim. Nur behaupteten seine Gegner, er habe nach der Königswürde gegriffen, und das war in Rom ein todeswürdiges Verbrechen.
captives: Durch die vielen Tausend Kriegsgefangenen, die Caesar von seinen Eroberungskriegen heimbrachte, füllte er die Staatskassen mit den Lösegeldern und der Kriegsbeute und hob damit den Lebensstandard der römischen Bürger.
Lupercal: Das Lupercalienfest war ein altes römisches Reinigungs- und Fruchtbarkeitsfest.
brutish beasts: ein Wortspiel mit dem Namen „Brutus" (plump, blöd)
closet: Nach Sueton (Div. Iul. 83) hatte Caesar sein Testament bei der ältesten Vestalin hinterlegt.
will: Der Inhalt des Testaments ist erhalten, z. B. bei Sueton (Div. Iul. 83): Haupterbe war sein Großneffe Octavius, der spätere Augustus, doch „ *... populo hortos circa Tiberim publice et viritim trecenos* (= jedem Mann je 300) *sestertios legavit.*"
Nervii: keltisch-germanischer Stamm, von Caesar 53 v. Chr. fast vernichtet
Gaius Cassius: einer der Caesarmörder, führte mit Brutus die Verschwörung an, ließ sich nach der verlorenen Schlacht von Philippi von einem Sklaven erstechen
Publius Servilius Casca: einer der Caesarmörder, Volkstribun 43 v. Chr.
Marcus Iunius Brutus: Anhänger Caesars, der ihn sehr förderte und im Jahr 44 v. Chr. sogar zum Prätor machte. Dass sein Vorfahr Lucius Iunius Brutus 510 v. Chr. den letzten römischen König, den tyrannisch regierenden Tarquinius Superbus, stürzte und als erster Konsul der Republik den Staat lenkte, setzte ihn durch das *mos maiorum*-Denken seiner Zeit (die Forderung, es seinen Vorfahren gleich zu tun) so sehr unter Druck, dass er sich den Verschwörern anschloss und mit Cassius sogar ihre Führung übernahm.
Gnaeus Magnus Pompeius (106–48 v. Chr.): vernichtete die Seeräuber und besiegte Mithradates, bildete 60 v. Chr. mit Caesar und Crassus das erste Triumvirat, nach Crassus' Tod kam es zum Bruch mit Caesar. Dies führte 49 v. Chr. zum Bürgerkrieg. Nach der Niederlage bei Pharsalus 48 v. Chr. wurde er ermordet. Caesar starb direkt unter seiner Statue in der Kurie.
orator: Natürlich waren alle römischen Politiker bestens ausgebildete Redner, doch sinnvoll eingesetzte Bescheidenheit *(captatio benevolentiae* – eigtl. Erhaschen des Wohlwollens) ist ein wirkungsvolles rhetorisches Stilmittel.

■ Vertiefung E1

1. Der eigentliche tragische Held dieses Dramas ist Brutus. Was könnte der Grund dafür sein, dass es dennoch nach Caesar benannt ist?
2. Wie versucht Marcus Antonius am Beginn die Aufmerksamkeit und Sympathie der Zuhörer zu gewinnen?
3. Wie geht Marcus Antonius gegen den Vorwurf, Caesar habe nach der Königskrone gestrebt, vor?
4. **I speak not to disprove**: Was kann man über den Wahrheitsgehalt dieser Behauptung sagen?
5. Welche Stilmittel fallen dir in diesem Text auf (➤ S. 146 ff.)?

STAATSLEHRE

Cicero als Staatsphilosoph

Cicero war schon früh an philosophischen Fragen interessiert. Doch erst unter dem ersten Triumvirat (Caesar, Pompeius, Crassus, geschlossen 60 v. Chr.), als er politisch isoliert war, beschäftigte er sich mit der Theorie der Politik. In den Jahren 55–51 v. Chr. verfasste er eine Anzahl von philosophischen Schriften, von denen der nicht vollständig erhaltene Dialog *„De re publica"* wohl die bedeutendste ist. Darin befasst er sich – von seinem Vorbild Polybios, aber auch anderen hellenistischen Philosophen ausgehend – mit der Frage der besten Staatsform. Der Dialog ist im 2. Jh. v. Chr., im Zeitalter des sogenannten „Scipionenkreises", angesetzt, als P. Scipio Africanus Minor, der Zerstörer Karthagos (146 v. Chr.), in freundschaftlichem Gespräch die Leistungen der griechischen Bildung erörterte.

Cicero nennt zunächst drei „reine" Staatsformen – die Monarchie (Alleinherrschaft), die Oligarchie (Herrschaft der Wenigen) und die Demokratie (Herrschaft des Volkes) –, um diesen die römische Mischverfassung als Idealform gegenüberzustellen, die von all den dreien die jeweils besten Elemente enthalte.

8 text

M. Tullius Cicero,
rep. I, 39; 41–43

Das Wesen des Staates und seine Grundformen

39 Est igitur res publica res populi, populus autem non omnis hominum coetus[1] quoquo modo congregatus[2], sed coetus multitudinis iuris consensu[3] et utilitatis communione sociatus[4]. Eius autem prima causa coëundi est non tam imbecillitas[5] quam naturalis quaedam hominum quasi congregatio[6]; non est enim singulare nec solivagum[7] genus hoc, sed ita generatum, ut ne in omnium quidem rerum affluentia[8] societate generis sui carere velit. […]

41 Omnis ergo populus, qui est talis coetus multitudinis, qualem exposui, omnis civitas, quae est constitutio[9] populi, omnis res publica[10], quae – ut dixi – populi res est, consilio[11] quodam regenda est, ut diuturna sit. Id autem consilium primum[12] semper ad eam causam referendum[13] est, quae causa[14] genuit civitatem.

42 Deinde aut uni tribuendum est[15] aut delectis[16] quibusdam aut suscipiendum est

39 **1 coetus**, -us m.: Ansammlung, Vereinigung **2 congrego** 1: versammeln, vereinigen **3 iuris consensus**: übereinstimmende Rechtsauffassung **4 utilitatis communione sociatus**: durch gemeinschaftlichen Nutzen vereint **5 imbecillitas**, -atis f.: Schwäche, Unzulänglichkeit **6 congregatio**, -onis f.: Geselligkeitstrieb, Trieb zur Gemeinschaftsbildung **7 solivagus** 3: einzelgängerisch **8 affluentia**, -ae: Überfluss

41 **9 constitutio**, -onis f.: Einrichtung, Ordnung, Verfassung **10 omnis res publica**: jede Staatsform **11 consilium**, -i: h. Überlegung, Zielsetzung **12 primum**: das 2. Glied folgt mit *deinde* im nächsten Satz **13 referre ad**: sich beziehen auf, sich richten nach **14 quae causa**: das *causa* bleibt unübersetzt (Wiederholung des Bez.-Wortes)

42 **15 tribuendum est**: erg. *consilium* **16 delecti**, -orum m. pl.: Auserwählte, Elite

multitudini atque omnibus[17]. Quare cum penes[18] unum est omnium summa rerum[19], regem illum[20] unum vocamus et regnum eius rei publicae statum[21]. Cum autem est penes delectos, tum illa civitas optimatium arbitrio regi[22] dicitur. Illa autem est civitas popularis[23] – sic enim appellant –, in qua in populo sunt omnia. Atque horum trium generum quodvis[24], si teneat illud vinculum[25], quod primum homines inter se rei publicae societate devinxit[26], non perfectum illud[27] quidem neque meā sententiā[28] optimum est, sed tolerabile tamen et ut aliud alio possit esse praestantius[29]. Nam vel rex aequus[30] ac sapiens vel delecti ac principes cives vel ipse populus, quamquam id est minime probandum[31], tamen nullis interiectis[32] iniquitatibus aut cupiditatibus posse videtur aliquo esse[33] non incerto statu.

43 Sed et in regnis nimis expertes sunt[34] ceteri communis iuris et consilii; et in optimatium dominatu[35] vix particeps libertatis potest esse multitudo, cum omni consilio communi ac potestate careat; et cum omnia per populum geruntur quamvis iustum atque moderatum, tamen ipsa aequabilitas[36] est iniqua, cum habet nullos gradūs dignitatis[37].

Itaque si[38] Cyrus ille Perses[39] iustissimus fuit sapientissimusque rex, tamen mihi populi res[40] – ea enim est, ut dixi antea, publica – non maxime expetenda fuisse illa[41] videtur, cum regeretur unius nutu ac modo[42].

Si Massilienses, nostri clientes[43], per delectos et principes cives summā iustitiā reguntur, inest tamen in ea condicione[44] populi similitudo quaedam servitutis.

Si Athenienses quibusdam temporibus sublato Areopago nihil nisi populi scitis[45] ac decretis agebant, quoniam distinctos dignitatis gradūs non habebant, non tenebat ornatum[46] suum civitas.

17 multitudini atque omnibus: dat. auct. **suscipiendum est multitudini atque omnibus**: muss von der Mehrheit und sogar von allen getragen werden **18 penes** + acc.: bei, in der Gewalt von **19 omnium summa rerum**: die Entscheidung über alle Angelegenheiten, die oberste Leitung **20 regem illum ...**: *illum unum (= solum) vocamus regem* **21 status**, -us m.: h. Zustand, Beschaffenheit, Form **22 optimatium arbitrio regi**: nach dem Gutdünken der Aristokraten regiert werden **23 civitas popularis**: Volksherrschaft, Demokratie **24 quivis**, quaevis, quodvis: jeder beliebige, jeglicher **25 vinculum**: h. Band **26 devincio** 4, -vinxi, -vinctus: eng verbinden **27 illud** = *quodvis* (in der Übersetzung wegzulassen) **28 meā sententiā**: meiner Meinung nach **29 et ut aliud alio possit esse praestantius**: und zwar so, dass das eine das andere übertreffen kann **30 aequus** 3: h. gerecht **31 probo** 1: billigen (➤ K) **32 nullis interiectis iniquitatibus aut cupiditatibus**: wenn keine ungerechten Begehrlichkeiten dazwischenkommen **33 aliquo non incerto statu esse**: von einigermaßen sicherem Bestand sein

43 **34 nimis expertes sunt ceteri** (+ gen.): die anderen haben allzuwenig Anteil an ... **35 optimatium dominatus**: Aristokratenherrschaft, Oligarchie (➤ K) **36 aequabilitas**, -atis f.: h. völlige Gleichstellung **37 gradus** (m. pl.) **dignitatis**: Stufen der Würde **38 si** = *etiamsi* **39 Perses**, -ae m.: Perser **40 populi res**: Lage des Volkes, Form des Gemeinwesens **41 illa**: zu *res* **42 modus**, -i: h. Vorschrift **43 cliens**, -tis m.: Klient, Schutzbefohlener (➤ K) **44 condicio**, -onis f.: h. Lage, Situation **45 populi scitum** = *plebiscitum*: Volksbeschluss **46 ornatus**, -us m.: Ordnung

■ Kommentar 8

Cicero definiert (durch Scipio) den Begriff „Staat“, erklärt die Entstehung des Staates und gibt einen Überblick über grundlegende Staatsformen.

39 res populi – res publica: Die Definition ist auch ein Wortspiel, da *populus* mit *publicus* etymologisch verwandt ist; *res publica* steht gleichzeitig in einem mitgedachten Gegensatz zu *res privata.*

eius prima causa: Es gab in der Antike zwei grundlegend verschiedene Ansichten über die Ursachen einer Staatsentstehung: die natürliche Veranlagung des Menschen zur Gemeinschaftsbildung (so Aristoteles) bzw. die natürliche Schwäche des Menschen als des am wenigsten spezialisierten Lebewesens. In der Darstellung Ciceros sammelt sich die philosophische Tradition der Staatstheorien, die von ihm entsprechend seiner Wesensart und seinem Römertum interpretiert werden.

iuris consensu et utilitatis communione: Die grundlegenden Faktoren, die einen Staat erst entstehen lassen, sind sozialer und ökonomischer Natur: Die gemeinsame Rechtsauffassung gewährleistet den inneren Zusammenhalt, der gemeinsame Nutzen sichert das Überleben der Individuen.

naturalis congregatio: erinnert an die o.a. Ansicht des Aristoteles

41 manu: von Menschenhand geschaffener Schutz im Gegensatz zum Schutz durch die natürliche Lage *(locis)*

oppidum – urbem: Für die Römer ist *oppidum* ein umfriedeter, fester Platz, eine kleine Landstadt, *urbs* dagegen eine stark befestigte große Stadt oder sehr oft einfach Rom selbst.

populus – civitas – res publica: die drei Stadien der Entwicklung, zugleich aber auch drei Aspekte des Staates: das Staatsvolk, die Gesellschaftsordnung, das Staatsganze

consilium: der geistige Faktor, der dem Staat Beständigkeit verleiht

Abb. 13: ***Die fasces****, die Rutenbündel, waren das Machtsymbol der* res publica *und des römischen Machthabers oder von dessen Stellvertretern.*

42 aut uni ... aut delectis ... aut multitudini ...: Es werden die drei reinen Verfassungsformen, welche die antike Staatstheorie kannte, vorgestellt: Monarchie, Aristokratie, Demokratie. Für Platon ist das Ideal die Herrschaft der Besten, der Philosophenkönige. Für Aristoteles sind Tüchtigkeit, Freiheit und Vermögen für die führenden Männer in einem Staate ausschlaggebend, woraus er eine Mischverfassung von Aristokratie und Monarchie ableitet. Demokratie (verstanden als Herrschaft der Masse), Oligarchie (Herrschaft einer Gruppe von Reichen) und Tyrannis (Gewaltherrschaft eines einzelnen Mannes) sind für ihn Verfallserscheinungen. Der Historiker Polybios (ca. 200–120 v. Chr.), der als Geisel nach Rom gekommen war und Freund des Scipio wurde, hat dann die Lehre von der Mischverfassung auf römische Verhältnisse übertragen. Sein Modell hat die folgenden Ausführungen Ciceros bzw. Scipios wesentlich beeinflusst.

civitas popularis: Ciceros Übersetzung für das griech. *demokratia*

rex aequus et sapiens: *rex* war für die Römer ein stark negativ besetzter Begriff und wurde mit Tyrann gleichgesetzt. Daher fügt Cicero *aequus et sapiens* hinzu, um seine Leser auf den philosophisch gebildeten Herrscher im Sinne Platons hinzuweisen.

quamquam ... probandum: Dies entspricht der politischen Überzeugung Ciceros.

43 sed: leitet die Kritik Scipios (Ciceros) an jeder reinen Verfassung ein

Cyrus: Kyros II., König der Perser ca. 558–529 v. Chr., Begründer des persischen Großreiches

nutu ac modo: *nutus, -us,* eigtl. das Nicken, weist auf den willkürlichen Befehl eines orientalischen Despoten hin, *modus, -i* auf das Maß, das der Herrscher vorgibt.

Massilienses: Massilia (Marseille), um 600 v. Chr. von griechischen Kolonisten aus dem kleinasiatischen Jonien gegründet, hatte eine gemäßigt aristokratische Verfassung, wobei ein 600 Männer zählender Rat *(delecti ac principes viri)* die politische Macht ausübte.
sublato Areopago: Der Areopag (Areshügel) war eine Erhebung westlich der Akropolis von Athen. Dort tagte der nach diesem Hügel benannte Rat, der ursprünglich die höchsten Regierungs- und Gerichtsbefugnisse in Athen ausübte. Der von Aristokraten gebildete und konservativ gesinnte Rat wurde dann von den Demokraten heftig bekämpft und 462 v. Chr. seiner politischen Macht enthoben. Der oberste Gerichtshof Griechenlands führt heute wieder den Namen „Areopag".
ornatus: Übersetzung Ciceros für das griech. *kósmos*

■ Vertiefung 8

1 Welche Ursachen führen nach Ciceros Auffassung zur Entstehung von Staaten? Erscheinen dir diese plausibel?

2 Erläutere – mit Beispielen – die drei reinen Staatsformen! Gibt es diese heute noch? Vor allem: Kannst du dir etwas unter der Oligarchie *(arbitrium optimatium)* vorstellen?

3 Welche Vorteile, welche Nachteile bieten die drei reinen Staatsformen? Ist die Überlegenheit der römischen Mischverfassung berechtigt?

9 text

M. Tullius Cicero,
rep. I, 69
in kolometrischer Darstellung

Die gemischte Verfassung

Im vorangehenden Text hat Scipio festgestellt, dass gute und schlechte Verfassungen einander ständig abwechseln. Daraus zieht er folgenden Schluss:

Ex tribus primis generibus longe praestat[1] meā sententiā regium[2],
regio autem ipsi praestabit id genus,
quod erit aequatum[3] et temperatum[4] ex tribus optimis rerum publicarum modis[5].
Placet[6] enim
esse quiddam in re publica praestans et regale,
esse aliud auctoritati[7] principum[8] impartitum[9] ac tributum[10],
esse quasdam res servatas[11] iudicio voluntatique multitudinis.
Haec constitutio[12] primum habet aequabilitatem[13] quandam magnam,
quā carere diutius vix possunt liberi[14],
deinde firmitudinem,
quod et illa prima[15] facile in contraria vitia[16] convertuntur,
ut exsistat ex rege dominus[17], ex optimatibus factio[18], ex populo turba[19] et confusio[20].
Quod ipsa genera generibus saepe commutantur[21] novis,
hoc[22] in hāc iunctā moderateque permixtā constitutione[12] rei publicae non sine magnis principum vitiis evĕnit[22].
Non est enim causa conversionis[23],
ubi in suo quisque est gradu[24] firmiter collocatus[25]
et non subest[26],
quo praecipitet ac decĭdat.

1 longe praestat: es ist weitaus am besten, übertrifft die anderen bei weitem **2 regius** 3: königlich, monarchisch (wo ein König die Herrschaft innehat) **3 aequatus** 3: gleichmäßig verteilt **4 temperatus** 3: im richtigen Verhältnis gemischt **5 modus rei publicae**: Staatsform **6 placet** (mihi) + AcI: Ich halte für gut, dass ...
7 auctoritas, -atis f.: Das durch Leistung erworbene Ansehen und der damit verbundene Einfluss **8 princeps**, -cipis m.: Vornehmer, führender Mann im Staat **9 impartio** 4, -ivi, -itus 3: zuteilen **10 tribuo** 3, -ui, -utus 3: gewähren, zugestehen **11 servo** 1 (+ dat.): bewahren, reservieren (für) **12 constitutio**, -onis f.: Verfassung **13 aequabilitas**, -atis f.: Rechtsgleichheit **14 liberi**: nicht „Kinder"!
15 illa prima: gemeint sind die vorher genannten *genera rei publicae* **16 contraria vitia**: gegenteilige Entartungen **17 dominus**, -i: Gewaltherrscher, Tyrann **18 factio**, -onis f.: Partei **19 turba**, -ae: Masse, Pöbel **20 confusio**, -onis f.: Unordnung, Chaos **21 commutor** 1 (+ abl.): sich abwechseln (mit) **22 hoc ... ēvĕnit**: das geschieht ...
23 conversio, -onis f.: Umwälzung, Umsturz, Veränderung (zum Schlechteren) **24 gradus**, -us m.: Stand, Stellung **25 collocatus** 3: verankert **26 non subest**: man steht nicht über einem Abgrund (in den ...)

Kommentar 9

meā sententiā: Wie üblich ist das Werk in Gesprächsform verfasst, doch spricht in erster Linie Scipio, durch dessen Mund Cicero seine Meinung äußert.
liberi: Auch bei der armen Masse werden nur die Freien berücksichtigt. Sklaven sind vollkommen rechtlos.

Vertiefung 9

1 Welche sind die drei reinen Staatsformen?

2 Bevorzugt Scipio (= Cicero) eine reine Staatsform?

3 **contraria vitia**: Nenne die Begriffspaare der positiven und negativen Bevölkerungsgruppen!

4 **turba et confusio**: Erkennst du das Stilmittel, das hier die Wirkung verstärken soll? Wie wird es häufig übersetzt?

Abb. 14: Römischer Bürger bei Abgabe einer Ja-Stimme für einen Gesetzesvorschlag. *Rückseite eines Silberdenars aus republikanischer Zeit, Paris, Bibliothèque Nationale*

Augustinus: *„De civitate Dei"*

Aurelius Augustinus (354–430 n. Chr.) gilt als der größte lateinische Kirchenlehrer Europas. Wie viele andere frühe Christen war er in seiner Jugend durchwegs dem glänzenden, weltlichen Leben zugetan, bis er unter dem Eindruck der Predigten des Ambrosius 386 n. Chr. bekehrt wurde und ein asketisches (enthaltsames) Leben wählte. Schließlich (395) wurde er Bischof von Hippo Regius in Nordafrika, wo er 430 während der Belagerung durch die Vandalen starb.

Sein bekanntestes Werk ist seine Autobiografie *„Confessiones"* („Bekenntnisse"), während sein größtes Werk, die 22 Bücher des „Gottesstaates" *(„De civitate Dei")* seinen Ruf als wichtigsten christlichen Apologeten (Verteidiger) festigten.

Im Gegensatz zu den heidnischen Historikern sieht Augustinus in seinem Hauptwerk *„De civitate Dei"* die Menschheitsgeschichte nicht als ewigen Kreislauf ständiger Wiederholungen, sondern als eine lineare Wirkungsgeschichte des göttlichen Willens von der Schöpfung bis zum unausweichlichen Weltgericht. Die Gechichte der Menschheit wird bestimmt durch den Kampf zwischen dem

Gottesstaat und dem weltlichen Staat, was er rein philosophisch-ethisch verstanden wissen will. Dennoch hatte diese Auffassung große Wirkung auf die Entwicklung der Zwei-Schwerter-Theorie des Mittelalters (den Gegensatz zwischen Papst und Kaiser), wie überhaupt seine Lehre auf die frühen Jahrhunderte des Abendlandes einen nicht zu unterschätzenden Einfluss ausübte.

10 text

Augustinus von Hippo,
De civitate Dei, 5,12

Kritik an heidnischen Werten

Abb. 15: ***Augustinus von Hippo*** *(354–430 n. Chr.), Kupferstich, Stuttgart, Württembergische Landesbibliothek. Das Distichon: Dem Gott hervorragende Gaben vom Himmel gewährt hat,/ von dem soll ich nicht glauben, dass er himmlisch beschenkt ist?*

Der folgende Ausschnitt behandelt die Kritik, die Augustinus – nach dem Fall Roms durch die Westgoten 410 n. Chr. – an der heidnischen Auffassung, dass das Christentum an der Eroberung Roms schuldig sei, übte. Er rechnet darin mit den römischen Werten – v. a. mit den von Sallust und Vergil überlieferten – ab und vertritt die Auffassung, dass einzelne *exempla* nicht die Überlegenheit heidnischer Lebensführung beweisen können.

Inhaltliche Zusammenfassung des unmittelbar vorhergehenden Textes:

Augustinus kritisiert an Sallust, dass dieser an Caesar und vergleichbaren erfolgreichen Männern deren kriegerische Erfolge hervorhebt, so dass

[...] excitaret in bellum miseras gentes et flagello agitaret Bellona (➤ K) sanguineo, ut esset, ubi virtus eorum enitesceret.

Es folgt ein Vergil-Zitat (Aen. VIII, 646 ff.), aus dem hervorgeht, dass die „alten" Römer lieber sterben als die Freiheit verlieren wollten. Später aber habe die Ruhmsucht alles überlagert,

[...] ut parum esset sola libertas, nisi et dominatio quaereretur, [...]

An einem weiteren Vergil-Zitat (Aen. I 279 ff.) – der bekannten Prophezeiung der Größe Roms aus dem Mund Jupiters – kritisiert Augustinus, dass Jupiter zwar *futura praedicentem* sei, aber in Wirklichkeit *iam facta recolebat cernebatque praesentia* (➤ K).

Hier setzt nun unser Ausschnitt ein mit einem Zitat des bekannten „Credo des Imperiums" aus Vergils *„Aeneis"* (Aen. 6; 847–853):

Hinc[1] est et illud eiusdem poetae, quod, cum[2] artibus[3] aliarum gentium eas ipsas proprias Romanorum artes regnandi atque imperandi et subiugandi ac debellandi populos[4] anteponeret, ait:

„Excudent[5] alii spirantia mollius aera[6] –
credo equidem –, vivos ducent de marmore vultus[7],
orabunt causas[8] melius caelique meatūs[9]
describent radio et surgentia sidera dicent[10]:
tu regere imperio[11] populos, Romane, memento
(hae tibi erunt artes) pacique imponere morem[12],
parcere subiectis[13] et debellare superbos[14]."

Has artes illi tanto peritius exercebant, quanto minus se voluptatibus dabant[15] et enervationi[16] animi et corporis in[17] concupiscendis et augendis divitiis et per illas <in> moribus corrumpendis rapiendo[18] miseris civibus, largiendo[19] scaenicis[20] turpibus. Unde[21] qui tales[22] iam morum labe[23] superabant atque abundabant[24], quando[25] scribebat Sallustius ista canebatque Vergilius, non illis artibus ad honores et gloriam, sed dolis atque fallaciis ambiebant[26].

1 **1 hinc ... quod ... ait**: Es folgt darauf das Zitat desselben Dichters, in dem er sagt ... **2 cum**: wobei (cum modale, hier mit coni.!) **3 ars**, artis f.: Fähigkeit **4 populos**: obi., abh. von den vorhergehenden Gerundia; diese sind wieder abh. von *artes*

5 **5 excudo** 3: formen, bilden **6 spirantia ... aera**: lebensechte Bronzestatuen **7 vivos ... vultus**: lebendige Porträts **8 causa**, -ae: Prozessrede **9 meatus**, -us m.: Bahn eines Gestirns **10 surgentia sidera dicere**: die aufgehenden Gestirne benennen

10 **11 imperium**, -ii: Herrschaft, Macht, Reich (alle drei Bedeutungen sind hier gleichzeitig gemeint) **12 mos**, moris m.: sittliche Ordnung **13 subiecti**, -orum m. pl.: die sich (freiwillig) unterwerfen **14 superbus** 3: h. starrköpfig **15 se voluptatibus dabant**: sie gaben sich den Genüssen hin **16 enervatio**, -onis f.: Verweichlichung

15 **17 in** + Gerundiv: bei oder: indem sie ... **18 rapiendo miseris civibus**: indem sie die unglücklichen Mitbürger ausplünderten **19 largiendo**: indem sie verschwenderisch schenkten **20 scaenicus**, -i: Schauspieler **21 unde**: daher (rel. Anschluss) **22 qui tales**: diejenigen, welche **23 morum labe**: durch den Schandfleck ihrer Moral **24 superare atque abundare**: im Überfluss besitzen **25 quando** = *cum* (temporale)

20 **26 ambio** 4: herangehen an

Kommentar 10

Bellona: Bellona ist die Göttin des grausamen, ungeordneten Krieges; ihr Attribut ist die blutige Geißel *(flagellum sanguineum)*. Sie steht damit im Gegensatz zu ihrem Bruder Mars, dem Gott des geplanten, siegreichen Feldzuges und dem Gründervater Roms. (Die Stelle ist ein gutes Beispiel dafür, wie die frühen Christen noch bis ins Mittelalter hinein heidnisches und christliches Gedankengut nach Gutdünken nebeneinander verwendeten.)

cernebat praesentia: Augustinus übersieht mit seiner Kritik geflissentlich die literarische Dimension von Vergils Werk.

voluptatibus dabant: Augustinus übernimmt hier, so wie allgemein, das sog. „Degenerationsschema" (= geschichtlicher Pessimismus), nach dem der Verfall der Moral mit dem Erstarken des Materialismus einherging.

Vertiefung 10

1 Was wirft Augustinus den heidnischen Römern vor allem vor, und wie stützt er sich dabei auf das Degenerationsschema?

2 Zeige, wie die Römer – gleichgültig, ob Heiden oder Christen – die Geschichte primär nach ethischen Gesichtspunkten beurteilten!

11 text

Augustinus von Hippo,
De civitate Dei 19, 21 (gek.)
in kolometrischer Darstellung

Staat und Gerechtigkeit

Augustinus stellt das heidnische Staatsideal, das von Cicero in *„De re publica"* beschrieben wird, infrage. Dabei wendet er den christlich-jüdischen *iustitia*-Begriff, der an den Eingottglauben gebunden ist, auf Ciceros Staatstheorie an, deren Gerechtigkeitsbegriff vom Verhältnis der Menschen zueinander geprägt ist.

Nunc est locus,
  ut – quam potero breviter ac dilucide[1] – expediam[2] […] secundum[3] definitiones,
    quibus apud Ciceronem utitur Scipio in libris „de re publica",
    numquam rem publicam fuisse Romanam.
Breviter enim rem publicam definit
  esse rem populi.
  Quae definitio si vera est,
numquam fuit Romana res publica,
  quia numquam fuit res populi,
    quam[4] definitionem voluit esse rei publicae.
  Populum enim esse
definivit
  coetum[5] multitudinis iuris[6] consensu et utilitatis communione sociatum.
  Quid autem dicat[7] iuris consensum,
disputando explicat[8],
per hoc ostendens
  geri[9] sine iustitia non posse rem publicam.

  Ubi ergo iustitia vera non est,
nec ius potest esse.
  Quod enim iure fit,
profecto[10] iuste fit;
  quod autem fit iniuste,
nec iure fieri potest.
Non enim iura dicenda sunt vel putanda iniqua hominum constituta[11] […]
<falsumque est>
  id esse ius,
    quod ei,
      qui plus potest,
    utile est.

  Quocirca ubi non est vera iustitia,
iuris consensu sociatus coetus hominum non potest esse
et ideo nec populus iuxta[12] illam Scipionis vel Ciceronis definitionem. […]
Iustitia porro[13] ea virtus est,
  quae sua[14] cuique distribuit.

Quae igitur iustitia est hominis,
quae ipsum hominem Deo vero tollit[15]
et inmundis[16] daemonibus subdit?

1 **1 dilucidus** 3: klar **2 expedio** 4: erklären **3 secundum** (praep. + acc.): entsprechend
10 **4 quam definitionem voluit esse rei publicae**: doch so definierte er den Staat (rel. Verschränkung) **5 coetus**, -ūs m.: Vereinigung **6 iuris consensū et utilitatis communione sociatus**: durch gemeinsame Rechtsauffassung und gemeinschaftlichen Nutzen vereint **7 dicat**: Konjunktiv durch indir. Fragesatz abhängig von *explicat*
15 **8 disputando explicat**: er erklärt es in der Diskussion **9 rem pubicam gerere**: einen Staat führen, der AcI *rem publicam geri non posse* ist von *ostendens* abhängig!
20 **10 profecto**: selbstverständlich **11 Non enim ...**: Denn man kann die Verordnungen der Menschen nicht „Rechtsnormen" nennen oder muss sie für ungerecht halten.
30 **12 iuxta** (praep. + acc.): gemäß, entsprechend **13 porro**: ferner (bei Weiterführung eines Gedanken) **14 suum cuique**: jedem das Seine
35 **15 tollit**: h. entzieht **16 inmundis daemonibus subdit**: bösen Dämonen unterstellt

■ Kommentar 11

apud Ciceronem Scipio: Cicero lässt Scipio in *„De re publica"* I, 39 den Staat definieren (➤ T 1.8, S. 27 ff.).
disputando explicat: Augustinus bezieht sich auf Ciceros *„De re publica"* II, 70 *(sine summa iustitia rem publicam geri nullo modo posse).*
iniqua hominum constituta: Augustinus schließt also eine diesseitsbezogene, von Menschen stammende Gerechtigkeit und damit auch Staatsform aus.
id esse ius, quod ei, qui plus potest, utile est: Ein Grundsatz der Sophistik (5. Jh. v. Chr.), der dem utilitaristischen Recht des Stärkeren zugrunde liegt und schon von Platon („Politeia" I, 338 E f.) abgelehnt wurde.
Deo vero: Das *vero* nimmt *vera iustitia* wieder auf.
inmundis daemonibus: Es war altchristliche Tradition, die antiken Götter als „böse Dämonen" zu bezeichnen und damit dem Teufel gleichzustellen.

■ Vertiefung 11

1. Vergleiche die Kritik des christlichen Kirchenvaters Augustinus mit der Stelle des Originals aus Ciceros *„De re publica"* (➤ T 1.8, S. 27 ff.)! Inwieweit tut er dem vor Christus lebenden Autor Unrecht?
2. **id esse ius, quod ei, qui plus potest, utile est**: Ist dieser Satz absolut abzulehnen oder hat er realpolitisch eine gewisse Berechtigung?
3. Es gab und gibt auch heute noch Staaten, deren Konstitution auf einer religiösen Basis steht. Andere unterstreichen die Trennung von Staat und Religion. Suche nach Beispielen und kommentiere sie!

Abb. 16: Hans Holbein d. J., Thomas More, Ölgemälde (1527), New York, Frick Collection

Thomas Morus: *„Utopia"*

Sir Thomas More (1478–1535) war der bedeutendste Staatsmann unter dem englischen König Heinrich VIII. Er wurde 1521 zum Ritter erhoben und 1529 Lord Kanzler (das höchste weltliche Amt des Königreichs). More hatte sich immer schon gegen die vom Papst abgelehnte Scheidung des Königs von Katharina von Aragonien gestellt, trat aber erst zurück, als der König den Bruch mit Rom vollzog und sich zum alleinigen Kirchenoberhaupt machte (Gründung der bis heute bestehenden Church of England). More wurde schließlich 1534 verhaftet und des Hochverrats angeklagt. Am 6. Juli 1535 wurde er hingerichtet.

„Utopia" machte More mit einem Schlag weltberühmt. Das Werk erschien 1516 in lateinischer Sprache in mehreren Auflagen, aber erst 1551 in einer englischen Übersetzung. Eine deutsche Übersetzung war bereits 1524 erschienen.

Utopia ist ein neo-griechisches Kunstwort und bedeutet „Nirgendwo". Das Werk besteht aus zwei Büchern. Der fiktive Erzähler Hythlodaeus (griech. „der Schwätzer") berichtet darin von einem Inselstaat namens Utopia, in dem die Bewohner in Harmonie und Eintracht in einer Art „Kommunismus" leben. Überhaupt seien alle Einrichtungen dieses Staates seiner bzw. Mores Zeit überlegen.

Es ist bis heute nicht ganz geklärt, was More mit dem Werk beabsichtigte: den Menschen und Herrschern seiner Zeit den Spiegel vorzuhalten, ein echtes Gegenbild zu entwerfen, oder handelt es sich nur um eine ironisch-intellektuelle Gedankenspielerei? Sicher ist jedenfalls, dass die *„Utopia"* Namen gebend für alle Arten fiktiver Reisen und politischer Wunschvorstellungen wurde und auch eine ungeheure Menge literarischer Nachfolger hatte, bis in die Siebzigerjahre des 20. Jhs., als das Genre der politisch-sozialkritischen Utopie – deren bekanntestes Beispiel heute Orwells 1949 erschienener Roman „1984" ist – zur reinen Unterhaltungsliteratur der Science Fiction und Fantasy mutierte.

12 text

Thomas Morus,
Utopia, I. Buch (Ausschnitte)

Der „Kommunismus" der Utopier

Das Latein der *„Utopia"* ist stark von dem allgegenwärtigen Vorbild Cicero beeinflusst, wie es für den Humanisten Morus selbstverständlich war. Für heutige Leserinnen und Leser ist es eher schwierig zu verstehen, weshalb in den folgenden Ausschnitten längere Textteile gekürzt wurden.

1 Quamobrem cum apud animum meum reputo prudentissima […] instituta Utopiensium, apud quos tam paucis legibus tam commode[1] res[2] administrantur, ut

1 **1 commode** (adv.): bequem, praktisch **2 res** (pl.): der Staat

tamen aequatis rebus[3] omnia abundent omnibus, [...] comparo tot nationes alias, semper ordinantes[4] nec ullam satis ordinatam[5]; [...] in quibus, quod quisque nactus fuerit, suum vocat privatum; quorum tam multae in dies[6] conditae[7] leges non sufficiunt, ut [...] quisquam internoscat[8] ab alieno suum. [Plato] facile praevidit, homo prudentissimus, unam atque unicam illam esse viam ad salutem publicam, si rerum indicatur[9] aequalitas: quae nescio an umquam possit observari, ubi sua sunt singulorum propria[10].

5 **3 aequatis rebus**: nach gleicher Verteilung der Güter

4 **ordino** 1: ordnen **5 ordinatam**: erg. *video*

10 **6 in dies**: tägliche **7 condo** 3, -didi, -ditus: gründen, h. erlassen **8 internosco** 3: unterscheiden

15 **9 indico** 1: anordnen **10 sua ... propria**: allen das Ihre gehört

Kommentar 12

5 **aequatis rebus**: Der Begriff „Kommunismus" ist in diesem Zusammenhang natürlich ein Anachronismus (= ein für die entsprechende Zeit unpassender Modernismus). Von Kommunisten spricht man erst seit dem frühen 19. Jh.; durch die großen sozialistischen Bewegungen dieser Zeit wurde der Begriff schließlich Gemeingut. Aber das Prinzip – Aufhebung des Privateigentums, alles gehört allen – trifft auch schon auf Mores Werk und sein Vorbild Plato zu. Sogar Iulius Caesar berichtet im IV. Buch des *„Bellum Gallicum"* (IV,1) von den Sueben, die kein privates Ackerland kannten – und dies ganz ohne utopisches Modell als Vorbild (➤ K 1.13, S. 38).

Vertiefung 12

1 Alle Versuche, den Kommunismus „real" durchzusetzen, sind gescheitert; worin könnten deiner Meinung nach die Ursachen liegen?

2 Ist es richtig, dass Gesetze nicht ausreichen, um Privateigentum wirklich zu schützen? Welche Maßnahmen ergreifen viele Wohlhabende, um sich und ihr Eigentum abzusichern?

13 text

Thomas Morus,
Utopia, II. Buch (Ausschnitte)

Stadt und Land

Agri ita commode[1] civitatibus[2] assignati sunt, ut ab nulla parte minus soli[3] quam XII passuum milia una quaevis habeat [...]. Nulli urbi cupido [est] promovendorum[4] finium. Quippe quos habent[5], agricolas magis eorum se quam dominos putant. [...]

Nulla familia rustica in viris mulieribusque pauciores habet quam quadraginta, praeter[6] duos [...] servos; quibus[7] pater

1 **1 commode** (adv.): bequem, praktisch **2 civitas**, -atis f.: Stadt **3 solum**, -i: Ackerboden

5 **4 promoveo** 2, -movi, -motus: ausdehnen, vergrößern **5 quippe quos habent**: denn von dem Ackerland, das sie haben

10 **6 praeter** = *praeterea* **7 quibus**: erg. familiis

materque familias graves ac maturi[7] praeficiuntur, et singulis tricenis familiis phylarchus[8] unus. E quaqua[9] familia viginti quotannis[10] in urbem remigrant, hi qui biennium ruri[11] complevere[12]. In horum locum totidem[13] recentes[14] ex urbe surrogantur[15], ut ab his, qui annum ibi fuere atque ideo[16] rusticarum[17] peritiores rerum, instituantur, alios anno sequente docturi[18] [...].

10 **7 maturus** 3: reif (vgl. dt. Matura!) **8 phylarchus**, -i: Bezirksvorsteher (griech.) **9 quaqua**: v. *quisquis* (adi.) **10 quotannis**: jährlich

15 **11 ruri**: auf dem Lande (Lokativ) **12 complevere**: *compleverunt* **13 totidem**: genau so viele **14 recens**, -ntis: frisch **15 surrogo** 1: zur Nachwahl vorschlagen **16 ideo**: also **17 rusticarum**: bez. auf *rerum* **18 docturi**: um ... zu lehren

■ Kommentar 13

1 civitatibus: More bezieht sich hier deutlich auf die griechische *polis*, den Stadtstaat, der die eigentliche Stadt und die dazugehörenden Ländereien umfasste.

4 f. cupido promovendorum finium: Hier wie auch an vielen anderen Stellen kommt das Fehlen der Habgier in der gesellschaftlichen Struktur Utopias zum Ausdruck. More zeichnet damit nicht nur ein Gegenbild zur Welt seiner Zeit, sondern auch zur späten römischen Republik.

8 familia rustica: More verwendet hier bewusst den Begriff *familia*, der ja in der alten römischen Republik alle in einem Haushalt lebenden Personen, also auch die Sklavenschaft, mit einbezog.

13 f. viginti ... remigrant: Auch diese Stelle erinnert an Caesars Sueben-Exkurs (Bell. Gall. IV 1). Die Sueben schicken jährlich eine bestimmte Anzahl von Soldaten in den Krieg und lassen andere wieder zu Hause, um weder Kriegsführung noch Ackerbau zu unterbrechen:

> Sueborum gens est longe maxima et bellicosissima Germanorum omnium. Hi centum pagos[1] habere dicuntur, ex quibus quotannis singula milia armatorum[2] bellandi causa suis ex finibus educunt. Reliqui, qui domi manserunt, se atque illos alunt. Hi rursus invicem[3] anno post[4] in armis sunt, illi domi remanent. Sic neque agricultura nec ratio atque usus belli[5] intermittitur. Sed privati ac separati agri apud eos nihil est[6], neque longius anno remanere uno in loco colendi causa[7] licet.

1 pagus, -i: Gau, Bezirk **2 singula milia armatorum**: je tausend Bewaffnete **3 invicem**: wechselweise **4 anno post**: im Jahr darauf **5 ratio atque usus belli**: die Methode und die Praxis der Kriegsführung **6 privati ac separati agri ... nihil est**: es gibt kein privates und eigenes Ackerland **7 colendi causa**: um das Land zu bebauen

■ Vertiefung 13

1. Wodurch macht der Text deutlich, dass die Utopier zwar kaum Gesetze, aber dafür sehr viele Verhaltensregeln haben?
2. Vergleiche die obige Stelle aus Caesars Sueben-Exkurs (➤ K) mit ➤T 1.12 und T 1.13, S. 36 ff. im Hinblick auf Ähnlichkeiten und Unterschiede. Was könnte More beeinflusst haben, Gedanken daraus zu übernehmen?

*Abb. 17: **Karte zu Thomas Mores „Utopia“**, Louvain (1516), Stockholm, Schwedische Nationalbibliothek*

AMOR VINCIT OMNIA 2

Liebe, Lust und Leidenschaft in der lateinischen Literatur

ausgewählt und erläutert von
Eva Cescutti und Christian Goldstern

Quidquid Venus imperat, labor est suavis:
quae numquam in cordibus habitat ignavis.

1 text

Verschiedene Autoren

Auftakt: Zeitlose Sprüche

1 Omnia vincit amor.
2 Si vis amari, ama!
3 Cras amet, qui numquam amavit,
quique amavit, cras amet!
4 Amor tussisque[1] non celatur[2].
5 Amantes amentes[3].
6 Amare et sapere[4] vix deo conceditur[5].
7 Amantium irae amoris integratio[6].
8 Amor amara[7] dat tamen.
9 Amor est magister optimus.
10 Sine Cerere et Baccho friget[8] Venus.
11 Amore, more, ore, re iunguntur amicitiae.
12 Nulla unda
tam profunda[9]
quam vis amoris furibunda[10].

4 **1 tussis**, -is f.: Husten **2 celo** 1: verstecken, verheimlichen

5 **3 amens**, -ntis: von Sinnen, kopflos, verrückt

6 **4 sapio** 3M: klug, verständig sein **5 concedo** 3: erlauben, zugestehen; pass. (unpers.): möglich sein

7 **6 integratio**, -onis f.: Erneuerung

8 **7 amarus** 3: bitter

10 **8 frigeo** 2: kalt sein, erstarren

12 **9 profundus** 3: unermesslich, gewaltig; sc. *est* **10 furibundus** 3: rasend (vgl. *furor, -oris* m.)

Vertiefung 1

1 Der Spruch, der (in seiner Prosa-Form) diesem Abschnitt den Titel gegeben hat, ist in Wirklichkeit nur der erste Teil eines Verses. Oft wird auch der ganze Vers zitiert. Suche im Internet den vollständigen Wortlaut und den Autor.

2 Welche (inhaltliche) Gemeinsamkeit haben der erste und der letzte Spruch?

3 Eine andere Aussage ist ebenfalls in zwei der hier zitierten Sprüche enthalten.

- **a** Welche beiden Sprüche sind das?
- **b** Kennst du ein vergleichbares deutsches Sprichwort?

4 Der Spruch Nr. 9 ist eigentlich die scherzhafte Abwandlung eines anderen lateinischen Sprichwortes. Anstelle von *amor* steht im Original ein anderes Wort.

a Suche dieses (ursprüngliche) lateinische Sprichwort im Internet und übersetze es.

b Welches deutsche Sprichwort besagt das Gleiche wie dieses lateinische Sprichwort?

***Abb. 1: „Omnia vincit Amor"**, gezähmter Löwe, auf dem Amor reitet – ein Symbol der Macht der Liebe, holländisches Bildemblem (um 1600)*

„ICH"

2 text

Carmen Buranum 79

Versmaß: gereimte vierhebige Trochäen

Er sucht sie: Fast ein Schäferstündchen

Das folgende Gedicht – oder Lied – gehört zu den *„Carmina Burana"* (den „Liedern aus Buron/Beuern"), die in einer Handschrift aus dem bayrischen Kloster Benediktbeuern überliefert sind. Wer sich deshalb einen religiösen oder gar frommen Text erwartet, liegt falsch, denn es sind sehr weltliche Themen, um die es in diesem Gedicht – und in vielen anderen Texten der *„Carmina Burana"* – geht. Wer es gedichtet hat und wo es entstanden ist, wissen wir nicht.

1 Aéstiváli[1] súb fervóre[2],
quándo cúncta súnt in flóre,
tótus éram ín ardóre[3].
Súb olívae[4] mé decóre
aéstu[5] féssum[6] ét sudóre[7]
détinébat[8] móra[9].

2 Erat arbor haec in prato
quovis[10] flore picturato[11],
herba, fonte, situ[12] grato,
sed et umbra, flatu[13] dato.
Stilo[14] non pinxisset[15] Plato[16]
loca gratiora.

3 Subest fons vivacis[17] venae[18],
adest cantus philomenae[19]
Naiadumque[20] cantilenae:
Paradisus hic est paene;
non sunt loca, scio plene[21],
his iocundiora.

1 **1 aestivalis**, -e: sommerlich **2 fervor**, -oris m.: Glut, Hitze **3 ardor**, -oris m.: Feuer, Brand, Leidenschaft **4 oliva**, -ae: Olivenbaum **5 aestus**, -us m.: Hitze, Glut, Wärme **6 fessus** 3: matt, müde, erschöpft **7 sudor**, -oris m.: Schweiß **8 detineo** 2: festhalten, aufhalten **9 mora**, -ae: Rast

2 **10 quivis**, quaevis, quodvis: („jeder, den du willst" =) jeglicher **11 picturatus** 3: verziert, bestickt, bemalt **12 situs**, -us m.: Lage **13 flatus**, -us m.: Hauch, leichter Wind **14 stilus**, -i: Schreibstift, Griffel **15 pingo** 3, pinxi, pictum: zeichnen, malen **16 Plato** ➤ K

3 **17 vivax**, -acis: springlebendig **18 vena**, -ae: h. Wasserader **19 philomena**, -ae: Nachtigall **20 Naiades**, -dum f. pl.: die Najaden (➤ K) **21 plene** (adv.): h. genau

*Abb. 2: **Sandro Botticelli, La Primavera – Der Frühling**, Gemälde (um 1478), Florenz, Uffizien*

4 Hic dum placet delectari
delectatque iocundari[22]
et ab aestu relevari[23],
cerno[24] forma singulari
pastorellam[25] sine pari
colligentem mora[26].

5 In amorem visae cedo[27];
fecit Venus hoc, ut credo.
„Ades!“ inquam, „non sum praedo[28],
nihil tollo, nihil laedo.
Me meaque tibi dedo,
pulchrior quam Flora!“

6 Quae respondit verbo brevi:
„Ludos viri non assuevi[29],
sunt parentes mihi saevi[30];
mater longioris aevi[31]
irascetur pro re levi.
Parce[32] nunc in hora!“

4 **22 iocundor** 1: sich vergnügen **23 relevor** 1: sich erholen **24 cerno** 3: sehen, erblicken **25 pastorella**, -ae: Hirtenmädchen, Hirtin **26 morum**, -i: Brombeere

5 **27 in amorem cedere** (+ gen.): sich verlieben in **28 praedo**, -onis m.: Räuber

6 **29 assuesco** 3, -suevi, -suetus: sich an etw. gewöhnen (Perf.: etw. gewohnt sein) **30 saevus** 3: grimmig, erbarmungslos **31 aevum**, -i: Alter **32 parco** 3: verschonen, lassen, ablassen

■ Kommentar 2

2 Plato: Platon aus Athen (428/7–348/7 v. Chr.), bedeutender griech. Philosoph (➤ S. 77 f.). Sein Werk ist sehr gut überliefert und wirkt in der Philosophie bis heute nach; seine Wirkung auf die

Entwicklung der europäischen Philosophie und des Christentums kann kaum überschätzt werden. Für die Spätantike und das Mittelalter war er der Legende nach ein Sohn Apollons, des griech. Gottes der Weissagung und der schönen Künste; bereits im Mittelalter hatte er den Ruf eines glänzenden Stilisten.

3 **Naiadum**: Najaden sind Nymphen; Nymphen (griech. *nýmphe* = junge Frau, Braut) sind in der griech. Mythologie Göttinnen der freien Natur, Töchter des Zeus. Sie bevölkern Berge und Grotten (Oreaden), das Meer (Nereiden), Quellwasser (Najaden) und Bäume (Dryaden). Die Nymphen lieben das Spiel und den Tanz. Ihre männlichen Begleiter sind die lüsternen Satyrn und Silene.

5 **Flora**: Flora ist die röm. Göttin des Blühens und der Blumen; sie wird als besonders schöne, mit Blumen geschmückte junge Frau dargestellt.

Vertiefung 2

1 Versuche eine kurze Zusammenfassung dieser Liebesgeschichte – in einem einzigen Satz!

2 In welchem Vers beginnt es in dem Gedicht um Liebe zu gehen?
- **a** Woran kann man merken, dass hier ein männliches Ich spricht?
- **b** Wozu dient die ausführliche Naturschilderung am Anfang des Gedichts?
- **c** Welche Rolle spielt Venus?

3 Was hier vor und nach der Erwähnung Platons beschrieben wird, ist ein sogenannter *locus amoenus*, ein „lieblicher Ort“, ein Lustort, der ganz typisch ist für die Schäferdichtung, (Bukolik) und überhaupt für jede Form idyllisierender Dichtung. Im christlichen Mittelalter klingen darin Vorstellungen vom Paradies und vom Paradiesgarten an. Es handelt sich beim *locus amoenus* um eine fiktive Landschaft mit bestimmten, immer gleichen Elementen. Um welche Elemente handelt es sich hier in diesem Gedicht?

4 Wie beurteilst du das Ende des Gedichts im Hinblick auf die Erwartungen, die im Verlauf des Gedichts aufgebaut werden?

5 Lies das Gedicht laut. Beobachte die Wirkung von Rhythmus und Reim. Was für ein Effekt entsteht beim Lesen?

3 text

Carmen Cantabrigiense 40

Versmaß: gereimte vierhebige Jamben

Sucht sie ihn? Sehnsüchte im Frühling

1 Levís[1] exsúrgit[2] zéphyrús[3]
et sól procédit tépidús[4];
iam térra sínus[5] áperít,
dulcóre[6] súo dífflüít[7].

2 Ver purpuratum[8] exiit,
ornatus[9] suos induit[10].
Aspergit[11] terram floribus,
ligna[12] silvarum[13] frondibus[14].

1 **1 levis**, -e: leicht, geschwind **2 exsurgo** 3: sich erheben **3 zephyrus**, -i: Wind, Westwind **4 tepidus** 3: mild, wärmend, lau **5 sinus**, -us m.: Schoß **6 dulcor**, -oris m.: Süße, Süßigkeit, süßer Duft **7 diffluo** 3: zerfließen
2 **8 purpuratus** 3: purpurgeschmückt, strahlend, schön **9 ornatus**, -us m.: Schmuck; Festkleid **10 induo** 3: anziehen, sich mit etw. bekleiden **11 aspergo** 3: bestreuen, bespritzen, übergießen **12 lignum**, -i: Holz, h. Baum **13 silva**, -ae: Wald **14 frons**, -dis f.: Blatt, Laub

3 Struunt[15] lustra[16] quadrupedes[17]
et dulces nidos volucres[18];
inter ligna[12] florentia
decantant[19] sua gaudia.

3 **15 struo** 3: bauen **16 lustrum**, -i: (Wild-)Lager, Versteck **17 quadrupes**, -pedis m.: Vierfüßer **18 volucris**, -cris f.: Vogel **19 decanto** 1: singen, besingen

4 Quod oculis dum[20] video
et auribus dum[20] audio,
heu[21]!, pro[22] tantis gaudiis
tantis inflor[23] suspiriis[24].

4 **20 dum**: während **21 heu!** (zweisilbig zu lesen): ach! **22 pro** (+ abl.): h. neben **23 inflo** 1: aufblasen, aufblähen **24 suspirium**, -i: Seufzer

5 Cum mihi sola sedeo
et haec revolvens[25] palleo[26],
si forte[27] caput sublevo[28],
nec audio nec video.

5 **25 revolvo** 3: h. betrachten, überdenken **26 palleo** 2: bleich sein, erbleichen **27 si forte**: wenn vielleicht **28 sublevo** 1: erheben, aufheben

6 Tu saltim[29], veris gratia[30],
exaudi[31] et considera[32]
frondes[14], flores et gramina[33],
nam mea languet[34] anima.

6 **29 saltim** (adv.): wenigstens **30 gratia**, -ae: Anmut, Wonne **31 exaudio** 4: zuhören **32 considero** 1: bedenken, erwägen **33 gramen**, -inis n.: Gras **34 langueo** 2: schlaff werden, ermatten

Abb. 3: Zephyros, Frühlingsblüten bringend, *Relief (1. Jh. n. Chr.) auf dem „Turm der Winde", Athen*

Vertiefung 3

1 Wo ist hier von Liebe die Rede? Ist Liebe überhaupt das Thema des Gedichts? Was spricht dagegen, was dafür?

2 Wer spricht?

- **a** Dieses Gedicht ist in der Ich-Form geschrieben; das „Ich" nennt seinen Namen nicht, bleibt also anonym. Dieses „Ich" in einem Gedicht wird als „lyrisches Ich" bezeichnet. Was ist über das lyrische Ich, das in diesem Gedicht spricht, zu erfahren: ganz konkret über die Person, aber auch über ihre Stimmung und Gemütslage?
- **b** Das Gedicht arbeitet mit einem sehr scharfen Kontrast. Worin besteht er? Welche Verse drücken ihn am stärksten aus?
- **c** Wozu dient die Beschreibung der Vorgänge in der Natur? Wofür steht der Frühling?

4 text

Aeneas Silvius Piccolomini, carmen 1,66 b

Versmaß: elegisches Distichon

Sie rät ihm: Ehefrau mit Tagesfreizeit

Das folgende Gedicht stammt zwar von einem Mann, die Sprecherin aber ist eine Frau. Der Autor, der diese Frau zu Wort kommen lässt, Aeneas Silvius Piccolomini, zählt zu den bedeutendsten humanistischen Gelehrten. Wer dieses Gedicht liest, wird kaum glauben können, dass er später sogar Papst wurde (Pius II.).

Noctu[1] me quaeris, sed habet me nocte maritus:
    iura maritorum laedere, crede, nefas[2].
Ille diem patrio totam consumit[3] in agro:
    cur me nocte petis, tempora lucis[4] habens[5]?
Forsitan[6] et[7] totus nudusque viderier[8] horres[9]?
    Mi tenebrosa[10] potest nulla placere venus[11].
Quid prodest noctu formosas esse puellas?
    Saepe fuit iuvenis[12] credita turpis anus[13].
Ergo placere[14] magis si vis mihi, luce venito[15]:
    nam mihi per tenebras gratia[16] nulla tui est.

1 **1 noctu** = *nocte* **2 nefas**: sc. *est* **3 diem consumere** = *diem agere*; **dies**, -ei h. f.! **4 lux**, lucis f.: h. Tageslicht, Tag **5 habens**: konzessiv
5 **6 forsitan**: vielleicht **7 et** = *etiam* **8 viderier** = *videri* (h. in der Grundbedeutung: pass. von *video!)* **9 horreo** 2 (+ inf.): sich (vor etwas) scheuen **10 tenebrosus** 3: dunkel; h. in der Dunkelheit **11 venus**, -eris f.: h. Liebesakt **12 iuvenis**, -is f. (!): junges Mädchen; **iuvenis credita**: eine für jung Gehaltene **13 anus**, -us f.: alte Frau, Greisin **14 placeo** 2: h. einen Gefallen tun **15 venito**: imp II = *veni!*
10 **16 gratia ... tui**: Zuneigung zu / Interesse an dir

Vertiefung 4

1 Was ist über die Frau, das lyrische Ich, das hier spricht, zu erfahren?

2 Nur an einer einzigen Stelle (➤ V. 6) ist in diesem Gedicht konkret von „Liebe" die Rede. Wieso ist es dennoch ganz klar, dass es hier um Erotik geht?

3 Für wen ist dieses Gedicht deiner Meinung nach eher geschrieben: für Männer oder für Frauen? Wie wirkt sich die Tatsache, dass das Gedicht von einem Mann geschrieben wurde, auf deine Antwort aus?

4 **a** Was erfahren wir über den Beruf des Ehemannes?

b Worin bestehen also die Vorteile eines Besuches bei Tageslicht?

5 Mit welchen Worten wird der Liebhaber ein wenig gehänselt?

***Abb. 4: Aeneas Silvius Piccolomini** (geb. 1405 bei Siena) **als Papst Pius II.**, Medaille aus Anlass der 600. Wiederkehr seines Geburtstages*

Versmaß: vierfüßiger katalektischer Trochäus (➤ K)

Sie hatte ihn – und ein Problem: Nicht aufgepasst

1 Húc usqué[1] – me míserám![2] –
rém bené celáverám
ét amávi cállidé[3].

2 Res mea tandem patuit,
nam venter intumuit[4],
partus[5] instat[6] gravidae[7].

3 Hinc[8] mater me verberat[9],
hinc pater improperat[10],
ambo tractant[11] aspere.

4 Sola domi sedeo,
egredi non audeo
nec in palam[12] ludere[13].

5 Cum foris[14] egredior,
a cunctis inspicior,
quasi[15] monstrum fuerim[16].

6 Cum vident hunc uterum[17],
alter pulsat[18] alterum,
silent[19], dum[20] transierim.

7 Semper pulsant cubito[21],
me designant[22] digito,
ac si[23] mirum[24] fecerim.

8 Nutibus[25] me indicant[26],
dignam[27] rogo[28] iudicant,
quod semel peccaverim.

9 Quid[29] percurram[30] singula?
Ego sum in fabula[31]
et in ore omnium.

10 Ex eo[32] vim patior,
iam dolore morior,
semper sum in lacrimis.

11 Hoc dolorem cumulat[33],
quod amicus exulat[34]
propter illud paululum[35].

1 **1 huc usque**: bisher **2 me miseram**: acc. des Ausrufs, im Dt. nom. **3 callidus** 3: klug

2 **4 intumesco** 3, -tumui: anschwellen **5 partus**, -us m.: Geburt **6 insto** 1: bevorstehen **7 gravidus** 3: schwanger; sc. *mihi*

3 **8 hinc**: daher **9 verbero** 1: schlagen **10 impropero** 1: Vorwürfe machen **11 tracto** 1: behandeln; sc. *me*

4 **12 in palam**: in der Öffentlichkeit **13 ludo** 3: h. tanzen, sich vergnügen

5 **14 foris**: hinaus **15 quasi**: als ob **16 fuerim** = *sim:* „wäre"

6 **17 uterus**, i: Bauch **18 pulso** 1: anstoßen **19 sileo** 2: schweigen **20 dum** (h. + coni.): bis

7 **21 cubitum**, -i: Ellbogen **22 designo** 1: zeigen auf **23 ac si**: als ob **24 mirum**: sc. *quid (= aliquid)*

8 **25 nutus**, -us m.: Wink, Augenzwinkern **26 indico** 1: verweisen auf **27 dignam**: sc. *me esse* **28 rogus**, -i: Scheiterhaufen; **rogo**: abl., abh. von *dignam*

9 **29 quid**: wozu **30 percurro** 3: aufzählen **31 fabula**, -ae: Gerede

10 **32 ex eo**: deswegen

11 **33 cumulo** 1: vergrößern **34 exulo** 1: in der Ferne / im Ausland sein **35 paululum**, -i: Kleinigkeit

12 Ob patris saevitiam[36]
recessit[37] in Franciam
a[38] finibus ultimis.

13 Sum in tristitia
de eius absentia
in doloris cumulum[39].

12 36 saevitia, -ae: Wut, Strenge **37 recessit** = *discessit* **38 a finibus ultimis** = *ad fines ultimos;* **fines**: Gebiet

13 39 cumulus, -i: Übermaß

Kommentar 5

Versmaß: Basis ist der Trochäus (–́ ∪); die meisten Verse sind vierfüßige katalektische Trochäen (katalektisch = letzter Versfuß unvollständig), d. h. vier betonte, drei unbetonte Silben.
Schema: –́ ∪ –́ ∪ –́ ∪ –́
Ausnahmen: V. 4 beginnt mit einer unbetonten Silbe (eine Art Auftakt), V. 37 ist „akephal“, d. h. die erste betonte Silbe fehlt, der Vers beginnt daher mit einer unbetonten Silbe.

Vertiefung 5

1 Ab welchem Moment weiß man, dass es sich beim lyrischen Ich um eine Frau handelt?

2 Was genau ist mit *rem / res* in V. 2 und V. 4 gemeint? Bezeichnen die beiden Wörter das Gleiche oder Unterschiedliches?

3 Welches Wort deutet an, dass die Religion Teil des Problems ist?

4 Warum ist das Gedicht in so besonders schlichter Sprache geschrieben?

5 Aus welchem Wort spricht bittere Ironie?

6 Wie aktuell ist dieses Gedicht?

- **a** Welche der hier genannten Probleme könnte ein Mädchen heute in dieser Situation haben?
- **b** Welche wären heute undenkbar?
- **c** Das Problem „ungewollte Schwangerschaft“ ist zweifellos auch heute noch ein Thema. Wie geht unsere Gesellschaft damit um?
- **d** Welche Option, die heute in diesem Zusammenhang oft diskutiert wird, spielt in diesem Gedicht überhaupt keine Rolle?

6 text

Ovid,
Amores I 5

Versmaß: elegisches Distichon

Er kriegt sie: High Noon

Aestus[1] erat, mediamque[2] dies exegerat[3] horam;
adposui medio membra levanda[4] toro[5].
Pars adaperta[6] fuit, pars altera clausa fenestrae;
quale[7] fere silvae lumen habere solent,

1 1 aestus, -us m.: Mittagshitze **2 media hora**: Mittagsstunde **3 exigo** 3, -egi, -actus: zurücklegen, vollenden **4 levo** 1: erfrischen, ausruhen; **levanda** = *ad levandum* **5 torus**, -i: Sofa **6 adaperta** = *aperta* **7 quale, qualia**: wie

qualia[7] sublucent[8] fugiente crepuscula[9] Phoebo[10],
aut ubi nox abiit, nec tamen orta[11] dies.
Illa verecundis[12] lux est praebenda puellis,
qua[13] timidus latebras[14] speret habere pudor.
Ecce, Corinna venit, tunica velata[15] recincta[16],
candida dividua[17] colla tegente coma –
qualiter in thalamos famosa[18] Semiramis isse
dicitur, et multis[19] Laïs amata viris.
Deripui[20] tunicam – nec multum rara[21] nocebat[22];
pugnabat[23] tunica sed tamen illa tegi.
Quae cum ita pugnaret, tamquam[24] quae vincere nollet,
victa est non aegre[25] proditione[26] sua.
Ut stetit ante oculos posito[27] velamine[28] nostros[29],
in toto nusquam corpore menda[30] fuit.
Quos umeros, quales vidi tetigique lacertos[31]!
Forma papillarum[32] quam fuit apta premi!
Quam castigato[33] planus[34] sub pectore venter,
quantum et quale latus, quam iuvenale[35] femur[36]!
Singula quid referam[37]? Nil non laudabile vidi
et[38] nudam pressi corpus ad usque meum.
Cetera quis nescit? Lassi[39] requievimus ambo.
Proveniant medii[40] sic mihi saepe dies!

***Abb. 5: Henri Matisse, Nu au Bracelet**, Linolschnitt (1940).*

5 **8 subluceo** 2: unten hervorschimmern **9 crepusculum**, -i: Abenddämmerung; **crepuscula**: poet. pl., im Dt. sg. **10 Phoebus**, -i: Sonne(ngott) (➤ K) **11 orta**: sc. *est (dies*, h. f.) **12 verecundus** 3: schüchtern **13 qua ... speret**: finaler Rel.-Satz: damit ... dadurch erhoffen kann ... **14 latebra**, -ae: Versteck **15 velo** 1: bekleiden **16 recinctus** 3: (zu *tunica!)* aufgegürtet, frei herabhängend

10 **17 dividuus** 3: (zu *coma!)* geteilt **18 famosus** 3: berühmt **19 multis ... viris** = *a multis viris* (dat. auct.) **20 deripio** 3M, -ripui: herunterreißen **21 rara** (sc. *tunica)*: h. dünn **22 noceo** 2: h. hinderlich sein **23 pugnabat ... tegi**: Reihung: *sed tamen illa (= Corinna) pugnabat* (= kämpfte darum) *tunica* (= abl.) *tegi*

15 **24 tamquam quae**: wie eine, die **25 aegre**: mit Mühe **26 proditio**, -onis f.: Verrat; **proditione sua**: durch Verrat an sich selbst (➤ K) **27 posito** = *deposito* **28 velamen**, -inis n. = *tunica* **29 nostros** = *meos* **30 menda**, -ae: Fehler, Makel **31 lacertus**, -i: Arm

20 **32 papilla**, -ae: Brust **33 castigatus** 3: straff **34 planus** 3: flach **35 iuvenalis**, -e: jugendlich **36 femur**, -oris n.: Schenkel **37 referam**: coni. dubitativus **38 et ... meum**: Reihung: *et nudam* (sc. *Corinnam) usque ad (= ad) corpus meum pressi*

25 **39 lassus** 3: erschöpft **40 medii dies**: Mittagsstunden

Kommentar 6

4 ff. quale ... dies: Der hier eingeschobene ausführliche Vergleich im hohen epischen Stil dient einerseits zur Retardierung (= Verzögerung) der Handlung und deutet andererseits darauf hin, dass ein besonders wichtiges Ereignis bevorsteht. Diese ironische Verwendung ist typisch für Ovids Stil.

5 Phoebo: Der Gott Apollo wurde in der Antike oft mit dem Sonnengott gleichgesetzt. Hier steht sein Name metonymisch für die Sonne.

9 Corinna: fiktiver Name einer Geliebten Ovids, die in zahlreichen seiner Gedichte vorkommt
11 Semiramis: legendäre Königin von Babylon, berühmt für ihre Schönheit
12 Laïs: häufiger Name von Hetären
16 proditione sua: Dadurch, dass das Mädchen sich so leicht *(non aegre)* erobern ließ, „verriet" sie, dass sie selbst gar nicht abgeneigt war.

2

■ Vertiefung 6

1 Inwieweit werden die handelnden Personen beschrieben?
  a Welche Details erfahren wir über Corinna? Welchen Vorteil hat es für den (ursprünglich sicher vor allem als männlich gedachten) Leser, dass die Beschreibung der Frau sehr allgemein bleibt?
  b Was erfahren wir über das lyrische Ich?
2 Was lässt sich aus dem Text über das Verhältnis der beiden Personen zueinander schließen?
3 Wie war's?
  a Wem hat „es" (das *High-Noon*-Erlebnis) gefallen? (Beachte vor allem auch den letzten Vers!)
  b Wer hat es gewollt? (Weshalb ist eine Antwort auf diese Frage nur sehr eingeschränkt möglich?)
4 Dieses Gedicht ist selten in Schulausgaben zu finden, weil es, wie manche meinen, an Pornografie grenze. Andere finden, es sei erotisch, nicht mehr. Finde Argumente für beide Ansichten.
5 Ovid ist auch als Verfasser des Lehrgedichtes *„Ars amatoria"* („Die Kunst des Liebens") bekannt. Mit welchem Satz verrät er sich in diesem Gedicht als „Didaktiker"?

„DU"

7 text

Catull,
carmen 45

Versmaß: Hendekasyllabus

Liebesglück

1 Acmen[1] Septimius, suos amores[2],
tenens in gremio[3]: „Mea", inquit, „Acme,
ni[4] te perdite[5] amo atque amare porro[6]
omnes sum assidue[7] paratus annos,
quantum[8] qui pote[9] plurimum perire[10],
solus in Libya Indiaque tosta[11]
caesio[12] veniam obvius[13] leoni."
Hoc ut dixit, Amor, sinistra[14] ut ante,
dextra[14] sternuit[15] approbationem[16].

2 At Acme leviter caput reflectens[17]
et dulcis pueri ebrios[18] ocellos[19]

1 1 Acmen: acc. des griech. Mädchennamens *Acme* **2 amor**, -is m.: h. Geliebte *(abstractum pro concreto); amores: poet. pl., im Dt. sg.* **3 gremium**, -i: Schoß **4 ni** = *nisi* **5 perdite** 3 (adv.): bis zur Verzweiflung, bis zur Selbstaufgabe **6 porro**: weiterhin **7 assidue**: fortwährend, stets **8 quantum qui**: wie einer, der **9 pote** = *potest* **10 plurimum perire**: vor Liebe völlig vergehen **11 torreo** 2, torrui, tostum: verbrennen, versengen **12 caesius** 3: grauäugig **13 obvius** 3: entgegen **14 sinistra, dextra**: sc. *parte* **15 sternuo** 3, -nui: niesen **16 approbatio**, -onis f.: Zustimmung
2 17 reflecto 3: zurückbeugen **18 ebrius** 3: betrunken, h. liebestrunken **19 ocellus**, -i: Auge (Deminutiv)

illo purpureo ore saviata[20]:
„Sic“, inquit, „mea vita, Septimille[21],
huic uni domino usque serviamus,
ut multo mihi maior acriorque
ignis mollibus ardet in medullis[22].“
Hoc ut dixit, Amor, sinistra ut ante,
dextra sternuit approbationem.

3 Nunc ab auspicio bono profecti
mutuis animis amant amantur.
Unam Septimius misellus[23] Acmen
mavult[24] quam Syrias[25] Britanniasque:
uno in Septimio fidelis Acme
facit[26] delicias[27] libidinesque[28].
Quis ullos homines beatiores
vidit, quis Venerem auspicatiorem[29]?

20 savior 1: küssen; **saviata**: part. coni. zu *Acme* **21 Septimillus**: Deminutiv zu *Septimius* **22 medulla**, -ae: Mark; Innerstes

3 **23 misellus** 3: Deminutiv zu *miser* **24 mavult**: 3: sg. von *malo, malle:* lieber wollen **25 Syrias Britanniasque**: Länder wie … **26 facere** (sc. *sibi):* h. sich verschaffen **27 deliciae**, -arum: Lust, Vergnügen **28 libido**, -inis f.: Begierde, Lust **29 auspicatus** 3: glücklich, Glück verheißend

2

Kommentar 7

1 **Acmen**: Das griech. Wort *akmé* bedeutet „Blüte“, der Name symbolisiert also die Schönheit des Mädchens.

Libya Indiaque tosta: Durch die Nennung der entlegensten (und somit am gefährlichsten anmutenden) Gebiete der damals bekannten Welt, verbunden mit der Vorstellung einer besonders gefährlichen Situation, will der Liebhaber seinem Schwur besondere Bedeutung verleihen.

caesio: Die Verwendung eines schmückenden Beiwortes *(epitheton ornans)* ist ein poetischer Topos (➤ Stilmittel 29, S. 148).

Amor … sternuit: Niesen galt in der Antike als gutes Omen. Wenn Amor niest, steht die Liebesbeziehung also unter einem besonders glücklichen Stern.

2 **huic uni domino**: Zwei Interpretationen sind möglich: 1. Gemeint ist Septimius, dann ist *serviamus* poet. Plural, also als *serviam* zu verstehen. 2. Gemeint ist Amor, der gerade seine Zustimmung ausgedrückt hat.

Vertiefung 7

1 Das Gedicht ist in drei Strophen gegliedert. Fasse jede mit einem ganz kurzen Satz / einer Überschrift zusammen.

2 ➤ V. 7: Abgesehen davon, dass Catull sich mit derartigen Details *(leo caesius)* als besonders gelehrt gibt, kannst du dir noch einen anderen Grund denken, warum ausgerechnet die Augenfarbe des Löwen erwähnt wird?

3 Mit welchen Worten versucht Acme Septimius zu überbieten?

4 ➤ V. 14: Welche der beiden im Kommentar angedeuteten Interpretationen erscheint dir wahrscheinlicher? Was spricht für die eine, was für die andere Interpretation?

5 Wie wird die enge Liebesverbindung der beiden in der dritten Strophe auch sprachlich ausgedrückt?

6 Warum wird der doch offensichtlich glücklich verliebte Septimius dennoch als *misellus* (➤ V. 21) bezeichnet?

„LIEBESGESCHICHTEN“ – EIN FALLBEISPIEL

Catull und „Lesbia“
Eine Liebesbeziehung, die in die Weltliteratur einging

Über das Leben Catulls selbst ist relativ wenig bekannt. Wie andere Liebesdichter nach ihm verwendete auch Catull in den Gedichten, die er über seine Liebe schrieb, nicht den wirklichen Namen seiner Angebeteten, sondern ein metrisch gleichwertiges Pseudonym. Höchstwahrscheinlich ist mit „Lesbia“ eine gewisse **Clodia** gemeint, die Frau und spätere Witwe eines prominenten Politikers, deren Lebenswandel in Rom berüchtigt war. Sie war etwa zehn Jahre älter als Catull.

Die Verwendung des Namens „Lesbia“ ist eine Hommage Catulls an **Sappho**, die im 7. Jh. v. Chr. auf der ägäischen Insel Lesbos lebte und wirkte. Die Liebesbeziehung der beiden lässt sich nur aus den Gedichten Catulls nachzeichnen, die – nicht in chronologischer Reihenfolge – innerhalb des Gesamtwerks des Dichters verstreut sind. Die Auswahl hier versucht eine chronologische Anordnung in drei Stufen: Werben um die Geliebte – Erfüllung – Enttäuschung.

Die Bedeutung Catulls für die Literaturgeschichte liegt in den starken Emotionen, die der junge Dichter (Catull starb mit etwa 30 Jahren) in seinen Liebesgedichten auszudrücken verstand. Er war der erste römische Dichter, der subjektive Liebesgedichte verfasste, also Liebe nicht aus der Distanz, sondern aus eigenem Erleben beschrieb.

8 text

Catull,
carmen 51

Versmaß: Sapphische Strophe (➤ K)

Frisch verliebt

Catull, der sich wie rasend in Lesbia verliebt hat, beneidet einen anderen Mann, der in ihrer Nähe sitzen darf. Das Stück ist teilweise Nachdichtung und Variation eines griechischen Gedichtes der berühmten Dichterin Sappho.

Ílle mí par[1] ésse deó vidétur,
ílle, sí fas[2] ést, superáre dívos,
quí sedéns advérsus[3] idéntidém[4] te[5]
spéctat et aúdit
dulce[6] ridentem, misero quod[7] omnis[8]
eripit sensus mihi: nam simul[9] te,
Lesbia, aspexi, nihil est super[10] mi,
Lesbia, vocis[11],
lingua sed torpet[12], tenuis sub artus[13]
flamma demanat[14], sonitu[15] suopte[16]
tintinant[17] aures, gemina[18] teguntur
lumina[19] nocte.
Otium, Catulle, tibi molestum est:
otio exsultas[20] nimiumque gestis[21]:
otium et reges prius et beatas
perdidit urbes.

1 **1 par**, paris: gleich **2 fas est**: es ist erlaubt **3 adversus** + acc.: gegenüber **4 identidem**: immer wieder **5 te**: doppelt übersetzen: zu *adversus* und als Objekt zu *spectat et audit*

5 **6 dulce**: im Dt. adv. zu *ridentem* **7 quod**: was (zusammenfassender Rel.-Satz) **8 omnis** = *omnes* **9 simul** (= *simulac)*: sobald **10 super esse**: übrig sein, zur Verfügung stehen **11 vocis**: gen. part. zu *nihil* (➤ K) **12 torpeo** 2: erstarren, gelähmt sein **13 artus**, -us m. (meist pl.): Gelenke, Glieder

10 **14 demano** 1: herabfließen, hinunterrieseln **15 sonitus**, -us, m.: Ton, Klang **16 suopte**: verstärktes *suo* **17 tintino** 1: sausen, rauschen, dröhnen **18 gemini**, -ae, -a = *ambo;* zu *lumina* (Enallage ➤ Stilmittel 39, S. 149; da gramm. eigtl. zu *nocte)* **19 lumen**, -inis n.: h. Auge **20 exsulto** 1: übermütig sein **21 gestio** 4: heftig begehren, verlangen

Kommentar 8

Schema des Versmaßes: –́ ∪ –́ ∪̲ –́ ∪ ∪ –́ ∪ –́ ∪̲ (3 x)
–́ ∪ ∪ –́ ∪̲

8 Lesbia, vocis: An dieser Stelle ist in den Handschriften, die das Gedicht überliefern, eine Lücke. Aufgrund der griech. Vorlage und des Versmaßes gibt es verschiedene Versuche, die Lücke zu schließen. Weitere Möglichkeiten wären etwa:
... vocis in ore oder ... *quod loquar amens.*

Vertiefung 8

1 Weswegen beneidet Catull die mit *ille* bezeichnete Person? Worin besteht die „Gottgleicheit“ des *ille*? (Es gibt in der Catull-Forschung zwei einander widersprechende Interpretationen zu dieser Frage!)

2 Die Psychosomatik beschäftigt sich mit körperlichen Erkrankungen, die auf seelische Einflüsse zurückgehen. Wie lässt sich der Zustand des lyrischen Ichs in dieser Hinsicht beschreiben?

3 Mit der 4. Strophe rüttelt sich Catull gleichsam selbst wieder wach. Durch welche Mittel wird das sprachlich ausgedrückt? Was ist in diesem Zusammenhang bezüglich der Verwendung des Personalpronomens zu bemerken?

4 Worin könnte die Gefahr des *otium* für Catull bestehen?

9 text

Catull, carmen 2

Versmaß: Hendekasyllabus

Das Spatzerl

Passer[1], deliciae[2] meae puellae,
quicum[3] ludere, quem in sinu[4] tenere,
cui primum[5] digitum dare appetenti
et acris[6] solet incitare morsus[7],
cum desiderio[8] meo nitenti[9]
carum nescio quid[10] lubet[11] iocari[12]
et solaciolum[13] sui doloris,
credo, ut tum gravis acquiescat[14] ardor[15]:
tecum ludere sicut ipsa possem
et tristis[16] animi levare[17] curas!

Abb. 6: John William Godward, Lesbia with her Sparrow, *Ölgemälde (1916), Privatbesitz*

1 1 passer, -eris m.: Spatz, Sperling (h. voc.!) **2 deliciae**, -arum: Vergnügen; Liebling **3 quicum** = *quocum* (altlat.) **4 sinus**, -us m.: h. Schoß **5 primus digitus**: Fingerspitze **6 acris** = *acres* **7 morsus**, -us m.: Biss
5 8 desiderium, -i: Sehnsucht; gemeint ist: die Geliebte; zu *nitenti* **9 nitens**, -ntis: strahlend, schön **10 nescio quid**: wörtl. „ich weiß nicht was“ = irgendetwas; bez. auf *carum* **11 lubet** = *libet:* es macht Freude **12 iocor** 1: scherzen, schäkern, flirten **13 solaciolum**, -i: kleiner Trost **14 acquiesco** 3: sich beruhigen **15 ardor**, -oris m.: Brand, Glut, Leidenschaft
10 16 tristis = *tristes* **17 levo** 1: erleichtern

Vertiefung 9

1 Sammle alle lateinischen Begriffe, die neben ihrer Grundbedeutung auch erotisch verstanden werden können. Was könnte beispielsweise mit *curas* und *dolores* konkret gemeint sein?

2 Ist Liebe überhaupt das Thema des Gedichts? Was spricht dagegen, was dafür?

3 Es geht also um einen kleinen Spatz, der der Geliebten Freude macht:

- **a** Könnte mit diesem *passer* auch jemand oder etwas anderes gemeint sein als ein kleiner Vogel? Was spricht für diese Möglichkeit?
- **b** Wofür ist dieser kleine Spatz da? Was möchte das lyrische Ich damit machen und erreichen?

4 Ist das Gedicht deiner Meinung nach witzig? Oder eher traurig? Begründe deine Meinung.

2

10 text

Catull,
carmen 5

Versmaß: Hendekasyllabus

Küsse ohne Ende

Vivamus, mea Lesbia, atque amemus
rumoresque[1] senum severiorum[2]
omnes unius aestimemus assis[3]!
Soles occidere et redire possunt:
nobis, cum semel occidit brevis lux[4],
nox est perpetua una dormienda[5].
Da mi basia mille, deinde centum,
dein[6] mille altera[7], dein secunda centum,
deinde usque altera mille, deinde centum.
Dein, cum milia multa fecerimus,
conturbabimus[8] illa, ne sciamus,
aut ne quis malus invidere possit,
cum tantum sciat esse basiorum[9].

1 **1 rumor**, -oris m.: Gerede (im Dt. sg.) **2 severiorum**: „allzu …" **3 as**, assis m.: der As = röm. Münze von sehr geringem Wert; **unius assis**: gen. pretii

5 **4 lux**, lucis f.: h. Lebenslicht **5 dormio** 4: (h. transitiv:) durchschlafen **6 dein** = *deinde* **7 altera**: weitere, noch einmal

10 **8 conturbo** 1: durcheinander bringen **9 basiorum**: gen. part. zu *tantum*

Abb. 7: Robert Doisneau, Der Kuss vor dem Rathaus, Fotografie (1950)

Kommentar 10

11 conturbabimus illa: Hinter dieser Vorstellung steckt auch der Aberglaube, dass böser Zauber nur wirken kann, wenn die genauen Zahlen bekannt sind.

Vertiefung 10

1 Die beiden Verben *vivamus* und *amemus* rahmen den ersten Vers. Was will der Dichter damit ausdrücken?

2 Teile das Gedicht in vier Abschnitte und gib jedem eine kurze Überschrift.

3 Was haben der erste und der vierte Teil gemeinsam? Wie ist der Übergang vom zweiten zum dritten Teil zu erklären? Wie hängen der erste und der dritte Teil zusammen?

4 Auch wenn die Zahlen nicht wörtlich zu nehmen sind: Was will Catull damit ausdrücken?

5 Dieses Gedicht ist eines von Catulls berühmtesten Gedichten, das immer wieder übersetzt, nachgedichtet und vertont wurde.

- **a** Suche im Internet nach Übersetzungen ins Deutsche, Englische oder in andere dir geläufige Sprachen.
- **b** Vergleiche einen der gefundenen Texte mit dem Original: Kannst du Argumente für die oft gehörte Meinung finden, dass eine Übersetzung nie ganz ans Original heranreicht?

11 text

Catull
carmen 8

Versmaß: Hinkjambus (➤ K)

2

Es ist aus!

Misér Catúlle, désinás inéptíre[1]
et, quód[2] vidés perísse, pérditúm dúcas[3]!
Fulsere[4] quondam candidi tibi soles,
cum ventitabas[5], quo puella ducebat
amata[6] nobis[7], quantum amabitur nulla.
Ibi illa multa cum iocosa[8] fiebant,
quae tu volebas nec[9] puella nolebat,
fulsere[4] vere candidi tibi soles.
Nunc iam illa non vult: tu quoque, impotens[10], noli
nec, quae fugit, sectare[11] nec miser[12] vive,
sed obstinata[13] mente perfer, obdura[14]!
Vale, puella, iam Catullus obdurat
nec te requiret[15] nec rogabit invitam.
At tu dolebis, cum rogaberis nulla[16].
Scelesta[17], vae[18] te! Quae tibi manet vita?
Quis nunc te adibit? Cui videberis bella?
Quem nunc amabis? Cuius esse diceris[19]?
Quem basiabis? Cui labella[20] mordebis[21]?
At tu, Catulle, destinatus[22] obdura[14]!

1 **1 ineptio** 4: ein Narr sein **2 quod**: AcI im Rel.-Satz **3 duco** 3 (+ doppelter acc.): halten für **4 fulgeo** 2, fulsi: leuchten; **fulsere** = *fulserunt* **5 ventito** 1: häufig gehen
5 **6 amata**: sc. *tantum* **7 nobis** = *a nobis* (dat. auct.) = *a me* (poet. pl.) **8 iocosa**, -orum: Liebesspiele **9 nec … nolebat**: doppelte Verneinung als positive Verstärkung **10 impotens**, -ntis: ohnmächtig, willensschwach
10 **11 sector** 1 (+ acc.): nachlaufen; sc. *eam* **12 miser**: prädikativ, im Dt. adv. **13 obstinatus** 3: hartnäckig **14 obduro** 1: aushalten, hart sein **15 requiro** 3: aufsuchen **16 nulla**: überhaupt nicht (verstärktes *non*)
15 **17 scelesta**: voc. **18 vae te**: wehe dir **19 cuius esse diceris**: „wessen (Geliebte) wirst du genannt werden“ **20 labellum**, -i: Lippe **21 mordeo** 2: beißen **22 destinatus** 3: entschlossen, gefasst

*Abb. 8: **C. Valerius Catullus**, italienische Briefmarke (1949), nach einer Büste aus dem 15. Jh.*

■ Kommentar 11

Schema des Versmaßes: ⏑ –́ ⏑ –́ ⏑ –́ ⏑ –́ ⏑ –́ –́ ⏑

■ Vertiefung 11

1 Gliederung:

- **a** Welche fünf Abschnitte (von sehr unterschiedlicher Länge!) lassen sich finden?
- **b** Ordne jedem dieser Abschnitte eine Zeitstufe zu (Gegenwart / Vergangenheit / Zukunft). Lässt sich eine Symmetrie erkennen?
- **c** Was steht in der Mitte des Gedichts?

2 Gefühle:

a Welche Gefühle sind erkennbar?

b Welche verschiedenen Perspektiven gibt es in diesem Gedicht? Beachte die Personen (im grammatikalischen Sinn)! Was wird durch den mehrfachen Wechsel ausgedrückt?

c Welcher Übergang ist eigentlich völlig unlogisch? Worin besteht der Zweck dieser Unlogik?

3 Welches Wort ragt durch seine Stellung und Wiederholung heraus? Was soll damit ausgedrückt werden?

12 text

Catull,
carmen 72

Im Chaos der Gefühle

Dicebas quondam solum te nosse[1] Catullum,
Lesbia, nec prae[2] me velle tenere Iovem.
Dilexi tum te non tantum[3] ut vulgus amicam,
sed pater ut gnatos[4] diligit et generos[5].
Nunc te cognovi: quare[6] etsi impensius[7] uror,
multo mi tamen es vilior[8] et levior[9].
Qui[10] potis[11] est, inquis? Quod amantem iniuria talis
cogit amare magis, sed bene velle[12] minus.

1 **1 nosse** = *novisse* **2 prae** + acc.: vor; h. lieber als **3 tantum**: nur **4 gnatus**, -i (= *natus, -i)*: Sohn **5 gener**, -i: Schwiegersohn

5 **6 quare**: rel. Anschluss: daher **7 impensus** 3: heftig **8 vilis**, -e: wertlos, gering **9 levis**, -e: h. unbedeutend, geringfügig **10 qui**: wie **11 potis est**: es ist möglich **12 bene velle**: gern haben, schätzen, respektieren

Vertiefung 12

1 Das Gedicht ist deutlich in zwei Hälften geteilt. Welche beiden Wörter gliedern es in diesem Sinne?

2 Catull hat verstanden, dass seine Liebe zu Lesbia zwei Aspekte hat. Welche Verben verwendet er für den einen Aspekt, welche für den anderen? Und welches Verb verdeutlicht, dass er die Trennung dieser beiden Aspekte als nicht richtig empfindet?

3 Was könnte mit *iniuria talis* (➤ V. 7) gemeint sein?

13 text

Catull,
carmen 75

Verfahrene Situation

Huc est mens[1] deducta tua, mea Lesbia, culpa[2]
atque ita se officio[3] perdidit ipsa suo,
ut iam nec bene velle queat[4] tibi, si optima fias,
nec desistere amare, omnia si[5] facias.

1 mens: sc. *mea* **2 tua ... culpa**: abl. **3 officium**, -i: h. Ergebenheit **4 queo**, quire (Konjugation wie *ire):* können **5 si** = *etsi*

Abb. 9: Lawrence Alma-Tadema, Catullus at Lesbia's, *Öl auf Holz (1865), Privatbesitz*

■ Vertiefung 13

1 Welche Begriffe aus c. 72 (➤ T 2.12) werden hier wörtlich wieder aufgenommen?

2 Inwiefern ist eine (inhaltliche) Steigerung zum vorigen Gedicht erkennbar?

3 Was könnte mit *omnia* (➤ V. 4) gemeint sein?

14 text

Catull, carmen 85

Hassliebe

Odi et amo. Quare id faciam, fortasse requiris[1].
    Nescio, sed fieri sentio et excrucior[2].

1 requiro 3: forschen nach, fragen **2 excrucio** 1: martern, quälen

■ Kommentar 14

1 odi et amo: Dieses Epigramm ist das bekannteste Gedicht Catulls und zählt darüber hinaus zu den berühmtesten Texten der Weltliteratur. Immer wieder wurde versucht, das ebenso schlichte wie mitreißende Gedicht zu übersetzen oder vielmehr nachzudichten. Wie stets bei Übersetzungen bleibt die Genialität des Originals aber unerreicht.

Abb. 10: Catull – angebliches Porträt, *Fresko aus den Ruinen von Sirmio (1. Jh. v. Chr.). Die Papyrusrolle in den Händen des Mannes deutet auf einen Schriftsteller hin.*

■ Vertiefung 14

1 Untersuche das Gedicht im Hinblick auf Wortarten.

a Was fällt auf?

b Was wird damit ausgedrückt?

2 Was wird in diesem Gedicht – anders als in fast allen anderen Lesbia-Gedichten – überhaupt nicht erwähnt?

3 *Odi et amo – faciam – nescio:*

a Suche für jeden dieser Ausdrücke das entsprechende Gegenstück im Gedicht.

b Was haben die beiden Teile dieser drei Paare jeweils formal gemeinsam?

c In welchem inhaltlichen Verhältnis stehen sie jeweils zueinander?

Odi et amo

1 Hassen und lieben zugleich muß ich. – Wie das? Wenn ich's wüßte!
Aber ich fühl's, und das Herz möchte zerreißen in mir.

Eduard Mörike, 1840

2 Liebe verfolgt mich und Haß. „Und warum?" fragt einer. Ich weiß nicht,
aber ich fühl' es einmal, fühl' es und leide darum.

Theodor Heyse, 1889

3 Liebe durchglüht mich und Haß. „Warum denn?" magst du mich fragen.
Sagen, ach, kann ich es nicht – fühlen nur kann man die Qual.

Mauriz Schuster, 1906

4 Ach, ich hasse und liebe. Du fragst, warum ich das tue.
Weiß nicht. Ich fühle nur: es geschieht und tut weh.

Max Brod, 1914

5 Hassen und lieben zugleich. Du fragst wohl, warum ich's so treibe.
Weiß nicht. Daß es mich treibt, fühl' ich und martre mich ab.

Eduard Norden, 1923

6 Hassen und lieben. Warum, so fragst du vielleicht? Ich weiß nicht.
Aber es ist so: ich fühl's, und es zerreißt mir das Herz.

Carl Fischer, 1948

7 O, ich hasse und liebe! Weshalb ich es tue, du fragst's wohl.
Weiß nicht! Doch daß es geschieht, fühl' ich – unendlich gequält.

Otto Weinreich, 1960

8 Hassen tu' ich und lieben. Warum ich's tue, so fragst du.
Weiß nicht. Doch daß ich es tu', fühl' ich und martre mich ab.

Rudolf Helm, 1963

9 Hassen und lieben muß ich. Warum ich das muß, wirst du fragen.
Weiß ich's? Ich fühle, so ist's, trag' es, gekreuzigt zu sein.

Carl Fischer, 1987

10 Hassen tua i und gleichzeitig liabn. Warum i des mach, fragst mi vielleicht.
I woaß ja aa net, aber i merk's, daß's passiert, und es zerreißt ma mei Herz.

Erich Gruber, 1988

11 I hate her – yet I love her, too.
You ask how this can be.
I only know that it is true
and bitter agony.

Janet Maclean Todd, 1955

Weitere Übersetzungen findet man z. B. unter:
http://www.vox-latina-gottingensis.de/origueb/catullue/catue085.htm

THEORIE

Ovids *„Ars amatoria"*

***Abb. 11 Correggio: Venus, Merkur und Amor – Die Schule der Liebe**, Gemälde (um 1494), London, National Gallery*

Literaturgattung und Tradition

In der antiken Literatur gab es eine Gattung, deren Existenz heute ein wenig seltsam anmutet: das Lehrgedicht. In diesem wird der Versuch unternommen, den Leser/die Leserin über oft relativ trockene und technische Themen zu informieren und gleichzeitig auch zu unterhalten. Diese Tradition beginnt schon ganz am Anfang der abendländischen Literaturgeschichte:

Der griechische Dichter **Hesiod**, der um 700 v. Chr. lebte und wirkte, schrieb unter anderem ein Gedicht mit dem Titel „Werke und Tage", in dem er in etwa 800 Hexametern Hinweise und Tipps für den Arbeitsalltag der Bauern gab. In Rom ist es kein Geringerer als der römische Nationaldichter **Vergil**, der, bevor er seine berühmt gewordene *„Aeneis"* schuf, ein Lehrgedicht mit dem griechischen Titel *„Georgica"* (etwa: „Der Landbau") schrieb. Neben ihm ist vor allem **Lukrez** mit seinem philosophischen Lehrwerk *„De rerum natura"* zu erwähnen.

Der augusteische Dichter **Ovid** steht mit seiner *„Ars amatoria"* (Liebeskunst) einerseits in dieser Tradition, andererseits setzt er sich eben durch die Wahl seines Themas ironisch von ihr ab. Indem er eben kein ernstes Thema wählt, sondern die Frage, wie man ein guter Liebhaber wird, ganz nach der überlieferten Konvention „technisch" behandelt, zeigt er, dass er als Dichter diese Tradition zwar gleichsam „im kleinen Finger" hat; im selben Atemzug macht er sich aber auch ein wenig über sie lustig: Die *„Ars amatoria"* ist somit gleichzeitig Lehrgedicht und Parodie des Lehrgedichts. Die üblichen Formen werden genau beachtet: Ovid kündigt einen durchdachten didaktischen Aufbau an, verwendet mythologische und historische Exkurse, um durch Beispiele die Gültigkeit seiner Regeln zu beweisen; sogar umfangreiche Vergleiche, wie sie aus dem klassischen Epos Homers bekannt sind, werden mustergültig ausgeführt. Aber durch das Thema werden all diese perfekt beherrschten Stilmittel gleichzeitig ironisiert.

Inhalt

Die *„Ars amatoria"* besteht aus drei Büchern (insgesamt über 2300 Verse) und erschien erstmals um die Zeitenwende. Die ersten beiden Bücher richten sich an junge Männer: Im Wesentlichen geht es im 1. Buch darum, wo und wie man Mädchen / Frauen nach seinem Geschmack finden kann und wie man sie erobert; im 2. Buch gibt es Ratschläge, wie man eine einmal begonnene Liebesbeziehung möglichst lang aufrecht halten kann. Das 3. Buch richtet sich an Mädchen / Frauen und erklärt ihnen, wie man Männer erobern bzw. sich ihre Liebe erhalten kann.

Wirkung

Das Werk war, wie unschwer zu vermuten, vom Moment seiner Veröffentlichung an ein absoluter Bestseller. Schon das Thema, behandelt noch dazu vom witzigsten und originellsten Dichter der damaligen Zeit, war ein Garant für weit reichende Verbreitung. Weniger begeistert zeigte sich die

Obrigkeit: Kaiser Augustus, der durch seine strengen Sittengesetze versuchte, im moralisch zügellos gewordenen Rom dem *mos maiorum* wieder mehr Bedeutung zu verschaffen, zeigte sich alles andere als erfreut. Ovid, der schon durch seine einige Jahre früher veröffentlichten *„Amores"* (➤ T 2.6, S. 46 ff.) „unangenehm aufgefallen" war, stand nach der Veröffentlichung der *„Ars"* erst recht auf der „schwarzen Liste". Tatsächlich wurde der Dichter dann im Jahr 8 n. Chr. ins weit entfernte Tomi (am Schwarzen Meer) verbannt.

Auch in der Spätantike und im Mittelalter setzte sich diese geteilte Aufnahme fort: Beim (vor allem gebildeten) Publikum erfreute sich das Werk stets ungebrochener Beliebtheit; für die Kirche hingegen war die *„Ars"* mit ihrer explizit positiven Einstellung zur (noch dazu außerehelichen!) Sexualität das schlimmste von Ovids ohnehin zahlreichen „gottlosen" Werken.

In der Schule stand die *„Ars amatoria"* die längste Zeit (aus wohl begreiflichen Gründen) nicht auf dem Lektürekanon. Im 21. Jahrhundert darf Ovids subtiler Erfolgstext über die Liebe zwischen Mann und Frau nun auch in Schulen „offiziell" gelesen werden.

15 text

Ovid,
Ars amatoria I 41–50

„Auf der Jagd"

Dum licet et loris[1] passim[2] potes ire solutis,
elige[3], cui dicas[4]: „Tu mihi sola places."
Haec tibi non tenues veniet delapsa[5] per auras[6]:
quaerenda est oculis apta puella tuis.
Scit bene venator, cervis[7] ubi retia[8] tendat[9],
scit bene, qua[10] frendens[11] valle moretur aper[12];
aucupibus[13] noti[14] frutices[15]; qui sustinet[16] hamos,
novit, quae multo pisce[17] natentur[18] aquae.
Tu quoque, materiam[19] longo qui quaeris amori[20],
ante[21] frequens[22] quo sit disce puella loco.

1 **1 lorum**, -i: Zügel **2 passim**: überall **3 elige**: sc. *puellam* **4 cui dicas**: (eine) der du sagen kannst (coni. pot.) **5 delabor** 3, delapsus sum: herabgleiten **6 aura**, -ae: Luft
5 **7 cerva**, -ae: Hirschkuh **8 rete**, -is n.: Netz **9 tendo** 3: aufspannen **10 qua ... valle** = *in qua valle* **11 frendo** 3: knirschen, die Zähne fletschen **12 aper**, apri: wilder Eber **13 auceps**, aucupis m.: Vogelfänger **14 noti**: sc. *sunt* **15 frutex**, -icis m.: Busch **16 sustinere hamos**: die Angel halten **17 multo pisce** = *multis piscibus* **18 nato** 1: h. durchschwimmen **19 materia**, -ae: Material **20 longo ... amori**: „für ..."
10 **21 ante ... loco**: Reihung: *ante (= antea) disce, quo loco puella frequens sit* **22 frequens**, -ntis: zahlreich; im Dt. adv.: „oft"

Abb. 12: Cupído jagt einen Hasen, *pompejanische Wandmalerei (1. Jh. n. Chr.), Neapel, Archäologisches Museum*

Vertiefung 15

1 Was genau könnte mit den Ausdrücken *dum licet* und *loris solutis* gemeint sein? Wer ist somit konkret als Zielpublikum des Werks definiert?

2 Welche Rollenverteilung zwischen den Geschlechtern wird durch die Verse 3 f. ganz eindeutig festgelegt? Was hat sich in dieser Hinsicht seither geändert, was ist gleich geblieben?

3 Zur ausführlichen Jagdmetapher: Kennst du im Deutschen Ausdrücke, die sich der gleichen Metapher im Zusammenhang mit Liebesabenteuern bedienen?

16 text

Ovid,
Ars amatoria I 89–100

Das Theater als idealer „Aufriss-Ort“

Sed tu praecipue[1] curvis venare[2] theatris:
haec loca sunt voto[3] fertiliora[4] tuo.
Illic invenies, quod ames[5], quod ludere[6] possis[5],
quodque[7] semel tangas, quodque[7] tenere velis.
Ut redit itque[8] frequens[9] longum formica[10] per agmen[11],
granifero[12] solitum cum vehit ore cibum,
aut ut apes[13] saltusque[14] suos et olentia[15] nactae[16]
pascua[17] per flores et thyma[18] summa volant,
sic ruit[19] ad celebres[20] cultissima[21] femina ludos:
copia iudicium saepe morata[22] meum est.
Spectatum[23] veniunt, veniunt, spectentur ut ipsae:
ille locus casti[24] damna[25] pudoris habet.

1 **1 praecipue**: vor allem **2 venare**: imp. des Deponens! **3 votum**, -i: Wunsch **4 fertilis**, -e: fruchtbar, ergiebig **5 ames, possis**: konsek. coni. im Rel.-Satz **6 ludere** (h. transitiv): spielen mit, flirten mit **7 quodque** = *et quod*
5 **8 redit itque** = *it reditque* **9 frequens**, -ntis: zahlreich **10 formica**, -ae: Ameise (h. kollektiver Singular) **11 longum per agmen**: in langer Schlange **12 granifer** 3: körnertragend **13 apis**, -is f.: Biene **14 saltus**, -us m.: Waldtal; **que ... et** = *et ... et* **15 oleo** 2: duften **16 nanciscor** 3, nactus sum: erreichen **17 pascuum**, -i: Weideland **18 thymum**, -i: Thymian; **thyma summa** = die oberen Teile = Blüten des Th. **19 ruo** 3: stürzen, hineilen **20 celeber**, -bris, -bre: gut besucht **21 cultus** 3: herausgeputzt; **cultissima femina**: kollektiver sg. (vgl. *formica* ➤ V. 5)
10 **22 moror** 1 (h. transitiv): aufhalten, behindern **23 spectatum** (Supinum auf -um) = „um zu ...“ **24 castus** 3: keusch **25 damna habere** (+ gen.): schädlich sein für (**damnum**, -i: Schaden)

Abb. 13: Theater-Szenenbild aus der Fernsehserie „Rom“ *(HBO, BBC & RAI, 2005–2007)*

■ Kommentar 16

5–9 ut ... aut ut ... sic ...: Der ausführliche Vergleich, vor allem mit Ereignissen und Szenen aus der Natur, ist ein im Heldenepos beliebtes Stilmittel; der Grieche Homer ist berühmt dafür, der Römer Vergil ahmt ihn nach. Wenn Ovid gerade an dieser Stelle, im Zusammenhang mit Tipps fürs „Aufreißen“, einen derartigen Vergleich einsetzt, ist das natürlich als Parodie auf das „hehre Epos“ zu sehen.

Vertiefung 16

1 Ein Satz aus dieser Stelle ist als Einzelvers eine viel zitierte Sentenz geworden.

a Welcher?

b Was ist stilistisch an diesem Vers zu beobachten?

c Hat der Satz deiner Ansicht nach auch heute noch Gültigkeit?

2 Mit welchem Halbsatz deutet Ovid an, was man heute als „One-Night-Stand“ bezeichnen würde?

3 Ein einziges kleines „Problem“ erwähnt Ovid, was das Kennenlernen von Frauen im Theater betrifft. Welches?

17 text

Ovid,
Ars amatoria I 135–142; 149–151

Tipps und Tricks für den Besuch im Circus

Nec te nobilium fugiat[1] certamen equorum;
multa capax[2] populi commoda[3] Circus habet.
Nil[4] opus[5] est digitis, per quos arcana[6] loquaris,
nec tibi per nutus[7] accipienda nota[8] est:
proximus[9] a domina nullo prohibente sedeto[10],
iunge tuum lateri[11], qua[12] potes, usque latus.
Et bene[13], quod[14] cogit, si nolit, linea[15] iungi[16],
quod tibi tangenda est lege[17] puella loci. […]
Utque fit, in gremium[18] pulvis[19] si forte[20] puellae
deciderit, digitis excutiendus[21] erit;
etsi nullus erit pulvis, tamen excute nullum! […]

1 **1 fugio** 3M: h. entgehen **2 capax populi**: viele Menschen fassend, geräumig **3 commodum**, -i: Vorteil **4 nil** *(= nihil):* h. überhaupt nicht **5 opus est** (+ abl.): man braucht **6 arcanum**, -i: Geheimnis **7 nutus**, -us m.: Kopfnicken, Wink **8 nota**, -ae: Zeichen
5 **9 proximus** 3: ganz nahe (im Dt. adv.) **10 sedeto** = *sede* **11 latus**, lateris n.: h. Schenkel; **lateri**: sc. *eius* **12 qua**: so weit **13 bene** (sc. *est)* **quod**: es ist gut, dass … **14 quod … iungi**: Reihung: *quod linea* (sc. *omnes) cogit iungi, si (= etsi) nolit (puella)* **15 linea**, -ae: Trennlinie (zw. den Sitzen) **16 iungi** (refl.): sich zusammendrängen **17 lex**, legis f.: h. Regel, Bedingung; verbinde: *lege loci* **18 gremium**, -i: Schoß **19 pulvis**, -eris m.: Staub **20 forte**: zufällig
10 **21 excutio** 3M: herausschlagen; abputzen; **excutiendus**: sc. *tibi* (dat. auct.)

Abb. 14: Blinder Amor auf Wagen, gezogen von gezähmten Löwen, Emblembild (1531)

Kommentar 17

1 f. Wie auch das heute noch übliche Wort *Panem et circenses* andeutet, war der Besuch im *Circus* mit Abstand das beliebteste Freizeitvergnügen der Römer; die Pferderennen zogen gewaltige Menschenmengen an.

2 capax: Der *Circus Maximus* fasste zu Ovids Zeit etwa 60.000 Menschen.

3 f. Die verstohlene Kommunikation zwischen Liebenden mit Hilfe von Geheimzeichen (z. B. wenn der Ehemann oder ein anderer Nebenbuhler anwesend ist) ist ein häufiger Topos in der antiken Liebesdichtung. Deswegen erwähnt Ovid, dass derlei im *Circus* nicht notwendig sei, weil man als Teil der riesigen Menschenmasse mit anderen Mitteln kommunizieren kann.

Vertiefung 17

1 Welche Vorteile bietet der *Circus* gegenüber dem Theater?

2 Welche Art von „Events“ könntest du heute mit dem antiken *Circus*-Besuch vergleichen?

3 Wie drückt Ovid in V. 8 auch sprachlich aus, dass das Mädchen durch die Enge des Ortes gleichsam „gefangen“ ist und dem Liebhaber daher nicht entkommen kann? (Beachte die Wortstellung!)

4 Kannst du dir vorstellen, wie eine heutige *puella* reagieren würde, wenn ihr Begleiter den in den Versen 9–11 empfohlenen Ratschlag befolgte?

***Abb. 15: Wagenrennen**, Szenenfoto aus dem Antikfilm „Ben Hur“ (Metro Goldwyn Meyer, 1959)*

18 text

Ovid,
Ars amatoria I 269–276; 343–345

Alle sind zu haben!

Prima[1] tuae menti veniat fiducia[2] cunctas
posse capi; capies[3], tu modo[4] tende[5] plagas[6]!
Vere[7] prius[8] volucres[9] taceant[10], aestate cicadae,
Maenalius[11] lepori[12] det sua terga[13] canis,
femina quam iuveni blande temptata[14] repugnet[15]:
haec quoque, quam[16] poteris credere nolle, volet.
Utque viro furtiva[17] venus, sic grata puellae:
vir male dissimulat[18] – tectius[19] illa cupit.
[...]
Ergo age[20], ne dubita[21] cunctas sperare puellas;
vix[22] erit e multis, quae neget, una, tibi.
Quae dant[23] quaeque[24] negant, gaudent tamen esse rogatae.

1 **1 prima**: zunächst (im Dt. adv.) **2 fiducia**, -ae: Zuversicht **3 capies**: sc. *eas* **4 modo**: nur **5 tendo** 3: aufspannen **6 plaga**, -ae: Netz **7 ver**, -is n.: Frühling **8 prius ... quam**: eher ... als **9 volucris**, -is f.: Vogel **10 taceant, dent**: coni. pot. **11 Maenalius** 3: arkadisch **12 lepus**, -oris m.: Hase **13 terga dare** (+ dat.): davonlaufen vor
5 **14 tempto** 1: in Versuchung führen, umwerben **15 repugno** 1: Widerstand leisten **16 quam ... nolle**: AcI im Rel.-Satz, abh. von *credere* **17 furtivus** 3: heimlich; Reihung: *utque viro furtiva venus grata* (sc. *est*), *sic* (sc. *etiam*) *puellae* **18 dissimulo** 1: sich verstellen **19 tectus** 3: im Verborgenen, heimlich
10 **20 age**: wohlan, los **21 dubito** 1 (+ inf.): zögern; *ne dubita* = *ne dubitaveris* **22 vix ... tibi**: Reihung: *e multis vix erit una, quae tibi neget* **23 do** 1: h. (ihre Gunst) gewähren, ja sagen **24 quaeque** = *et quae*

Kommentar 18

3 ff. Vere ... repugnet: Um seine Behauptung zu bekräftigen, verwendet Ovid hier mehrere *Adynata* (sg. *Adynaton*, griech. für „Unmögliches"), also eine Aufzählung einiger absurder, undenkbarer Situationen, die aber alle immer noch wahrscheinlicher seien als das, was er als völlig unmöglich ansieht.

4 Maenalius canis: Arkadien, die zentrale Landschaft der Peloponnes, steht seit der antiken Literatur für das ideale Naturparadies.

Vertiefung 18

1 Welches Bild wird in V. 2 verwendet? Woher kennst du es schon?

2 Was haben Mann und Frau laut Ovid gemeinsam, was unterscheidet sie?

3 Worauf gründet sich Ovids Zuversicht, *cunctas posse capi?*

19 text

Ovid,
Ars amatoria I 659–670

Wie man am besten zur Sache kommt

Et[1] lacrimae prosunt: lacrimis adamanta[2] movebis:
fac[3] madidas[4] videat, si potes, illa genas[5].
Si lacrimae (neque enim veniunt in tempore[6] semper)
deficient[7], uda[8] lumina[9] tange manu.
Quis[10] sapiens blandis non misceat oscula verbis?
Illa[11] licet[12] non det, non data[13] sume tamen.
Pugnabit primo fortassis[14], et „improbe!"[15] dicet:
pugnando[16] vinci se tamen illa volet.
Tantum[17] ne noceant teneris male rapta labellis[18]
neve queri possit dura[19] fuisse, cave!
Oscula[20] qui sumpsit, si non et[1] cetera sumet,
haec quoque, quae data sunt, perdere dignus erit[20].

1 1 et = *etiam* **2 adamas**, -ntis m. (acc. -a, weil griech. Fremdwort): Stahl **3 fac ... genas**: Reihung: *Si potes, fac* (sc. *ut) illa genas* (sc. *tuas) madidas videat* **4 madidus** 3: feucht **5 gena**, -ae: Wange **6 in tempore**: im richtigen Moment **7 deficio** 3M: fehlen, mangeln **8 udus** 3: feucht; abl., zu *manu* **9 lumen**, -inis n.: h. Auge
5 10 quis = *qui* (adj. Interrog.-Pron.) **11 illa** = *puella* **12 licet** + coni.: wenn auch **13 data**: sc. *oscula* **14 fortassis**: vielleicht **15 improbus** 3: frech, unanständig, „schlimm" **16 pugnando** (konzessiv): „trotz ..." **17 tantum**: nur; Reihung: *Tantum cave, ne ... neve ...* **18 labellum**, -i (Deminutiv zu *labrum*): Lippe
10 19 dura: sc. *oscula* (AcI, abh. von *queri!*) **20 oscula ... erit**: Reihung: *Si (is), qui oscula sumpsit, non et (= etiam) cetera sumet, dignus erit haec quoque perdere, quae data sunt.*

Abb. 16: Geflügelter Amor, *Briefmarke aus Zypern*

Abb. 17: Spielende Mädchen im Bikini, *Fußbodenmosaik (3./4. Jh. n. Chr.), Piazza Armerina (Sizilien)*

Vertiefung 19

1 Welche Mittel dienen also der Überredung?

2 Mit welchem Vers deutet Ovid an, dass er unter Umständen auch ein wenig Gewalt anwenden würde?

3 Mit welchem Vers warnt er andererseits vor allzu großer Grobheit?

4 Die feine Feder des Autors erkennt man an der Wortwahl. Mit welchem Wort wird der Geschlechtsverkehr nur ganz entfernt angedeutet?

20 text

Ovid,
Ars amatoria I 707–711

Wer soll die Initiative ergreifen?

A! nimia est iuveni propriae fiducia[1] formae,
exspectat[2] siquis, dum[3] prior illa roget.
Vir prior accedat, vir verba precantia[4] dicat:
excipiat[5] blandas comiter[6] illa preces!
Ut potiare[7], roga: tantum[8] cupit illa rogari.

1 **1 fiducia**, -ae (+ gen.): Vertrauen auf **2 exspectat ...**: Reihung: *siquis (= si quis) exspectat* **3 dum** (+ ind. od. coni.): bis **4 precor** 1: bitten, flehen **5 excipio** 3M = *accipio* **6 comis**, -e: freundlich
5 **7 potior** 4: h. erobern; **potiare** = *potiaris* **8 tantum**: nur

Vertiefung 20

1 Wie legt der Autor die „Aufgabenverteilung" zwischen Mann und Frau beim Kennenlernen fest?

2 Hat sich in dieser Hinsicht seit der Antike etwas geändert, oder ist diese Rollenverteilung (fast) gleich geblieben?

21 text

Ars amatoria I 715–722

Defensivtaktik

Si tamen a[1] precibus tumidos[2] accedere[3] fastus[4]
senseris, incepto[5] parce[6] referque pedem!
Quod[7] refugit, multae cupiunt: odere[8], quod instat[9];
lenius instando taedia[10] tolle tui[11]!
Nec semper veneris[12] spes est profitenda[13] roganti[14]:
intret amicitiae nomine tectus amor.
Hoc aditu vidi tetricae[15] data[16] verba puellae:
qui fuerat cultor[17], factus amator erat.

1 **1 a**: h. aufgrund von, durch **2 tumidus** 3: aufgeblasen **3 accedo** 3: sich einstellen, auftreten **4 fastus**, -us m.: Hochmut, Sprödigkeit (im Dt. sg.) **5 inceptum**, -i: Unternehmen, Absicht **6 parco** 3 (+ dat.): h. ablassen von **7 quod**: Rel.-Pron. **8 odere** = *oderunt* **9 insto** 1: bedrängen **10 taedium**, -i: Überdruss **11 tui**: „an deiner Person“
5 **12 veneris**: gen. obi zu *spes* **13 profiteor** 2: sich bekennen zu, deutlich aussprechen **14 roganti**: dat. auct. **15 tetricus** 3: streng, ablehnend **16 verba dare** (+ dat.): täuschen, „austricksen“ **17 cultor**, -oris m.: Freund, Verehrer

Vertiefung 21

1 Für welchen Fall empfiehlt Ovid diese „Defensivtaktik“?

2 Welche beiden Begriffe sind in V. 6 in Antithese zueinander gesetzt? Und durch welche beiden Wörter werden diese Begriffe dann in V. 8 wieder aufgenommen?

3 Mit welchem Adjektiv will der Dichter unterstreichen, dass diese Methode überaus wirksam ist (also auch bei besonders „schwierigen Fällen“)?

22 text

Ovid,
Ars amatoria II 682–694

Gemeinsam erlebte Lust …

Quod[1] iuvet[2], ex aequo femina virque ferant[3].
Odi concubitus[4], qui non utrumque resolvunt[5];
hoc est, cur[6] pueri[7] tangar[8] amore minus.
Odi[9], quae praebet, quia sit praebere necesse
siccaque[10] de lana[11] cogitat ipsa sua.
Quae[12] datur officio, non est mihi grata voluptas:
officium faciat nulla puella mihi!

1 **1 quod**: Rel.-Pron. **2 iuvat** (unpers.): es erfreut **3 fero**, ferre: h. (als Gewinn) davontragen, erlangen **4 concubitus**, -us m.: Beischlaf, Geschlechtsverkehr **5 resolvo** 3: entspannen, erschöpfen **6 hoc est, cur**: das ist der Grund, warum **7 pueri**: gen. obi. zu *amore* **8 tango**: pass. h. sich begeistern für (+ abl.) **9 odi**: sc. *eam* oder *puellam*
5 **10 siccus** 3: trocken; h. gefühllos **11 lana**, -ae: Wolle; Wollarbeit **12 quae**: Reihung: *voluptas, quae …*

Me voces audire iuvat[2] sua[13] gaudia fassas[14],
quaeque[15] morer[16] memet sustineamque[17] rogent.
Aspiciam[18] dominae victos amentis[19] ocellos[20]:
langueat[21] et tangi se vetet illa diu!
Haec bona non primae tribuit natura iuventae[22]:
quae cito post septem lustra[23] venire solent.

13 sua gaudia = *gaudia eius (= puellae)* **14 fateor** 2, fassus sum: bekennen; verraten, zeigen **15 quaeque** = *et quae* (auf *voces* zu beziehen); Reihung: *(voces,) quae memet (= me) rogent, (ut) morer sustineamque* **16 moror** 1: h. warten **17 sustineo** 2: verzögern, ausharren; **sustineam** = *ut sustineam*
10 **18 aspiciam**: coni. opt. **19 amens**, -ntis: rasend, von Sinnen **20 ocellus**, -i = *oculus* (Deminutiv) **21 langueo** 2: matt daliegen **22 iuventa**, -ae = *iuventus* **23 lustrum**, -i: (Zeitraum von) fünf Jahre(n)

Kommentar 22

3 pueri amore: Die Knabenliebe war besonders bei den Griechen verbreitet, bei den Römern handelte es sich um eine gelegentliche „Modeerscheinung". Im Unterschied zur Liebe zwischen Mann und Frau wurde der Knabe dabei allerdings als reines „Objekt" gesehen.
5 lana: Zu den Pflichten einer ehrbaren Hausfrau gehörte traditionellerweise auch die Arbeit mit Wolle, also Spinnen und Weben.

Vertiefung 22

1. Warum ist der Autor von der Knabenliebe nicht so begeistert?
2. Welche Art von *voluptas* lehnt er ab?
3. Mit feministischen Augen gesehen, ist die ganze „*Ars amatoria*" eine einzige „Männerfantasie". Welche Vorstellung in dieser Passage könnte man unter dieser Rubrik einordnen?
4. Ab welchem Alter ist Ovids „Idealvorstellung" des Liebesaktes – seiner Meinung nach – erst möglich?

Abb. 18: Ein Liebesakt, *pompejanische Wandmalerei (1. Jh. n. Chr.)*

23 text

Ovid,
Ars amatoria II 717–728

… und wie man sie erlangt

Crede mihi: non est veneris properanda voluptas,
  sed sensim[1] tarda[2] prolicienda[3] mora[4].
Cum loca reppereris, quae[5] tangi femina gaudet,
  non obstet[6], tangas quominus illa[7], pudor!
Aspicies oculos tremulo[8] fulgore[9] micantes[10],
  ut sol a liquida saepe refulget[11] aqua.
Accedent questus[12], accedet amabile[13] murmur[14]
  et dulces gemitus[15] aptaque verba ioco[16].
Sed neque tu dominam velis[17] maioribus usus
  desere nec cursus[18] anteat[19] illa tuos;
ad metam[20] properate simul: tum plena[21] voluptas,
  cum pariter victi femina virque iacent.

1 **1 sensim**: allmählich, bedächtig **2 tardus** 3: langsam **3 prolicio** 3M: hervorlocken **4 mora**, -ae: Aufschub, Hinauszögern **5 quae tangi**: AcI im Rel.-Satz **6 obsto** 1: verhindern; Reihung: *pudor non obstet, quominus* (= dass) **7 illa**: sc. *loca*
5 **8 tremulus** 3: zitternd, unruhig **9 fulgor**, -oris m.: Glanz **10 mico** 1: schimmern, blitzen **11 refulgeo** 2: zurückstrahlen **12 questus**, -us m.: Wehklagen **13 amabilis**, -e: liebevoll **14 murmur**, -is n.: Murmeln **15 gemitus**, -us m.: Stöhnen **16 iocus**, -i: h. Liebesspiel **17 velum**, -i: Segel
10 **18 cursus**, -us m.: Fahrt **19 anteo**, -ire (+ acc.): vorauseilen **20 meta**, -ae: Ziel **21 plena**: sc. *est*

Kommentar 23

9 f. velis maioribus usus … cursus tuos: ein Bild aus der Seefahrt: Kein Partner soll schneller „segeln“ als der andere (und somit als Erster das Ziel erreichen).

11 ad metam: Die „Zielsäule“ beim Wagenrennen im Circus steht hier als Bild für das Erreichen eines (gemeinsamen) Zieles.

Vertiefung 23

1 Auch hier verwendet Ovid kein einziges „schmutziges“ Wort. Für den (gemeinsamen) Höhepunkt des Liebesaktes werden Bilder verwendet – welche?

2 An welche Verse aus dem vorigen Text (➤ S. 64 f.) erinnert V. 5?

***Abb. 19: Wandmalerei aus dem Haus der „keuschen Liebenden“ – casti amanti**, pompejanische Wandmalerei (1. Jh. n. Chr.)*

Ovid,
Ars amatoria III 433–438; 443; 445–446

Warnung vor allzu gestylten Männern

Sed vitate viros cultum[1] formamque professos[2]
quique[3] suas ponunt in statione[4] comas.
Quae[5] vobis dicunt, dixerunt mille puellis:
errat et in nulla sede moratur amor.
Femina quid faciat, cum sit vir levior[6] ipsa[7]
forsitan[8] et plures possit habere viros?
[…]
Nec coma vos fallat liquido nitidissima[9] nardo[10]
[…]
nec toga decipiat filo[11] tenuissima[12] nec si
anulus[13] in digitis alter et alter erit!

1 **1 cultus**, -us m.: Schmuck, Eleganz **2 profiteor** 2, -fessus sum: sich (öffentlich) bekennen zu, zur Schau stellen **3 quique** = *et qui* **4 statio**, -onis f.: Ordnung, richtiger Platz **5 quae** = *ea, quae* (Objektsatz)

5 **6 levis**, -e: glatt; herausgeputzt **7 ipsa**: abl. comp. **8 forsitan**: vielleicht; *forsitan et* = *et forsitan* **9 nitidus** 3: glänzend **10 nardum**, -i: Öl, Gel (➤ K)

10 **11 filum**, -i: Faden, Garn **12 tenuis**, -e: dünn, fein; inhaltlich zu *filo* (Enallagé ➤ Stilmittel 39, S. 149) **13 anulus**, -i: Ring

Abb. 20: Würde Ovid wohl auch vor diesem Mann warnen?

Abb. 21: Antinous, der Geliebte des Kaisers Hadrian, *Marmorbüste (ca. 130 n. Chr.), Paris, Louvre*

Kommentar 24

8 nardo: Die Narde ist eine vor allem im orientalischen Raum heimische, äußerst wohlriechende Pflanze, aus der man schon in der Antike Duftöle für kosmetische Zwecke gewann.

Vertiefung 24

1 Warum sollen sich Frauen vor solchen Männern in Acht nehmen?

2 Welches Pauschalurteil über derartige Männer finden wir in V. 5 f.?

3 Welche Details, an denen man den Dandy erkennt, zählt Ovid auf?

LIEBE AUS CHRISTLICHER SICHT

25 text

Epistula Beati Pauli ad Corinthios prima,
c. 13, 1–8; 13

Die Liebe – das höchste christliche Gut

Der folgende Text ist ein Ausschnitt aus dem ersten Brief des Apostels Paulus an die frühchristliche Gemeinde in Korinth. Paulus war ein wandernder Missionar, gründete viele Gemeinden, in denen er sich aber immer nur verhältnismäßig kurz aufhielt, und blieb dann mit diesen Gemeinden durch Briefe in Verbindung. Die Briefe waren weniger privat als öffentlich, wurden vorgelesen und abgeschrieben und weiterverbreitet. Dieser Brief entstand wohl um die Mitte des 1. Jhs. n. Chr., gehört also zu den ältesten Texten des Neuen Testaments.

Der folgende Ausschnitt ist wahrscheinlich der Text in diesem Buch, der am häufigsten von anderen Autoren zitiert wurde, da er die zentralen Formulierungen über die Liebe im Christentum enthält:

1 Si linguis hominum loquar[1] et angelorum[2], cari-
tatem autem non habeam, factus sum[3] velut aes[4]
sonans aut cymbalum[5] tinniens[6].
2 Et si habuero[7] prophetiam[8] et noverim[8] mysteria[9]
omnia et omnem scientiam et habuero[7] omnem
fidem, ita ut[10] montes transferam[11], caritatem
autem non habuero[7], nihil sum.
3 Et si distribuero[12] in cibos[13] pauperum omnes fa-
cultates[14] meas et si tradidero[15] corpus meum, ut
ardeam[16], caritatem autem non habuero, nihil
mihi prodest[17].
4 Caritas patiens[18] est, benigna[19] est, caritas non
aemulatur[20], non agit perperam[21], non inflatur[22];
5 non est ambitiosa[23]; non quaerit, quae sua sunt[24];
non inritatur[25]; non cogitat malum,
6 non gaudet super iniquitatem[26], congaudet[27]
autem veritati.
7 Omnia suffert[28], omnia credit, omnia sperat, om-
nia sustinet[29].
8 Caritas numquam excidit[30], sive prophetiae[31]
evacuabuntur[32] sive linguae cessabunt[33] sive
scientia destruetur[34].
[...]
13 Nunc autem manet fides, spes, caritas: tria haec.
Maior[35] autem his est caritas.

1 **1 loquar**: coni. pot. **2 angelus**, -i: Engel **3 factus sum**: h. = *sum* **4 aes**, aeris n.: Bronze, Erz **5 cymbalum**, -i: Pauke **6 tinnio** 4: tönen, klingen

2 **7 habuero** (= *habuerim*), **noverim**: coni. pot. **8 prophetia**, -ae: die Gabe zur Weissagung **9 mysterium**, -i: Geheimnis **10 ita ut**: so dass **11 transfero**, -ferre: h. versetzen

3 **12 distribuo** 3, -bui: verteilen; **distribuero** = *distribuerim* **13 in cibos**: h. zur Ausspeisung, Ernährung **14 facultas**, -atis f. (pl.): Vermögen, Güter, Besitz **15 trado** 3, -didi, -ditum: hingeben; **tradidero** = *tradiderim* **16 ardeo** 2: verbrennen **17 prosum, prodesse**: nützen

4 **18 patiens**, -entis: geduldig **19 benignus** 3: gutmütig **20 aemulor** 1: sich ereifern **21 perperam** (adv.): hinterlistig, falsch **22 inflor** 1: sich aufblähen, großtun

5 **23 ambitiosus** 3: ehrgeizig, eitel **24 quae sua sunt**: was ihr gehört **25 inrito** 1: reizen, „irritieren“, erregen

6 **26 iniquitas**, -atis f.: Ungerechtigkeit **27 congaudeo** 2: sich mitfreuen (+ dat.)

7 **28 suffero, sufferre**: ertragen **29 sustineo** 2: aushalten

8 **30 excido** 3: fallen, stürzen, abstürzen; aufhören **31 prophetia**, -ae: Prophezeiung **32 evacuo** 1: wertlos machen, vernichten **33 cesso** 1: aufhören, enden **34 destruo** 3: zerstören

13 **35 maior his** = *maxima harum trium*

Kommentar 25

1 caritatem: Paulus verwendet im griech. Original den Begriff *agápe,* den Hieronymus, der Übersetzer der Bibel ins Lateinische, mit *caritas* übersetzt hat; *caritas* ist seitdem der Begriff für die christliche Nächstenliebe. Diesem griechisch-lateinischen Begriffspaar *agápe / caritas* steht ein anderes gegenüber: *eros / amor*, das – in der Regel – die erotische Liebe bezeichnet.

13 fides, spes, caritas: Glaube, Hoffnung, Liebe – die christlichen Kardinaltugenden.

Abb. 22 Kreuz, Anker und Herz als Symbole für Glaube, Hoffnung, Liebe, *Andachtsbild (19. Jh.)*

Vertiefung 25

1 Was verbindest du mit dem Begriff *caritas*? Gibt es deiner Meinung nach dafür eine prägnantere deutsche Übersetzung als „Liebe"?

2 **a** Um welche Form oder Art von Liebe geht es in diesem Text nicht?

b Wie lässt es sich erklären, dass dieser Text sehr häufig als Lesung bei kirchlichen Hochzeiten verwendet wird?

c Wer ist zu *caritas* fähig? Wer soll sie üben?

d Wie ist es zu erklären, dass *caritas* den Vorzug bekommt vor *fides* und *spes?*

3 ➤ ET 2.2, S. 70: Das folgende Gedicht, „Was es ist", stammt vom österreichischen Lyriker und Übersetzer Erich Fried (1921–1988). Es erschien erstmals in seiner Sammlung „Liebesgedichte" im Jahr 1979. Fried wurde in Wien geboren, musste im Jahr 1938 aufgrund der nationalsozialistischen Rassengesetze nach London emigrieren und entwickelte sich zu einem bedeutenden politischen Lyriker und Essayisten. Erich Fried gehört außerdem zu den wichtigsten Übersetzern englischer Poesie ins Deutsche, besonders als Shakespeare-Übersetzer hat er sich einen Namen gemacht.

a Versuche eine genaue Beschreibung der *caritas* bei Paulus und der „Liebe" bei Fried.

b Bei beiden geht es darum, was Liebe NICHT ist und NICHT tut. Welches sind die „Gegenmächte" und „Feinde" der Liebe bei Paulus und bei Fried?

c Geht es deiner Meinung nach in Frieds Gedicht um die erotische Liebe zwischen zwei Menschen? Begründe deine Meinung.

E2 text

Erich Fried, Was es ist

Es ist Unsinn
sagt die Vernunft
Es ist was es ist
sagt die Liebe

Es ist Unglück
sagt die Berechnung
Es ist nichts als Schmerz
sagt die Angst
Es ist aussichtslos
sagt die Einsicht
Es ist was es ist
sagt die Liebe

Es ist lächerlich
sagt der Stolz
Es ist leichtsinnig
sagt die Vorsicht
Es ist unmöglich
sagt die Erfahrung
Es ist was es ist
sagt die Liebe

2

E3 text

Platon, Symposion 205 d–207 a; 210 a–211 d (leicht gek.). Nach: Das Trinkgelage oder Über den Eros, übertr. v. Ute Schmidt-Berger (Frankfurt/Main: Insel Verlag 1985)

Die Rede der Diotima aus Platons *„Symposion"*

Ausschnitt 1

Dem Gesamtbegriff nach ist jedwedes Streben nach Gütern und Glück Eros, der „größte und listenreichste" für jedermann. Doch wenn sich ihm jemand sonst auf diese oder jene Weise zuwendet, im Gelderwerb oder in der Gymnastik oder in der Philosophie, dann heißt es nicht: er liebt oder ist ein Liebender. Wer aber auf eine ganz bestimmte Art verfährt und dabei voller Eifer ist, auf den wendet man das Wort für das Ganze an: da spricht man von Liebe, Lieben und von Liebenden. […]

Es geht nun zwar die Rede, sprach sie weiter, daß diejenigen lieben, die ihre eigene Hälfte suchen. Meine Lehre aber lautet, daß Eros weder auf ein Halbes aus ist noch auf ein Ganzes, es sei denn gerade ein Gutes, mein Freund. Lassen sich doch die Menschen sogar ihre eigenen Füße und Hände abhauen, wenn ihre eigenen Gliedmaßen ihnen von Übel zu sein scheinen. Nicht am Eigenen, meine ich, hängt ein jeder, er nenne denn das Gute sich zugehörig und sein Eigen und das Schlechte sich fremd. Nichts anderes nämlich lieben die Menschen als das Gute. […]

Eros ist der Drang, das Gute für immer zu eigen zu haben. […]

Wenn nun der Eros immer auf dieses Ziel gerichtet ist, sprach sie, wie muß einer es dann verfolgen und was muß er tun, daß sein Eifer und seine Anspannung Eros genannt werden könnte? Was für ein Tätigsein ist das? Kannst du das sagen?"

Dann würde ich dich, Diotima, entgegnete ich, nicht wegen deiner Weisheit bewundern und nicht zu dir kommen, um gerade dieses zu lernen.

So will ich es dir sagen: Es ist ein Zeugen im Schönen, in und mit dem Leibe wie der Seele. […]

Alle Menschen, Sokrates, tragen Samen in sich, im Leib und in der Seele; und wenn sie in ein bestimmtes Alter kommen, begehrt unsere Natur zu erzeugen. Sie vermag jedoch nicht im Häßlichen, sondern nur im Schönen zu zeugen – die Vereinigung von Mann und Frau ist ja Zeugung. Etwas Göttliches aber, das heißt im sterblichen Wesen das Unsterbliche ist es, Samen in sich zu tragen, zu zeugen und zu gebären. Im Unharmonischen kann dies unmöglich geschehen. Es harmoniert jedoch das Häßliche nie mit dem Göttlichen, während das Schöne mit ihm harmoniert. So ist die Schönheit Schicksalsgöttin und Geburtshelferin für alles Erzeugen und Werden. Naht daher das vom Samen Trächtige dem Schönen, wird es heiter und zerfließt in Lust und zeugt und bringt Frucht. Naht es hingegen dem Häßlichen, so zieht es sich verdrossen und betrübt in sich zurück, wendet sich ab, schrumpft zusammen und zeugt nicht, sondern hält seine Fülle bei sich und trägt sie als schwere Last. Darum gerät ja, was drängend schon schwillt, in heftige Erregung beim Anblick des Schönen, weil dies den, der es ergreift, von großen Wehen erlöst. Denn Eros ist nicht, wie du glaubst, Sokrates, die Liebe zum Schönen. [...]

***Abb. 23:* Männer beim Symposion** *(auch: Akademie des Platon), Mosaik aus Torre Annunziata (um 50. n. Chr.), Neapel, Archäologisches Museum, Ausschnitt*

Der Liebes*drang* ist er vielmehr zum Zeugen und Hervorbringen im Schönen. [...]

Und warum zum Zeugen? Weil die Zeugung das Ewige und Unsterbliche ist für ein sterbliches Wesen, soweit das überhaupt sein kann. Der Drang zur Unsterblichkeit ist aber notwendig mit dem zum Guten verbunden, wenn wirklich, wie wir ja feststellten, das Streben des Eros dahin geht, das Gute auf immer zu eigen zu haben. Notwendig folgt hieraus, daß Eros auch nach Unsterblichkeit strebt. [...]

Ausschnitt 2

Soweit magst auch du, Sokrates, in die Mysterien des Eros eingeweiht werden. Doch es reichen vielleicht deine Kräfte nicht für die letzten Weihen und die höchste Schau, wohin auch unser Weg führt, wenn wir ihn recht beschreiten. Gleichwohl will ich davon künden und an gutem Willen nichts fehlen lassen. Versuche du zu folgen, so gut du kannst.

Wer den rechten Weg zu diesem Ziel gehen will, hub sie an, muß in seiner Jugend damit beginnen, sich den schönen Leibern zuzuwenden; und zwar soll er, wenn sein Führer ihn richtig leitet, zuerst an einem einzelnen die Leibesschönheit lieben und dabei schöne Gedanken hervorbringen; dann aber begreifen, daß die Schönheit am einen Leib der am andern Leib verschwistert ist, und daß, wenn es um das Schöne an einer Gestalt geht, es große Torheit wäre, die Schönheit an allen Leibern nicht für ein und dieselbe zu halten; hat er dies eingesehn, so wird er Leibesschönheit an allen Schönen lieben, in seiner heftigen Leidenschaft für einen einzelnen aber nachlassen, weil er ihm nun nicht mehr viel bedeutet.

Danach wird er die Seelenschönheit höher schätzen als die des Leibes, so daß es ihm genug ist, wenn jemand eine wohlgeartete Seele hat, sollte sein Äußeres auch wenig anziehend sein; er wird ihn dennoch lieben und umsorgen, und er wird solche Gedanken mit ihm zeugen, die junge Menschen besser machen können, und < stets aufs neue > danach suchen. Dadurch fühlt er sich veranlaßt, auch in den Handlungen, sowie in Sitten und Gesetzen das Schöne zu schauen und so wahrzunehmen, daß alle Schönheit miteinander verwandt ist: damit er die körperliche als etwas Geringes erkenne.

Von den Handlungen muß man ihn zu den Erkenntnissen führen, damit er auch deren Schönheit sieht und, nun schon im Anblick der Fülle des Schönen, nicht mehr der Einzelschönheit sklavisch dient, indem er sein Genügen an der Schönheit eines unreifen Knaben oder irgendeines Menschen oder einer einzigen Tätigkeit findet und dadurch minderwertig und kleinlich wird –

nein! dem weiten Meer des Schönen sei er zugewandt und verharre in dessen Betrachtung; viele schöne und erhabene Reden wird er dann hervorbringen und Gedanken in unerschöpflichem Streben nach Weisheit, bis er, hierin gekräftigt und gereift, *eine* Erkenntnis erschaut, die Erkenntnis des Schönen.

Und dieses ist von folgender Art – versuche nun, sprach sie, mir mit der höchsten dir möglichen Geisteskraft zu folgen.

Wer bis hierher in der Liebeskunde geführt ward und nun in der rechten Folge und Form jedwedes Schöne betrachtet, der wird, endlich am Ziel auf dem Weg der Liebe, plötzlich ein Schönes von wunderbarem Wesen erblicken – eben jenes, o Sokrates, dem auch all die früheren Mühen galten. Es ist erstlich ein immer Seiendes, und weder entsteht noch vergeht es, weder nimmt es zu noch nimmt es ab; sodann ist es nicht teilweise schön, teilweise häßlich, auch nicht bald schön, bald häßlich, auch nicht in einer Beziehung schön, in anderer Beziehung häßlich, auch nicht hier schön, dort häßlich, als ob es für manche schön, für manche häßlich wäre; ebensowenig wird dem Betrachter das Schöne etwa wie ein Antlitz erscheinen oder wie Hände oder sonst etwas Körperliches, auch nicht als irgendein Begriff oder irgendein Wissen noch als etwas, das irgendwo an etwas anderem ist, sei es an einem Lebewesen auf der Erde oder am Himmel oder sonstwo; sondern jedes Schöne wird ihm erscheinen als es selbst an sich selbst mit sich selbst von *einer* Art ewig seiend; indes alles andere, was schön ist, daran in irgendeiner Weise teilhat, und zwar so, daß, auch wenn dieses andere entsteht und vergeht, jenes Urschöne selbst weder mehr noch weniger wird und überhaupt unverändert bleibt. [...]

An diesem Punkt des Lebens, lieber Sokrates, sprach die Fremde aus Mantineia, lohnt sich, wenn überhaupt irgendwo, das Dasein für den Menschen: im Schauen des Schönen an sich.

26 text

Andreas Capellanus
de amore libri III; I 1

Was ist Liebe?

Der folgende Text stammt aus einer Abhandlung, die Andreas Capellanus, ein Kleriker im Gebiet des heutigen Frankreich, für den Bedarf der Geistlichen schrieb, also für ein männliches Publikum. Diese Abhandlung *„De amore"* entstand zwischen 1180 und 1190 und war so erfolgreich, dass sie noch Jahrhunderte später ins Französische, dann ins Italienische und um 1440 schließlich ins Deutsche übersetzt wurde. So wurde sie zum einflussreichsten Traktat des Mittelalters über die Liebe.

„De amore" ist in Prosa geschrieben und wie eine Lehrschrift aufgebaut. In drei Büchern, die an einen jungen Mann namens Gualterus – Walter – gerichtet sind, setzt Andreas Capellanus detailliert auseinander, was Liebe ist und wie sie wirkt, wer lieben kann, wie sich Liebe zwischen den verschiedenen Ständen abspielt, wie Liebe bewahrt und erhalten wird – und wie man sie wieder los wird.

Der folgende Abschnitt ist der Beginn dieser Lehrschrift, und wie es sich für eine Lehrschrift gehört, beginnt sie mit einer genauen Definition ihres Gegenstandes, der Liebe.

Amor est passio[1] quaedam innata[2] procedens ex visione[3] et immoderata cogitatione[4] formae alterius sexus, ob quam[5] aliquis super omnia cupit[6] alterius potiri[7] amplexibus[8] et omnia[9] de utriusque[10] voluntate in ipsius amplexu amoris praecepta[9] compleri.

1 **1 passio**, -onis f.: Leiden, Leidenschaft, Passion **2 innatus** 3: angeboren **3 visio**, -onis f.: Anblick **4 cogitatio**, -onis f.: das Denken **5 ob quam**: wodurch, weswegen **6 cupit**: + inf. **7 potior** 4 (+ abl.): h. erreichen; genießen **8 amplexus**, -us m.: Umarmung **9 omnia ... amoris praecepta** (n. pl.): alle Gebote der Liebe **10 de utriusque voluntate**: nach bei-

2 Quod[11] amor sit passio[1], facile est videre. Nam antequam amor sit ex utraque parte libratus[12], nulla est angustia[13] maior, quia semper timet amans, ne amor optatum capere non possit effectum[14] nec[15] in vanum[16] suos labores emittat.

3 Vulgi[17] quoque timet rumores[18] et omne, quod aliquo posset modo nocere; res enim imperfectae[19] modica[20] turbatione[21] deficiunt[22].

4 Sed et[23] si pauper ipse sit, timet, ne eius mulier[24] vilipendat[25] inopiam; si turpis[26] est, timet, ne eius contemnatur[27] informitas[28] vel pulchrioris se mulier annectat[29] amori; si dives est, praeteritam[30] forte[31] tenacitatem[32] sibi timet obesse.

5 Et ut vera loquamur, nullus est, qui possit singularis[33] amantis enarrare[34] timores. Est igitur amor ille passio[1], qui ex altera[35] tantum[36] est parte libratus[35], qui potest singularis amor vocari.

6 Postquam etiam amor utriusque[37] perficitur[38], non minus timores insurgunt[39]; uterque[40] namque timet amantium, ne, quod est multis laboribus acquisitum[41], per alterius labores amittat[42], quod valde magis[43] onerosum[44] constat[45] hominibus, quam si[46] spe frustrati[47] nullum sibi suos fructum sentiant afferre[48] labores.

7 Gravius est enim carere[49] quaesitis[50] quam sperato lucro[51] privari[52]. Timet etiam, ne in aliquo offendat amantem; tot[53] enim timet, quod[53] nimium[54] esset narrare difficile.

8 Quod[11] autem illa passio[1] sit innata[2], manifesta[55] tibi ratione[56] ostendo[57], quia passio[1] illa ex nulla oritur actione[58] subtiliter[59] veritate inspecta[60]. Sed ex sola cogitatione, quam concipit animus ex eo, quod vidit, passio[1] illa procedit.

9 Nam cum aliquis videt aliquam aptam amori et suo formatam arbitrio[61], statim eam incipit concupiscere[62] corde; postea vero quotiens[63] de ipsa cogitat, totiens[63] eius[64] magis ardescit amore, quousque[65] ad cogitationem devenerit pleniorem[66].

der Willen; mit dem Einverständnis von beiden

2 **11 quod**: h. dass **12 libro** 1: abwägen; **ex utraque parte libratus**: ausgewogen **13 angustia**, -ae: Not **14 effectus**, -us m.: Ergebnis, Wirkung **15 nec**: und dass … (KEINE Verneinung, weil immer noch abhängig von *timet)* **16 in vanum**: ins Leere; umsonst

3 **17 vulgus**, -i n. (!): „die Leute" **18 rumores**, -rum m.: das Gerede **19 imperfectus** 3: unfertig **20 modicus** 3: klein, gering, unbedeutend **21 turbatio**, -onis f.: Störung **22 deficio** 3M: scheitern

4 **23 sed et**: daher **24 mulier**: h. „Frau", Geliebte, NICHT „Ehefrau" **25 vilipendo** 3: gering schätzen **26 turpis**, -e: hässlich **27 contemno** 3: verachten **28 informitas**, -atis f.: „Unförmigkeit", Hässlichkeit **29 annecto** 3 (+ dat.): anhängen an etw. **30 praeteritus** 3: vergangen **31 forte**: vielleicht **32 tenacitas**, -atis f.: Geiz, Kleinlichkeit

5 **33 singularis**, -e: einseitig **34 enarro** 1: aufzählen; auch: erklären **35 ex altera … parte libratus**: unausgewogen **36 tantum**: h. nur

6 **37 utriusque** (gen. sg.): beider, von beiden **38 perficio** 3M: erfüllen, vollenden **39 insurgo** 3: wachsen, sich erheben **40 uterque**: jeder von beiden; beide **41 acquiro** 3, -quisivi, -quisitus: erwerben, erlangen **42 amitto** 3: verlieren **43 valde magis**: viel mehr **44 onerosus** 3: belastend, schwer; **onerosum**: sc. *esse* **45 constat**: es steht fest, dass (+ AcI) **46 quam si**: als wenn **47 spe frustratus** 3: enttäuscht **48 affero**, -ferre: bringen

7 **49 careo** 2 (+ abl): etw. ermangeln, entbehren, „nicht haben" **50 quaesitus** 3: erwünscht **51 lucrum**, -i: Lohn **52 privo** 1: berauben **53 tot …, quod**: so sehr …, dass **54 nimium**: allzu sehr

8 **55 manifestus** 3: klar ersichtlich **56 ratio**, -onis f.: Grund; Argumentation **57 ostendo** 3: darlegen; beweisen **58 actio**, -onis f.: Handlung **59 subtiliter**: genau **60 inspicio** 3M., -spexi, -spectum: prüfen

9 **61 arbitrium**, -i: h. Geschmack **62 concupisco** 3: begehren **63 quotiens … totiens magis**: je öfter … desto mehr **64 eius**: zu *„amore"* – „in Liebe zu ihr" **65 quousque**: so lange bis **66 plenus** 3: h. eingehend, intensiv

10 Postmodum[67] mulieris incipit cogitare facturas[68] et eius distinguere[69] membra suosque actus[70] imaginari eiusque corporis secreta rimari[71] ac cuiusque membri officio[72] desiderat perpotiri[73].

11 Postquam vero ad hanc cogitationem plenariam[74] devenerit, sua frena[75] nescit continere amor, sed statim procedit ad actum; statim enim iuvamen[76] habere laborat[77] et internuntium[78] invenire.

12 Incipit enim cogitare, qualiter eius gratiam[79] valeat[80] invenire, incipit etiam quaerere locum et tempus cum opportunitate[81] loquendi ac brevem horam longissimum reputat[82] annum, quia cupienti animo nil satis[83] posset festinanter[83] impleri[84]; et multa sibi in hunc modum evenire constat[45].

13 Est igitur illa passio[1] innata[2] ex visione[3] et cogitatione[4]. Non quaelibet[85] cogitatio[4] sufficit ad amoris originem, sed immoderata[86] exigitur[87]; nam cogitatio moderata non solet ad mentem redire, et ideo ex ea non potest amor oriri.

10 **67 postmodum**: bald darauf **68 factura**, -ae: Gestalt, Figur **69 distinguo** 3: unterscheiden; auch: in Gedanken ausschmücken **70 actus**, -us m.: Bewegung; Handlung **71 rimor** 1: erforschen **72 officium**, -i: h. Funktion **73 perpotior** 4 (+ abl.): genießen

11 **74 plenarius** 3: vollständig **75 frenum**, -i: Zügel **76 iuvamen**, -inis n.: Hilfe, Hilfsmittel **77 laboro** 1: h. sich abmühen **78 internuntius**, -i: Vermittler

12 **79 gratia**, -ae: Gunst **80 valeat** = *possit* **81 opportunitas**, -atis f.: günstige Gelegenheit **82 reputo** 1 (+ doppelter acc.): halten für **83 satis … festinanter**: schnell genug **84 impleo** 2: erfüllen

13 **85 quislibet / quaelibet / quodlibet**: jeder / jede / jedes beliebige **86 immoderatus** 3: maßlos, ungehemmt **87 exigo** 3: fordern

Abb. 24: Der Minnepfeil, *Email-Kästchen aus dem 14. Jh., New York, The Metropolitan Museum of Art, The Cloisters, Detail*

Vertiefung 26

1 Wer ist ab Zeile 13 das Subjekt von *timet*? Versuche mehrere Antworten zu finden!

2 **a** Welche Art von Liebe wird hier zu Beginn definiert?

b Welche Art/en von Liebe ist / sind durch diese Definition von vornherein ausgeschlossen? Wodurch lässt sich dieser Ausschluss erklären?

c Lässt sich die Definition mit den bisher kennengelernten Konzepten von Liebe vereinbaren? Wo decken sie sich? Wodurch unterscheiden sie sich?

3 Es gibt ein englisches Sprichwort, das folgendermaßen lautet: „'t is better to have loved and lost than never to have loved at all." Wo vertritt Andreas Capellanus eine andere Meinung?

GRUNDFRAGEN DER MENSCHLICHEN EXISTENZ 3

Sinn und Glück im Spiegel der antiken Philosophie

ausgewählt und erläutert von
Eva Fussl und Maximilian Fussl

Einführung

Die griechische Philosophie

Die Anfänge

Trotz mancher Einflüsse der umliegenden Kulturen des Vorderen Orients und Ägyptens ist die Philosophie die eigenständige Leistung des frühen griechischen Denkens, das sich ab dem ausgehenden 7. Jh. v. Chr. hauptsächlich im östlichen Mittelmeerraum entwickelte. Ausschlaggebend dafür war die zunehmende Tendenz, die Welt und ihre Erscheinungsformen bewusst zu hinterfragen. Hatte man bisher Weltanschauung und menschliche Existenz in den eher vagen Vorstellungen religiös-magischen Kultes und mythologischer Erzählungen ausgedrückt, so entwickelte sich jetzt zunehmend ein „Streben nach Wissen und Erkenntnissen", wie man den Begriff Philosophie für diesen Zeitraum übersetzen kann. – Erst für spätere Zeit sollte die geläufige, aus den Wortbestandteilen *φιλ / phil und *σοφία / sophia abgeleitete Übersetzung „Liebe zur Weisheit", lat. *studium sapientiae*, gelten.

Die Vorsokratiker

Kennzeichnend für die Philosophen dieser Gruppe ist die Frage nach dem Ursprung (ἀρχή / arché) aller Dinge und der Welt. Hier sind zunächst die jonischen Naturphilosophen zu erwähnen, benannt nach ihrem Wirkungsraum im kleinasiatischen Jonien: **Thales von Milet** (ca. 625–548/5 v. Chr.) sah im Wasser den Ursprung und das Endziel des Alls. Sein Schüler **Anaximandros von Milet** (ca. 610–545 v. Chr.) sah die ἀρχή / arché im Grenzenlosen, dem ἄπειρον / ápeiron, das alterslos, unvergänglich, allumfassend sei und aus sich eine Vielzahl erfassbarer Gegensätze aussondere. **Anaximenes von Milet** (ca. 585–525) setzte als bestimmte räumlich-stoffliche ἀρχή / arché die Luft (ἀήρ / aér) an, allerdings mit den Eigenschaften der Unbegrenztheit und Beweglichkeit.

*Abb. 1: **Thales von Milet**, Römische Marmorkopie einer Büste des 4. Jhs. v. Chr., Vatikanische Museen, Musensaal*

Abb. 2: Pythagoras, *Römische Marmorkopie nach griechischem Original, Rom, Kapitolinisches Museum*

Nach **Pythagoras von Samos** (ca. 580–497/6 v. Chr.) benannten sich die Pythagoreer, eine religiös organisierte Bruderschaft. Ihre religiöse Lehre war vom Dogma der Seelenwanderung und der Vergeltung nach dem Tod bestimmt, aus der sich die Ansicht der Verwandtschaft des Menschen mit den Tieren und konsequenterweise die Enthaltung von tierischer Nahrung ergab. Noch im Rom der ausgehenden römischen Republik und der frühen Kaiserzeit fielen diese Ansichten auf fruchtbaren Boden. **Herákleitos von Ephesos** (ca. 550–480 v. Chr.) vertrat in Weiterentwicklung einer pythagoreischen Lehre die ewige Veränderung und den ewigen Fluss der Dinge. **Leukippos von Milet** (geb. um 480 v. Chr.) und dessen Schüler **Demokritos von Abdera** (ca. 460–380/70 v. Chr.) gelten als Begründer der Atomistik. Sie vertraten eine mechanistische Welterklärung, die auf den Prinzipien des Vollen (ἄτομα / átoma) und des Leeren (κενόν / kenón) aufbaut.

Die attische Philosophie

Die Sophisten

3

Die Persönlichkeit und Leistung des Sokrates für die Philosophie kann man nur richtig einschätzen, wenn man die Gruppe der Sophisten näher betrachtet. Der Begriff σοφιστής / sophistés bezeichnet grundsätzlich einen „kenntnisreichen, sachkundigen Mann“, der sein Wissen auch weiterzugeben bereit ist. Doch schon vor Platon wurde das Wort pejorativ auf umherziehende streitbare Wanderredner angewendet, die sich ihre Lehrtätigkeit in den Bildungsfächern und in „Lebenstüchtigkeit“ (= ἀρετή/ areté) mit klingender Münze abgelten ließen. Fest steht aber, dass die Sophisten eine anthropologische Wende in der Philosophie herbeiführten. Als Aufklärer entsprachen sie zu ihrer Zeit den gesellschaftlichen Bedürfnissen, vor allem der Jugend, und gewannen großen Einfluss auf Politik, Bildungswesen und Literatur.
Protágoras von Abdera (ca. 485–415 v. Chr.) gilt durch seine Aussage, er wisse nicht, ob es Götter gebe, als „Agnostiker“ (= „nicht Erkennender“) und wurde weiters durch seine Anschauung berühmt, der Mensch sei das „Maß aller Dinge“ (*Homo-mensura*-Satz). **Antiphon aus Athen** (ca. 480–414 v. Chr.) übte Kritik an der geltenden Rechtsordnung und an der unselbstständigen Stellung der Frauen.

Sokrates *(ca. 470–399 v. Chr.)*

Sokrates selbst hat nichts Schriftliches hinterlassen. Was wir heute von ihm und seiner philosophischen Methode wissen, ist in erster Linie durch Platons Dialoge vermittelt, in denen freilich Sokratisches und Platonisches nicht mehr zu unterscheiden sind. Sokrates tritt bei Platon zwar immer als Sieger gegen die Sophisten auf, hat aber doch unübersehbare Gemeinsamkeiten mit ihnen wie die Abwendung von naturphilosophischen Fragen und seine intensive Beschäftigung mit anthropologischen und ethischen Fragen. Sokrates führt zum philosophischen Denken hin durch das „entbindende Zwiegespräch“, die Kunst der „Maiéutik“ („Hebammenkunst“), wie er sie nach dem Beruf seiner Mutter Phainarete bezeichnete. Gerade in der Auseinandersetzung mit den vermeintlich so viel wissenden Sophisten vertritt er mit der ihm eigenen Ironie die paradox klingende Ansicht, dass sein Wissen im Bewusstsein des Nichtwissens bestehe.

Abb. 3: Sokrates, *sogenannte Farnesische Herme, Marmor, Neapel, Archäologisches Nationalmuseum*

Seine Methode bedient sich der Induktion und der Definition: Ausgehend von der Hinterfragung einer einzelnen Erscheinungsform eines Dinges gelangt er zur Bestimmung von dessen Wesen und Begriff. Hat man einzelne Fälle z. B. von Tugenden hinterfragt, so gelangt man damit zur Wesens- und Begriffsbestimmung der Tugend überhaupt. Die Tugend ist lehr- und lernbar und wird zur Grundlage jeglichen moralischen Handelns.
Vorbildhaft war sein Verhalten gegenüber der Ungerechtigkeit des athenischen Staates und seiner Richter im Prozess des Jahres 399 v. Chr., in dem er zum Tode verurteilt wurde, ebenso seine Unerschütterlichkeit, mit der er auf seinen Tod zuging. Überzeugt von seinem sittlich richtigen Verhalten im Leben vertritt er nach Platons Zeugnis im Dialog ***„Phaidon“*** am letzten Tag seines Lebens den Glauben an die Unsterblichkeit der Seele.

3

Platon *(428/7–348/7 v. Chr.)*

Platon, aus einer wohlhabenden aristokratischen Familie in Athen stammend und hoch gebildet, wurde stark von der Persönlichkeit des Sokrates beeinflusst. In den Dialogen spielt dieser eine dominante Rolle. Dazu kommen Einflüsse aus anderen philosophischen Schulen wie der der Pythagoreer, mit deren Lehre und Schulorganisation er schon während seiner ersten Bildungsreise (390–388 v. Chr.) in Unteritalien bekannt wurde. Davon angeregt gründete er 388/7 v. Chr. in Athen eine eigene Schule, die Akademie. Sie war über rund 1000 Jahre das wohl berühmteste Bildungszentrum der Antike. An dieser Akademie studierten auch viele Römer, bis sie im Jahre 529 n. Chr. vom christlichen Kaiser Justinian als „heidnisch“ geschlossen wurde.

Abb. 4: Platon, *römische Marmorkopie nach griechischem Original, das bald nach Platons Tod in der Akademie aufgestellt worden war, Paris, Louvre*

Ein nicht zu übersehendes Merkmal platonischer Philosophie ist ihre literarisch kunstvolle Darbietung, die eine Lehre in Form eines Gesprächs entwickelt. Gerne bedient er sich zur Stützung seiner Thesen des Mythos als einer Form der wahrscheinlichen Geschichte oder der Fiktion (im Gegensatz zur historischen Wahrheit). Seine Ideenlehre geht davon aus, dass die mit den Sinnesorganen wahrnehmbaren und veränderlichen Erscheinungsformen der Dinge nur Spiegel- oder Abbilder vermitteln. Über ihnen stehen die unveränderlichen „Ideen" (von εἶδος / eîdos: Aussehen, Gestalt, Form; lat. *forma*) als vollkommene und ewige Urbilder der Dinge. Auch ethische Werte wie etwa die vier Kardinaltugenden Weisheit, Gerechtigkeit, Tapferkeit und Besonnenheit sind begründet in absoluten, unveränderlichen und ewigen Ideen, unter denen die „Idee des Guten" (= ἰδέα τοῦ ἀγαθοῦ / idéa toû agathoû) den höchsten Rang einnimmt. Der Mensch hat die Möglichkeit die Ideen zu erkennen, welche die Seele vor dem Eintritt in den Körper im Jenseits gesehen hat und an die sie sich erinnern kann (Anamnesis / ἀνάμνησις = Wiedererinnerung): ein mythisches Bild für die Fähigkeit des Menschen, abstrakte Begriffe zu bilden. Die Seele ist im Körper gleichsam „eingekerkert" – eine Vorstellung, die Platon von den Pythagoreern übernommen hat –, daher wird der leibliche Tod als Erlösung gesehen.

Die kleineren sokratischen Schulen

Antisthenes (ca. 455–360 v. Chr.), der Begründer der Schule der Kyniker (so benannt nach dem Gymnasion Kynósarges), lehrte, dass die Tugend das einzige Gut und zur Glückseligkeit sonst nichts nötig sei – ein Gedanke, der von der Stoá wieder aufgegriffen wird. Der Antisthenes-Schüler **Diogenes von Sinope** (ca. 404–323 v. Chr.) lehnte in Übertreibung der Selbstgenügsamkeit (αὐτάρκεια / autárkeia) jede gesellschaftliche Konvention und die herkömmliche Moral ab, wobei er selbst vor der provozierenden Verletzung geltender Anstandsregeln nicht zurückschreckte.

3

Aristippos von Kyrene (ca. 435–366 v. Chr.) begründete die Lehre des **Hedonismus** (von ἡδονή / hedoné = Lust). Für den Menschen seien nur seine subjektiven Empfindungen gewiss, Ziel des Handelns sei das Hervorrufen angenehmer Empfindungen („Lust"). Die Glückseligkeit erreiche der Mensch, wenn er sich mit Vernunft über den Zwang der Verhältnisse hinwegsetze, ohne dabei „ein Sklave des Luststrebens" zu sein. – Die Grundlinien der aristippischen Lustlehre bestimmen später Epikurs Lustlehre.

***Abb. 5: Aristoteles**, claudische Marmorkopie nach einer Erzstatue, die Alexander d. Gr. seinem Lehrer nach 330 v. Chr. weihte, Wien, Kunsthistorisches Museum, Antikensammlung*

***Aristoteles** (384–322 v. Chr.)*

Aristoteles aus Stágeiros (Nordgriechenland) gehörte der Akademie bis zu Platons Tod im Jahre 348/7 v. Chr. an. Nach seinem Ausscheiden wirkte er zunächst in Kleinasien, bis er 343/2 von König Philipp II. von Makedonien als Erzieher seines Sohnes Alexander – des späteren Königs Alexander des Großen – berufen wurde. Im Jahre 335 errichtete er dann seine eigene Schule im Lykeion von Athen. – Die Bezeichnung seiner Schüler als **Peripatetiker** (von griech. περιπατεῖν / peripateîn: umhergehen) leitet sich davon ab, dass Aristoteles im Auf- und Abgehen gelehrt haben soll.

Die Leistung des Aristoteles besteht darin, sich in der Philosophie von der Spekulation zur empirischen Forschung gewendet zu haben. In seinen Vorlesungen behandelte er systematisch die einzelnen Gebiete der Philosophie, die er dann in Schriften zur Logik, zur Natur und Metaphysik (die uns geläufige Unterscheidung der Seins-Stufen: Gott – Mensch – Tier – Unbelebtes stammt von Aristoteles), zur Ethik, zur Politik sowie zur Rhetorik und Poesie niederlegte. In seiner Methodik hat er großen Einfluss auf die abendländische Wissenschaftsgeschichte ausgeübt.

Die hellenistische Philosophie

So bezeichnet man die Philosophie vom Tod Alexanders des Großen (323 v. Chr.) bis zum Untergang des Ptolemäerreiches in Ägypten (30 v. Chr.). Charakteristisch für sie ist die stärkere Ausbildung dogmatischer Lehrsätze und die Verlagerung des Schwerpunkts auf die Ethik. Sie richtet sich infolge der Veränderung der politischen Verhältnisse (die Nachfolgestaaten des Alexander-Reiches waren Militärdiktaturen) und sozialen Strukturen an die Einzelperson, die zunehmend vereinsamt und des Rates und Trostes bedarf. Von den hellenistischen Philosophenschulen hat in Rom anfänglich (um 50 v. Chr.) der **Epikureismus** besonderen Einfluss, dann dominiert der **Stoizismus**, bis in der römischen Spätantike der **Neuplatonismus** vorherrscht.

Epikuros von Samos *(342/1–271/70 v. Chr.)*

Epikúr, 342/1 auf Samos geboren, begann mit 30 Jahren zunächst in Kleinasien zu lehren, wo sich ein Freundeskreis um ihn bildete. Die intensive Pflege der Freundschaft ist eines der wichtigen Merkmale der epikureischen Gemeinschaft. Um 305 kam er nach Athen, wo er ein Gartengrundstück erwarb und den Lehrbetrieb aufnahm. Obwohl von der Athener Gesellschaft anerkannt, hielt er sich von jeder politischen Tätigkeit fern und starb im Alter von 72 Jahren nach langer Krankheit, die er tapfer ertragen hatte.
Von seinem Schrifttum sind drei Briefe erhalten. In ihnen vermittelt er die Grundsätze seiner Ethik:

Abb. 6: ***Epikur****, Bronzestatue aus Herculaneum, Villa dei Papiri, Neapel, Archäologisches Nationalmuseum*

1. Die Götter leben als unvergängliche und glückselige Wesen in Zwischenwelten und kümmern sich nicht um die Menschen. Die Furcht vor ihnen ist daher sinnlos.
2. Der Tod nimmt dem Menschen jede Empfindung und ist daher nicht zu fürchten; trotzdem ist das Leben für den Weisen lebenswert – nicht infolge langer Dauer, sondern aus intensiv erlebter Lust.
3. Lust (ἡδονή / hedoné) zu empfinden ist das höchste Ziel menschlichen Lebens und zeigt sich in der Unerschütterlichkeit (ἀταραξία / ataraxía) der Seele und Gesundheit des Körpers.

Weiters erhalten sind zwei Sammlungen von insgesamt 121 Sprüchen (Lehrsätzen): die Hauptlehrsätze (Κύριαι δόξαι /Kýriai dóxai, lat. *„Ratae sententiae"*), und das *„Gnomologium Vaticanum"* (Spruchsammlung in einer Handschrift im Vatikan). In Rom hat Epikur durch das Lehrgedicht des Lukrez und vor allem durch seine Ethik als Mittel zu konkreter Lebensbewältigung nachgewirkt, so in der Dichtung des Horaz und in den Briefen Senecas.

Die Stoa

Die einflussreichste hellenistische Philosophenschule ist benannt nach der „bunten Halle“ (Στοὰ ποικίλη / Stoà poikíle) an der Agora in Athen, in der sie ihren Sitz hatte. Sie wurde dort um 300 v. Chr. begründet von **Zenon von Kition** (Zypern; ca. 333/32–262/1 v. Chr.). In der Nachfolge der Kyniker sah die „Ältere Stoa“ das Ziel eines sittlich guten und glückerfüllten Lebens darin, „in Übereinstimmung mit der Natur zu leben“. Wie bei Heraklit waltet in ihr eine universale Gesetzmäßigkeit. Dieses in allem waltende Weltgesetz bezeichnen die Stoiker als Weltvernunft (λόγος / lógos). Der stoische Weise erkennt sie und gestaltet nach ihr sein Leben der Selbstgenugsamkeit (αὐτάρκεια / autárkeia) und Unempfindlichkeit gegenüber Affekten (ἀπάθεια / apátheia). Im Gegensatz zu Epikur, dessen Ethik in erster Linie auf die Glückseligkeit des Einzelmenschen ausgerichtet ist, bleibt der Weise nicht isoliert von Familie, Staat und Gesellschaft, in denen er wirken, aber nicht völlig aufgehen soll. Der Weise ordnet sich in den Gesamtzusammenhang des Kosmos ein, er soll sich als Weltbürger (κοσμοπολίτης / kosmopolítes) fühlen.

Auf die römische Philosophie, vor allem auf Cicero und Seneca, hatten zwei Philosophen der **„Mittleren Stoa“** nachhaltigen Einfluss: **Panaitios von Rhodos** (ca. 185/80–110/09 v. Chr.) und **Poseidonios von Apámeia** (ca 135–51 v. Chr.)

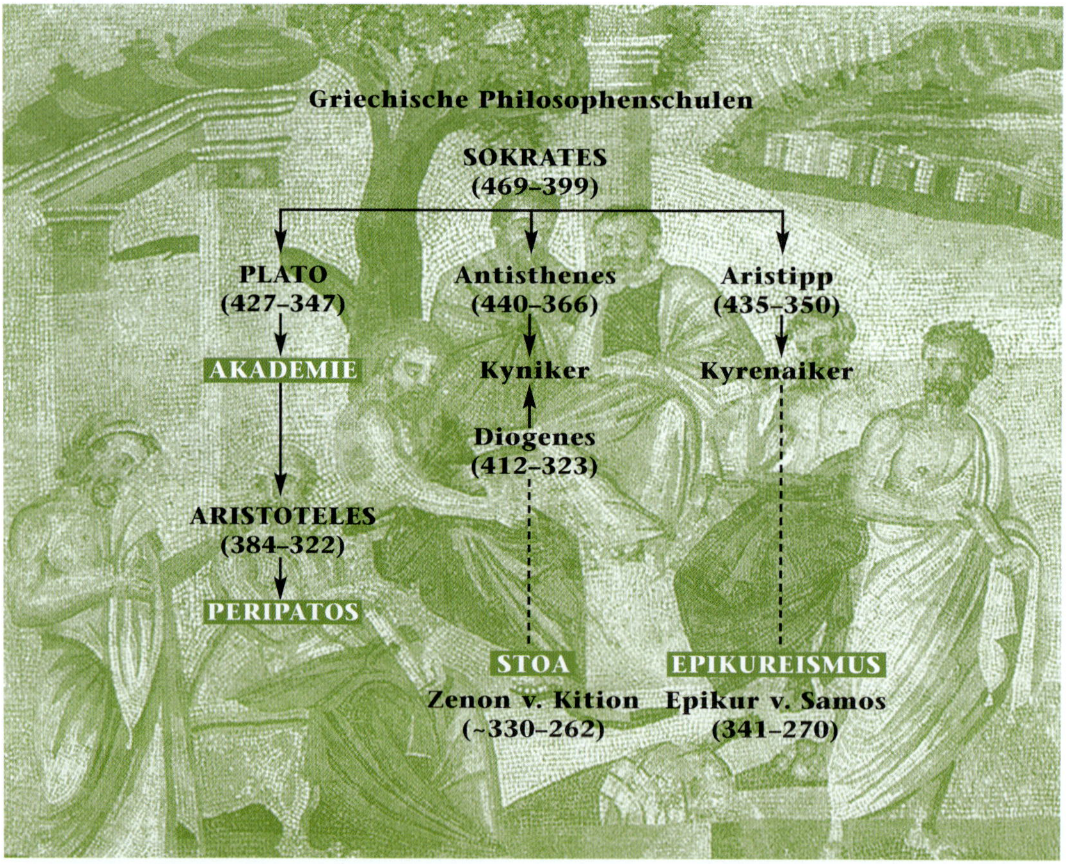

*Abb. 7: **Griechische Philosophenschulen**, Stemma v. Eva Fussl; im Hintergrund: **Akademie des Platon**, Details zum Bild, farbige Darstellung ➤ Abb. 2.23, S. 71*

Die Philosophie bei den Römern

Einbürgerung

In Rom herrschte lange Zeit inhaltliches Unverständnis gegenüber der griechischen Philosophie. Ein Beispiel dafür bietet das Schicksal der Philosophengesandtschaft des Jahres 155 v. Chr.: Die prominentesten Schulhäupter sollten die Interessen Athens in Rom vertreten. Als sie neben ihrer politischen Mission auch Kostproben aus ihrem Lehrprogramm darboten, erregte dies solches Aufsehen, dass sie Rom überstürzt verlassen mussten.

Die Römer haben keine eigenständigen philosophischen Systeme entwickelt, und wenn sie sich für eine griechische Schule entschieden haben, übernehmen sie auch aus anderen verwertbares Gedankengut und fügen es in ihre Ausführungen ein: Sie sind **„Eklektiker"** (von griech. ἐκλέγεσθαι / eklégesthai = für sich auswählen). Als z. B. der Dichter Horaz den Entschluss fasst, sich für die Zukunft vornehmlich um eine sittlich gute Lebensführung zu sorgen, teilt er seinem Briefadressaten Maecenas mit:

> Und damit du mich nicht etwa fragst, unter wessen Führung, in wessen Haus ich Schutz suche: Auf keines Meisters Worte zu schwören, habe ich mich verpflichtet. (epist.1,1,13 f.)

Das wesentliche Anliegen der römischen Philosophie ist es, griechische philosophische Theorie in die von Tradition geprägte Lebenspraxis umzusetzen. Für die Rezeption griechischer Philosophie in Rom bedurfte es auch der Umsetzung philosophischer Terminologie in die lateinische Sprache. Daher ist die Leistung der Römer besonders anzuerkennen, eine über die Jahrtausende hin wirkende **lateinische philosophische Terminologie** geschaffen zu haben. Zu nennen sind hier vor allen **T. Lucretius Carus** (ca. 97–55 v. Chr.), der die Grundgedanken von Epikurs Hauptwerk „Über die Natur" (Περὶ φύσεως / Perì phýseos) in das hexametrische Lehrgedicht ***„De rerum natura"*** übertrug, M. Terentius Varro, M. Tullius Cicero und L. Annaeus Seneca.

3

M. Terentius Varro (116–27 v. Chr.) lehrte durch sein umfangreiches Schrifttum die Römer das Wissen um ihre Vergangenheit, Geschichte und Kultur. Er schuf außerdem durch sein Werk „**Über die Bildungsfächer** – ***Disciplinarum libri novem***" ein auch für das spätere römische Bildungswesen fundamentales Werk, indem er die sieben Fächer der aus dem Griechischen übernommenen umfassenden Bildung (ἐγκύκλιος παιδεία / Enzyklopädie) – die drei Wortwissenschaften Grammatik, Rhetorik, Dialektik („Dreiweg / *Trivium*") und die vier Zahlenwissenschaften Arithmetik, Geometrie, Musik und Astronomie („Vierweg /*Quadrivium*") – mit den traditionellen römischen Fächern Medizin und Architektur vereinte. Diese Konzeption der *disciplinae / artes liberales* (= Wissenschaften, die des „freien" Mannes würdig sind) wirkt über die Spätantike hinaus bis in die Strukturen der frühen Universitäten und teilweise bis heute nach.

M. Tullius Cicero *(106–43 v. Chr.)*

Zu Ciceros Leben und Wirken als Redner und Politiker ➤ S. 7.

Schon früh zeigte Cicero neben seiner Ausbildung zum Redner und Politiker auch Interesse an der Philosophie, so während einer Griechenlandreise (78–77 v. Chr.), wo er u. a. in Athen Vorlesungen des Akademikers Antiochos von Askalon (ca. 120–68 v. Chr.) hörte. Nicht zuletzt durch dessen Eklektizismus angeregt, ging Cicero in seinen philosophischen Werken einen ähnlichen Weg.

Abb. 8: Massimiliano Soldani-Benzi, Cicero, Bronze-Büste (1695), Wien, Liechtensteinmuseum

Die frühere Beschäftigung mit der Philosophie kam Cicero in den Zeiten seines Lebens zugute, in denen er infolge der politischen Verhältnisse isoliert und zur Inaktivität im Staate gezwungen war, zunächst in den Jahren nach seiner Verbannung (58 v. Chr.) und Rückkehr (57 v. Chr.; „erste *Otium*-Phase"), in denen die erste Gruppe seiner philosophischen Werke erschien: **„Über den Redner – *De oratore*"** – 3 Bücher, in denen er um die philosophisch-ethische Fundamentierung der Rhetorik bemüht ist, dann **„Über den Staat – *De re publica*"** – 6 Bücher, in denen es in der Nachfolge Platons um die beste Staatsform geht, schließlich **„Über die Gesetze – *De legibus*"** – 3 Bücher über die auf Natur und Gesetzen gründende Rechtsordnung. Die „zweite *Otium*-Phase" fällt in die Zeit der Alleinherrschaft Caesars ab dem Jahre 46 v. Chr., in die auch private Probleme wie die Scheidung von seiner Gattin Terentia und der Tod der Tochter Tullia (Februar 45 v. Chr.) fallen. Philosophie zu betreiben bedeutet in der Notzeit für Cicero einerseits persönlichen Trost, andererseits auch den Anreiz, wenigstens durch seine Bücher der römischen Gesellschaft nützlich zu sein.

Cicero schreibt selbst über seine philosophische Schriftstellerei (De divinatione 2,1–4):

> […] (2) Und da die Bestimmung des äußersten Guten und des äußersten Schlechten die Grundlage der Philosophie bildet, wurde dieses Thema von mir in fünf Büchern – **„Über das höchste Gut und das größte Übel – *De finibus bonorum et malorum*"** – gründlich abgehandelt, damit man erkennen könne, was sich aus der Sicht jedes Philosophen und was sich gegen jeden Philosophen vorbringen lässt. Es folgten ebenso viele Bücher **„Gespräche in Tusculum – *Tusculanae disputationes*"**: Sie legten dar, welcher Dinge man zum glücklichen Leben am meisten bedarf. Das erste befasst sich mit der Geringschätzung des Todes, das zweite mit dem Ertragen von Schmerz, das dritte mit der Linderung von Kummer, das vierte mit den übrigen Affekten; das fünfte schließlich […] lehrt nämlich, dass zum glücklichen Leben die Sittlichkeit sich selbst genügt. (3) Nach der Behandlung dieser Gegenstände vollendete ich die drei Bücher **„Über das Wesen der Götter – *De natura deorum*"**. […]

Cicero nennt in diesem Zusammenhang auch die **„Trostschrift – *Consolatio*"**, die er nach dem Tod seiner Tochter in der Tradition der antiken Trostliteratur an sich selbst richtete, die Schrift **„Über das Alter – *Cato Maior de senectute*"** und seine rhetorischen Schriften **„Brutus – *De claris oratoribus*"**, eine Geschichte der römischen Beredsamkeit bis auf seine Zeit, sowie **„Der Redner – *Orator*"**, der philosophisch gebildet sein und die drei Stilarten der Rede beherrschen müsse. Noch nicht erwähnt sind das Werk **„Über die Freundschaft – *Laelius de amicitia*"** und die Pflichtenlehre ***„De officiis"***.

Cicero geht es nicht nur um die Vermittlung der griechischen Gedankenwelt, sondern um jene typisch römische Auffassung der Philosophie, nach der sie in erster Linie der Lebensbewältigung des einzelnen Menschen dienstbar sein müsse – wie dies dann ein Jahrhundert später bei Seneca noch deutlicher sein wird.

L. Annaeus Seneca *(ca. 1 v. Chr.–65 n. Chr.)*

Seneca, der bedeutendste römische Stoiker, stammte als Sohn des Rhetoriklehrers Seneca aus Corduba in Südspanien, studierte in Rom und war dort anschließend erfolgreich als Anwalt tätig. Von Jugend an krankheitsanfällig – er dachte deswegen zeitweilig sogar daran, sich das Leben zu nehmen –, hielt Seneca sich dann eine Zeit lang in Ägypten auf, wo er unter der Pflege seiner Tante mütterlicherseits gesundete. Nach seiner Rückkehr nach Rom in den Jahren 31/32 n. Chr. erlangte er die Quästur und damit den Eintritt in den Senat. Durch seine Erfolge als Redner erregte er die Eifersucht des Kaisers Caligula (37–41 n. Chr.), und nur seine Kränklichkeit soll ihn vor dem Todesurteil bewahrt haben. Knapp nach dem Regierungsantritt des Claudius (41–54 n. Chr.) wurde Seneca aufgrund einer Intrige der damaligen Kaisergattin Messalina nach Korsika verbannt, von wo er erst nach deren Verurteilung zum Tod und auf Betreiben der vierten Ehegattin des Claudius, Agrippina, im Jahre 48 zurück berufen wurde. Nach den bitteren Jahren der Verbannung, die er vor allem durch die Beschäftigung mit Philosophie und Wissenschaften bewältigte, wurde er Erzieher des Prinzen Nero und nach dessen Machtübernahme im Jahre 54 n. Chr. auch dessen enger Berater. Die ersten fünf Jahre der Herrschaft Neros konnte Seneca in positivem Sinne beeinflussen. Nach dem Muttermord Neros an Agrippina kam es zunehmend zur Entfremdung zwischen Seneca und dem Kaiser und schließlich zum befohlenen Selbstmord *(imperata mors)* des Philosophen im Jahre 65 n. Chr. So ordnet sich der Tod Senecas in die Reihe der *„magnae mortes"* ein, zu denen auch der des Sokrates oder der des Caesargegners und römischen Stoikers M. Porcius Cato Uticensis (46 v. Chr.) zählen.

***Abb. 9: Porträtbüste des Seneca**, Kopie aus dem 3. Jh., Original ca. 50/60 n. Chr., Berlin, Staatliche Museen, Antikenabteilung. Die Doppelherme stellt Seneca und Sokrates dar – beide ein Beispiel für die Todesverachtung der Weisen.*

Senecas Leben mit seinen Höhen an der Macht und seinen Tiefen in persönlichen Katastrophen war allem Anschein nach besonders dazu angetan, ihn die Philosophie als den einzig zielführenden Weg zu richtiger Lebensbewältigung verstehen und predigen zu lassen. Die direkte und zupackende Rhetorik will Mittel zur eigenen wie zu fremder Seelenleitung sein und bedient sich daher häufig der therapeutischen Vorgangsweise, wie sie die kynisch-stoische Popularphilosophie und die epikureische Ethik angeboten haben.

Aus dem reichen literarischen Schaffen Senecas sind zunächst die zwölf **„Dialoge"** zu nennen. Es handelt sich hierbei allerdings nicht um echte Dialoge nach dem Vorbild Platons, sondern vielmehr um Abhandlungen zu philosophischen Einzelthemen. Das dialogische Element kommt lediglich im Auftreten eines meist anonymen Zwischenredners *(fictus interlocutor)* zum Ausdruck, der mit seinen kurzen Einwürfen auf die Gedankenführung Senecas einwirkt. Aus der Zeit um etwa 52 n. Chr. stammen die Dialoge **„Über die Kürze des Lebens – *De brevitate vitae*"** (➤ T 3.3, S. 88 ff. und 3.7, S. 95 f.) und **„Über das glückselige Leben – *De vita beata*"** und schließlich **„Von der Seelenruhe – *De tranquillitate animi*"** (dial. 9). In die Spätzeit Senecas gehören die beiden Dialoge **„Über die Muße – *De otio*"** und **„Über die Vorsehung – *De providentia*"**. Die 124 **„Briefe an Lucilius über Ethik – *Ad Lucilium epistulae morales*"** aus den letzten Lebensjahren Senecas stellen sein Haupt-

werk und moralphilosophisches Vermächtnis dar. Obwohl die Briefe an einen konkreten Adressaten gerichtet sind, will Seneca in ihnen als Lehrer und Erzieher der Menschheit *(generis humani paedagogus:* epist. 89, 13) einen weiteren Personenkreis zur beständigen Einübung moralphilosophischer Einsichten anregen. Das Erziehungsprogramm ist grundsätzlich an den Lehren der Stoá orientiert, doch werden immer wieder im Sinne eines praxisorientierten Eklektizismus Vorschläge anderer Schulen, vor allem des Epikur, mit einbezogen.
Zur Umsetzung seines therapeutischen Konzepts setzt der Autor alle wirkungsvollen Kunstmittel aus der lateinischen Stilistik und Rhetorik ein: Bekannte Sinnsprüche (Sentenzen), Vergleiche (Metaphern), allgemein gültige Vorschriften *(decreta)* und konkrete Ratschläge *(praecepta)*. Seneca macht sich die kathartische (reinigende) Wirkung eindringlicher Bilder zunutze, „wie durch den Blick in einen Spiegel zur Selbsterkenntnis zu gelangen." (Erler)
Nach Senecas Tod blieb die Stoá im Geistesleben Roms einflussreich. Da sie auch gesellschaftspolitisch wirkte, kam es unter den Kaisern Vespasian (69–79 n. Chr.) und Domitian (81–96 n. Chr.) sogar zur Ausweisung stoischer Philosophen. Unter ihnen war u. a. der Grieche **Epíktetos** (ca. 55–135 n. Chr.), der nach seiner Verbannung aus Rom (88/89 n. Chr.) in Griechenland lehrte und von dem ein Abriss der stoischen Lehre in griechischer Sprache, das **„Handbüchlein"** (Ἐγχειρίδιον / Encheirídion) der stoischen Moral erhalten ist. Von ihm beeinflusst ist der „Philosophenkaiser" **Marcus Aurelius** (121–180 n. Chr., Kaiser ab 161), der an sich selbst gerichtete Meditationen, **„Selbstbetrachtungen"** (Εἰς ἑαυτόν / „Eis heautón") verfasste, eine Sammlung von stoisch orientierten Aphorismen.

Aurelius Augustinus *(354–430 n. Chr.)*

3

Augustinus, 354 im Thagaste in Nordafrika geboren, ist nicht nur der bedeutendste lateinische Kirchenvater, sondern bildet durch die Übernahme platonischen und neuplatonischen Gedankenguts einen abschließenden Höhepunkt der römischen Philosophie.
Nach einer ersten Ausbildung in seiner Heimat übernahm er im Jahre 375 in der Hauptstadt Karthago das Lehramt für Rhetorik, das er – auf der Suche nach einer persönlichen Gottesbegegnung und innerlich noch keineswegs gefestigt – bis 383 ausübte. In dieser Zeit neigte er zunächst den Manichäern zu, die eine dualistische Weltanschauung vertraten (ein Gott der Finsternis und ein Gott des Lichtes). Als er sich mit deren Anschauungen nicht mehr identifizieren konnte, trennte Augustinus sich von ihnen und nahm einen Ruf auf einen Lehrstuhl für Rhetorik in Rom an, wo er sich kurzzeitig der skeptischen Richtung der Neueren Akademie zuwandte. Aber schon wenige Monate später wurde er als Rhetorikprofessor *(magister rhetorum)* an die kaiserliche Residenzstadt Mailand berufen, wo er, nicht zuletzt auf Drängen und Vermittlung seiner Mutter Monika, dem Bischof Ambrosius begegnete. Von diesem gingen entscheidende Impulse für seinen weiteren Lebensweg aus, vor allem durch seine neuplatonisch geprägte Auslegung der göttlichen Offenbarung in der Hl. Schrift, die schließlich zur Bekehrung zum christlichen Glauben und zur Taufe zu Ostern des Jahres 387 führte. Er entsagte seinem Beruf und kehrte 388 in seine Heimat zurück.
Obwohl er ein Leben in Zurückgezogenheit anstrebte, konnte er sich dem Wirken in der katholischen Kirche Nordafrikas nicht entziehen: Bei einem Besuch der Küstenstadt Hippo Regius im Jahre 391 äußerte der dortige Bischof Valerius den Wunsch nach einem sprachkundigen Prediger, worauf die Gemeinde Augustinus in dieses Amt forderte und er zum Priester

geweiht wurde. Als wortgewandter Prediger wurde er 395 zum Mitbischof des Valerius geweiht und trat nach dessen Tod 396 seine Nachfolge an. Unermüdlich für die Sache des Glaubens kämpfend, übte er das Bischofsamt bis zu seinem Tod am 28. August 430 aus.

In seinem außerordentlich umfangreichen literarischen Schaffen widmete er sich zunächst Themen der antiken Philosophie (Ablehnung des akademischen Skeptizismus; **„Über das glückselige Leben – *De beata vita*"**). Die **„Selbstgespräche – *Soliloquia*"** und die Schrift **„Von der Unsterblichkeit der Seele – *De immortalitate animae*"** entwickeln die augustinische Seelenlehre, die Abhandlung **„Über den freien Willen – *De libero arbitrio*"** nimmt Stellung zur Herkunft des Bösen und dem Zusammenhang mit dem freien Willen.

Augustins berühmtes autobiografisches Werk **„Bekenntnisse – *Confessiones*"**, verfasst zwischen Ende 397 und 401 und schon zu Lebzeiten des Autors sein am meisten gelesenes Werk, will Gott loben und Begeisterung für Gott erwecken. Augustinus hatte auf seinem von manchen Sinnkrisen erschütterten Lebensweg bis zur Bekehrung im Jahre 386 alle Höhen und Tiefen eines jungen Menschenlebens mitgemacht. Er hatte die Verlockungen einer verführerischen Welt genauso wie intellektuell irreführende Weltanschauungen kennengelernt, bis er ein gottgeführtes Leben als Priester und Bischof beginnen konnte. In einer für die Antike einzigartigen Weise hat er das Zwiegespräch mit Gott über seinen bisherigen Lebensweg so wirkungsvoll nachgezeichnet, dass dieses Werk bis heute ein viel gelesenes Werk der Weltliteratur geblieben ist.

Gewaltige Nachwirkung erzielte ebenso das geschichtstheologische Werk **„Vom Gottesstaat – *De civitate Dei*"** in 22 Büchern (411–426) als Reaktion auf die Katastrophe der Eroberung Roms im Jahre 410 durch die Goten unter König Alarich. Im ersten Teil (Buch 1–10) rechnet Augustinus mit der heidnischen Götterwelt ab, der zweite Teil (Buch 11–22) stellt die Geschichte als fortwährenden Kampf zwischen der „Welt Gottes = *civitas Dei*" und der irdischen Welt, der „Welt des Teufels = *civitas diaboli*" dar.

Die Philosophie soll sich um Gott und die Seele kümmern, denn in der Gotteserkenntnis gelangt der Mensch zu seinem Ursprung und seiner Selbsterkenntnis. An die Stelle der platonischen Lehre von der Wiedererinnerung der Seele tritt bei Augustinus die von der „Einstrahlung Gottes" *(Deus autem est ipse, qui inlustrat* – sol. 1,12). Am Ende eines von Glauben und Gottesliebe geprägten Lebensweges steht nach dem leiblichen Tod als Endziel die ewige Glückseligkeit in der himmlischen Heimat und in der ewigen Anschauung Gottes.

Abb. 10: Benezzo Gozzoli, Der hl. Augustinus liest Rhetorik und Philosophie in Rom *(1465), S. Gimignano, Chiesa di S. Agostino*

SINNVOLLER UMGANG MIT DER ZEIT: *OTIUM – NEGOTIUM*

Abb. 11: Salvador Dalí, Profil der Zeit, *Bronzeskulptur (1984). © Salvador Dalí. Foundation Gala – Salvador Dalí / VBK, Wien, 2010*

1 text

Seneca, Epistulae morales 58, 22–24, gek.

„Alles fließt" als Prinzip der Vergänglichkeit

22 [...] Nemo nostrum idem est in senectute, qui fuit iuvenis; nemo nostrum est idem mane, qui fuit pridie[1]. Corpora nostra rapiuntur[2] fluminum more. Quidquid vides, currit cum tempore; nihil ex iis, quae videmus, manet; ego ipse, dum loquor mutari ista, mutatus sum.

23 Hoc est, quod ait Heraclitus: „In idem flumen bis[3] descendimus et non descendimus." Manet enim idem fluminis nomen, aqua transmissa[4] est. Hoc in amne manifestius[5] est quam in homine; sed nos quoque non minus velox cursus praetervehit[6], et ideo admiror dementiam nostram, quod tantopere[7] amamus rem fugacissimam[8], corpus, timemusque, ne quando moriamur, cum[9] omne momentum mors prioris habitus[10] sit: vis tu non timere[11], ne semel[12] fiat, quod cottidie fit!

24 De homine dixi, fluvida[13] materia et caduca[14] et omnibus obnoxia[15] causis. Mundus quoque, aeterna res et invicta[16], mutatur nec idem manet. Quamvis[17] enim omnia in se habeat, quae habuit, aliter habet quam habuit: ordinem[18] mutat.

22 **1 pridie**: am Vortag **2 rapior** 3M: h. dahingerissen werden, dahingetragen werden
23 **3 bis**: zweimal **4 transmissus** 3: vorbeigeflossen **5 manifestus** 3: deutlich **6 praeterveho** 3: h. vorantreiben **7 tantopere**: so sehr **8 fugax**, -acis: flüchtig, vergänglich **9 cum** concessivum **10 habitus**, -us m.: Zustand **11 vis tu non timere**: verneinter Imperativ **12 semel**: einmal

24 **13 fluvidus** 3: fließend, hinfällig **14 caducus** 3: vergänglich **15 omnibus obnoxia causis**: allen widrigen Umständen ausgesetzt **16 invictus** 3: h. unüberwindlich **17 quamvis** (+ coni.): wenn auch **18 ordo**, -inis m.: Anordnung

■ Kommentar 1

23 Heraclitus (Herákleitos) aus Ephesos (etwa 550–480 v. Chr.): jonischer Naturphilosoph (➤ Einleitung S. 76). Er sieht das Wesen der Welt in ewiger Veränderung und Bewegung („Alles fließt!") und in einer periodischen Erneuerung des Kosmos aus dem Urfeuer als dem Urgrund aller Dinge, der als göttliche Weltvernunft unvergänglich ist. Großer Einfluss auf Platon und die Stoiker.

■ Vertiefung 1

1 Fasse die Kernaussage des Textes zusammen: Was besagt das Heraklit-Zitat?

2 Reflexion: Welche Einstellung hast du zum Wandel der Zeit und zur Vergänglichkeit des Lebens?

2 text

Seneca,
Epistulae morales 1, 1–4, gek.

Einzig die Zeit gehört uns!

Seneca Lucilio suo salutem dicit.

1 Ita fac, mi Lucili: vindica[1] te tibi et tempus, quod adhuc auferebatur aut surripiebatur aut excidebat, collige et serva! Persuade tibi hoc sic esse, ut scribo: quaedam tempora eripiuntur nobis, quaedam subducuntur, quaedam effluunt. Turpissima tamen est iactura[2], quae per neglegentiam fit. Et, si volueris attendere[3], magna pars vitae elabitur male agentibus, maxima <pars> nihil agentibus, tota vita aliud[4] agentibus.

2 […] Fac ergo, mi Lucili, quod te facere scribis: omnes horas complectere[5]! Sic fiet, ut minus ex die crastino pendeas[6], si diei hodierno manum inieceris[7]. Dum differtur[8] vita, transcurrit.

3 Omnia, Lucili, aliena[9] sunt, tempus tantum nostrum est. […]

1 **1 vindico** 1: freimachen **2 iactura**, -ae: Verlust **3 si volueris attendere**: wenn du achtgibst; volueris: Futur II von *velle* **4 aliud**: h. Belangloses

2 **5 complector** 3: h. nützen **6 pendeo** 2 (ex + abl.): abhängig sein … von **7 manum inicere**: sich widmen **8 differo**, -ferre: aufschieben

3 **9 alienus** 3: h. fremdbestimmt

Abb. 12: Salvador Dalí, Die Beständigkeit der Erinnerung *(auch: Die zerrinnende Zeit oder Die weichen Uhren) – The Persistence of Memory, Ölgemälde (1931), New York, Museum of Modern Art. © Salvador Dalí. Foundation Gala – Salvador Dalí / VBK, Wien, 2010*

■ Vertiefung 2

1 Wie klassifiziert Seneca den Zeitverlust? Welche Verben werden hiefür verwendet?

2 Wie könnte der Mensch dem Zeitverlust gegensteuern?

Seneca,
dial. 10 (= De brevitate vitae), 14 f., gek.

Sinnerfülltes *otium*

Der Dialog **„Von der Kürze des Lebens – *De brevitate vitae*"** geht von der Tatsache aus, dass sich alle Menschen über die Kürze des Lebens beklagen. Seneca legt zunächst dar, was die Menschen daran hindert, die ihnen zur Verfügung stehende Lebenszeit wirklich zu nützen und echte Muße *(otium)* zu finden (c. 1). Er kommt zu dem paradoxen Ergebnis, dass gerade das Leben der am meisten beschäftigten Menschen am kürzesten ist (c. 2–9). Demgegenüber weist der Autor nach, dass das *otium* nutzbringend und sittlich gut ist (c. 10,1). Der Adressat Paulinus hat sich also mit Recht aus der öffentlichen Tätigkeit in das *otium* zurückgezogen (c. 10, 2–20).

In den c. 14–15 weist Seneca die Nützlichkeit des *otium* am Beispiel der großen griechischen Philosophen und ihrer Schulen nach. (Zu den Hauptvertretern und ihren Lehren ➤ Einleitung S. 75 ff.)

14,1 Soli omnium otiosi sunt, qui sapientiae vacant[1], soli vivunt; nec enim tantum suam aetatem[2] bene tuentur[3]: omne aevum[4] suo adiciunt; quidquid annorum ante illos actum est, illis acquisitum est[5]. Nisi ingratissimi sumus, illi clarissimi sacrarum opinionum conditores[6] nobis nati sunt, nobis vitam praeparaverunt. Ad res pulcherrimas ex tenebris ad lucem erutas[7] alieno labore deducimur; nullo nobis saeculo interdictum est[8], in omnia <saecula> admittimur et, si magnitudine animi egredi humanae imbecillitatis angustias[9] libet[10], multum temporis est, per quod spatiemur[11].

14,2 Disputare cum Socrate licet, dubitare cum Carneade, cum Epicuro quiescere, hominis naturam cum Stoicis vincere, cum Cynicis excedere[12]. Cum rerum natura in consortium[13] omnis aevi patiatur[14] incedere, quidni[15] ab hoc exiguo[16] et caduco[17] temporis transitu nos toto animo in illa[18] demus, quae immensa, quae aeterna sunt, quae cum melioribus communia? […]

14,5 Hos <homines> in veris officiis morari putamus, qui Zenonem, qui Pythagoram cotidie et Democritum ceterosque antistites[19] bonarum artium, qui Aristotelem et Theophrastum volent habere quam familiarissimos[20]. Nemo horum non[21] vacabit, nemo non venientem ad se beatiorem,

14,1 **1 sapientiae vacare**: für die Philosophie Zeit haben **2 aetas**, -atis f.: Lebenszeit **3 tueor** 2: betrachten **4 aevum**, -i: Zeitalter **5 acquiro** 3, -quisivi, -quisitum: dazugewinnen **6 conditor**, -oris m.: Schöpfer **7 eruo** 3, erui, erutum: hervorholen **8 nullo nobis saeculo interdictum est**: von keinem Zeitalter sind wir ausgeschlossen **9 humanae imbecillitatis angustiae**: die Schwierigkeiten menschlicher Schwäche **10 libet** 2 (unpers.): es gefällt **11 spatior** 1: spazieren, schreiten

14,2 **12** <hominis naturam> **excedere**: hinter sich lassen **13 consortium**, -i: Gemeinschaft **14 patior** 3M: h. lassen **15 quidni nos demus?** (= coni. dubitativus): Warum sollen wir uns nicht begeben? **16 exiguus** 3: winzig **17 caducus** 3: hinfällig **18 in illa**: in jene Bereiche

14,5 **19 antistes**, -itis m.: Meister **20 familiaris**, -e: vertraut **21 nemo … non** (= Litotes ➤ Stilmittel 6, S. 146): jeder

amantiorem[22] sui dimittit, nemo quemquam vacuis manibus a se abire patietur. Nocte conveniri[23], interdiu ab omnibus mortalibus possunt.

15,1 Horum nemo te mori coget, omnes <te mori> docebunt; horum nemo annos tuos conterit[24], suos <annos> tibi contribuit; nullius[25] ex his sermo periculosus erit, nullius amicitia capitalis[26], nullius sumptuosa[27] observatio[28]. Feres[29] ex illis, quidquid voles!

15,2 Quae felicitas, quam pulchra senectus illum manet, qui se in horum clientelam[30] se contulit[31]! Habebit <homines>, cum quibus de minimis maximisque rebus deliberet[32], quos de se cotidie consulat, a quibus audiat verum sine contumelia[33], laudetur sine adulatione[34], ad quorum similitudinem se effingat[35].

22 amantior sui: ein größerer Freund seiner **23 convenio** 4: h. aufsuchen, antreffen (lies: nocte <et> interdiu conveniri ... possunt)

15,1 **24 annos conterere**: h. die Jahre vergeuden **25 nullius** (= gen. obi.): mit keinem **26 capitalis**, -e: h. lebensbedrohlich **27 sumptuosus** 3: aufwendig **28 observatio**, -nis f.: Beachtung **29 fero**, ferre: h. bekommen

15,2 **30 clientela**, -ae: Gesellschaft **31 se conferre**: sich begeben **32 delibero** 1: sich beratschlagen **33 contumelia**, -ae: h. Beschämung **34 adulatio**, -onis f.: Schmeichelei **35 ad similitudinem se effingere**: sich nach dem Vorbild ausrichten

Kommentar 3

14,1 sacrarum opinionum conditores: Die Philosophen werden Religionsstiftern gleichgesetzt.

14,2 Karneades von Kyrene (um 216–129/8 v. Chr.): Schulhaupt der „Mittleren Akademie", die den skeptischen Standpunkt vertrat, dass man nicht das Wahre selbst, sondern nur das Wahrscheinliche erkennen könne. Karneades war Mitglied der athenischen Philosophengesandtschaft, die im Jahre 155 v. Chr. Rom besuchte (➤ Einleitung S. 81), und löste durch seine Vorträge Unruhe in den konservativen Senatorenkreisen aus.

14,5 Theophrastus aus Eresos (auf Lesbos, um 371–280 v. Chr.): engster Mitarbeiter und Freund des Aristoteles

***Abb. 13: P. P. Rubens, Vier Philosophen** (Seneca als Büste im Hintergrund rechts), Ölgemälde (1611–12), Florenz, Galleria Palatina*

Vertiefung 3

1. Wer allein lebt in Muße? Wie sieht die Lebensführung der *otiosi* aus?
2. Zu 14,2: Was besagen die Infinitive über die philosophische Methode der genanten Philosophen und deren Schulen?
3. Wie wirkt sich der Einfluss der Philosophen auf den Einzelnen aus?

4 text

Cicero,
De officiis 2, 2–6

Bewältigung von Lebenskrisen durch die Beschäftigung mit Philosophie

Im Jahr 44 v. Chr. verfasste Cicero drei Bücher **„Über die Pflichten – *De officiis*“**. Mit diesem Werk hinterlässt er seinem Sohn Marcus gleichsam sein philosophisches Vermächtnis. Die Schrift schließt sich eng an den Stoiker Panaitios von Rhodos (ca. 185/180–110/09 v. Chr.) an, der in dem Werk **„Über das pflichtgemäße Handeln – Περὶ τοῦ καθήκοντος** / perì toû kathékontos“ zu einer sittlich guten Lebensführung aufgefordert hatte.

Im vorliegenden Text begründet Cicero seine Beschäftigung mit Philosophie, vor allem während seiner erzwungenen politischen Abstinenz (➤ S. 7, 81).

2 Quamquam enim libri nostri complures <homines> non modo ad legendi, sed etiam ad scribendi studium excitaverunt[1], tamen interdum vereor[2], ne quibusdam bonis viris philosophiae nomen sit invisum[3] mirenturque[4] me in ea tantum operae[5] et temporis ponere. Ego autem, quamdiu[6] res publica per eos gerebatur, quibus se ipsa commiserat[7], omnes meas curas cogitationesque[8] in eam conferebam[9]; cum autem dominatu[10] unius omnia tenerentur neque esset usquam[11] consilio aut auctoritati locus, <cum> socios denique tuendae[12] rei publicae, summos viros, amisissem[13], nec me angoribus[14] dedidi, quibus essem confectus, nisi iis restitissem[15], nec rursum indignis[16] homine docto voluptatibus[17].

2 **1 excito** 1: anregen, ermutigen **2 vereor** 2: fürchten **3 invisus** 3: verhasst **4 miror** 1: sich wundern **5 tantum operae** (= gen. part.): so viel Mühe **6 quamdiu**: solange **7 se committere**: sich anvertrauen **8 cogitatio**, -nis f.: Denken; Gedanke **9 confero**, -ferre: h. verlegen **10 dominatus**, -us m.: Herrschaft **11 neque ... usquam** = et ... nusquam **12 tueor** 2: h. bewahren, schützen **13 amitto** 3, -misi: verlieren **14 angor**, -is m.: Angst **15 resisto** 3, restiti: sich widersetzen, Widerstand leisten **16 indignus** 3 (+ abl.): unwürdig **17 voluptas**, -tis f.: Lust, Genuss, Vergnügen

3 Atque utinam res publica stetisset, quo coeperat[18], statu[19] nec in homines non tam commutandarum[20] quam evertendarum[21] rerum cupidos incidisset[22]! Primum enim, ut stante re publica facere solebamus, in agendo plus quam in scribendo operae poneremus, deinde ipsis scriptis non ea, quae nunc, sed actiones nostras mandaremus, ut saepe fecimus. Cum autem res publica, in qua omnis mea cura, cogitatio, opera poni solebat, nulla esset omnino, illae scilicet[23] litterae conticuerunt[24] forenses et senatoriae[25].

3 **18 coepi**, coepisse: begonnen haben **19 status**, -us m.: Zustand **20 commuto** 1: verändern **21 everto** 3: zerstören **22 incido** 3, -cidi ... in: fallen ... auf **23 scilicet**: freilich **24 conticesco** 2, -ui: verstummen **25 litterae forenses et senatoriae**: Gerichts- und Senatsreden

4 Nihil agere autem cum animus non posset, in his studiis ab initio[26] versatus[27] aetatis existimavi honestissime molestias[28] posse deponi, si me ad philosophiam retulissem[29]. Cui cum multum adulescens discendi causa temporis tribuissem, posteaquam honoribus inservire[30] coepi meque totum rei publicae tradidi, tantum erat philosophiae loci, quantum superfuerat amicorum et rei publicae temporibus; id autem omne consumebatur[31] in legendo, scribendi otium non erat.

4 **26 ab initio aetatis**: von früher Jugend an **27 versor** 1, versatus sum: h. sich beschäftigen **28 molestia**, -ae: Ärger, Verdruss; Depression **29 se referre ad ...**: h. sich wieder widmen **30 honoribus inservire**: nach Staatsämtern streben **31 consumo** 3: aufbrauchen

5 Maximis igitur in malis hoc tamen boni assecuti[32] videmur, ut ea litteris mandaremus, quae nec erant satis nota nostris et erant cognitione[33] dignissima. Quid enim est, per deos, optabilius[34] sapientia, quid praestantius[35], quid homini melius, quid homine dignius? Hanc igitur qui expetunt, philosophi nominantur, nec quicquam aliud est philosophia, si interpretari velis, praeter studium sapientiae. Sapientia autem est, ut a veteribus philosophis definitum est, rerum divinarum aut humanarum causarumque, quibus eae res continentur[36], scientia; cuius studium qui vituperat[37], haud sane[38] intellego, quidnam sit, quod laudandum putet.

5 **32 assequor** 3, assecutus sum: erreichen **33 cognitio**, -nis f.: Kenntnis **34 optabilis**, -e: wünschenswert **35 praestans**, -tis: vortrefflich **36 contineri**: h. beruhen **37 vitupero** 1: tadeln **38 haud sane**: freilich nicht

6 Nam sive[39] oblectatio[40] animi quaeritur requiesque[41] curarum, quae conferri[42] cum eorum studiis potest, qui semper aliquid anquirunt[43], quod spectet et valeat ad bene beateque vivendum?
Sive ratio[44] constantiae[45] virtutisque ducitur[46], aut haec ars est aut nulla omnino, per quam eas assequamur.

6 **39 sive ... sive ...**: sei es, dass ..., sei es, dass ... **40 oblectatio animi**: geistiger Genuss **41 requies**, -tis f.: Erholung **42 conferre cum ...**: vergleichen mit ... **43 anquiro** 3: erforschen **44 ratio**, -nis f.: h. Lehre, Methode **45 constantia**, -ae: Charakterfestigkeit **46 ducitur**: (Die Philosophie) für ... gehalten wird

Kommentar 4

2 per eos ...: Gemeint sind der Senat und die nach bisherigem Verfassungsrecht gewählten Amtsträger des Staates in seiner demokratischen Form.

dominatu unius: Umschreibung der Diktatur Caesars

3 cum res publica ... nulla esset: Beschreibung der politischen Lage nach Caesars Ermordung, in der das Staatswesen im Machtkampf der gegeneinander antretenden Gruppen zugrunde zu gehen drohte

■ Vertiefung 4

1 Welche Einstellung der führenden politischen Kräfte Roms zur Philosophie lässt sich in der Einleitung des Textes feststellen?

2 **a** Was teilt Cicero über seine persönliche Beschäftigung mit der Philosophie mit?
b Was leistet die Philosophie konkret für die Bewältigung seiner Lebenskrise?
c Wie definiert er die Philosophie und ihre Leistungen?

WEGE ZUM GLÜCKSELIGEN, SINNERFÜLLTEN LEBEN

5 text

Erasmus von Rotterdam, Laus stultitiae 30, gek.

Nur Torheit führt zum Glück!

***Abb. 14:** Hans Holbein d. J., Erasmus von Rotterdam, Ölgemälde (1523), Paris, Louvre*

3

Der niederländische Humanist **Erasmus von Rotterdam** (1466/69–1536) trat nach einer hervorragenden Ausbildung in den Orden der Augustinerchorherrn ein und wurde 1492 zum Priester geweiht. Von 1492–1495 studierte er an der Pariser Universität Sorbonne Theologie, wurde aber im Gegensatz zu den Vertretern der dortigen Lehrmeinungen einer der schärfsten Verächter der nominalistischen Spätscholastik, die sich auf formales Argumentieren beschränkte. Auf seiner ersten Englandreise 1499/1500 knüpfte er Kontakte zu Vertretern des englischen Renaissance-Humanismus, die ihn auch mit den parallel entwickelten Ideen der Platonischen Akademie in Florenz vertraut machten. Er stand mit nahezu allen bedeutenden Herrschern und Persönlichkeiten des geistigen Lebens seiner Zeit in brieflicher Verbindung und vermittelte ihnen darin seine kritischen und reformfreudigen Anschauungen zu Themen der Theologie, Philosophie, Pädagogik und Politik. Sein vielfältiges und umfangreiches literarisches Schaffen weist ihn als einen der besten Kenner der Antike und einen der größten Vertreter humanistischer Gelehrsamkeit aus.

Auf der Rückreise aus Italien, wo er, bereits zu europäischer Bekanntheit gelangt, 1506 den Doktorgrad an der Universität Turin erwarb, entwarf er das bis heute berühmte Werk **„Lob der Torheit – *Laus Stultitiae*“**. Die „Torheit“ erscheint darin als unentbehrliche Grundvoraussetzung für das Zusammenleben der Menschheit. Mit ironischer Kritik an allzu starren moralphilosophischen Theorien behauptet Erasmus, die Welt könne ohne die Torheit nicht existieren, und wer vollkommen vernünftig und leidenschaftslos lebe, sei kein Mensch.

[...] Adeste igitur paulisper, Iovis filiae[1], dum ostendo nec ad egregiam illam sapientiam ac felicitatis, ut ipsi vocant, arcem aditum esse cuiquam nisi Stultitia[2] duce.

Iam primum illud in confesso est[3] affectus omnes ad Stultitiam pertinere. Quandoquidem[4] hac nota[5] a stulto sapientem discernunt[6], quod illum affectus, hunc ratio temperat[7]. Eoque[8] Stoici perturbationes omnes ceu[9] morbos a sapiente semovent[10], verum affectus isti non solum paedagogorum vice funguntur[11] ad sapientiae portum properantibus, verum etiam in omni virtutis functione[12] ceu calcaria[13] stimulique[14] quidam adesse solent, velut ad bene agendum exhortatores[15]. Quamquam[16] hic fortiter reclamat[17] bis[18] Stoicus Seneca, qui prorsum[19] omnem affectum adimit[20] sapienti. Verum cum id facit, iam ne hominem quidem relinquit, sed novum potius[21] Deum quendam δημιουργεῖ[22], qui nusquam nec exstitit umquam, nec exstabit: immo[23] ut apertius dicam, marmoreum hominis simulacrum constituit, stupidum[24] et ab omni prorsus humano sensu alienum.

Quis enim non istiusmodi hominem ceu portentum ac spectrum[25] fugitet horreatque, qui ad omnes naturae sensus obsurduerit[26], qui nullis sit affectibus[27] nec amore nec misericordia magis commoveatur; [...] qui solus se ipso sit contentus, solus dives, solus sanus, solus rex, solus liber, breviter[28] omnia solus, sed suo solius iudicio; qui nullum moretur[29] amicum, ipse amicus nemini, qui diis quoque ipsis non dubitet mandare laqueum[30]; qui, quidquid in omni vita geritur, velut insanum damnet rideatque? Atqui huiusmodi animal est absolutus[31] ille sapiens.

Quaeso, si res agatur suffragiis[32], quae civitas istiusmodi magistratum sibi velit, aut quis exercitus talem optet ducem? immo quae mulier id genus[33] maritum, quis con-

1 Iovis filiae = Musen **2 Stultitia**, -ae: (personifzierte) Torheit

3 in confesso esse: allgemein zugestanden werden (+ AcI) **4 quandoquidem**: denn ... ja **5 nota**, -ae: Merkmal **6 discernunt** (unpers. zu übersetzen): man unterscheidet

7 tempero 1: h. leiten **8 eo**: deshalb **9 ceu**: wie **10 semoveo** 2: trennen **11 paedagogorum vice fungi**: die Aufgabe von Erziehern erfüllen

12 functio, -nis f.: Ausübung **13 calcar**, -is n.: Sporn **14 stimulus**, -i: Stachel **15 exhortator**, -is m.: Ermunterer **16 quamquam**: indessen **17 reclamo** 1: laut widersprechen **18 bis Stoicus**: h. Über-Stoiker **19 prorsum**: geradezu **20 adimo** 3: h. absprechen

21 potius: eher **22 δημιουργεῖ** (demiurgeî): er schafft ➤ K **23 immo**: im Gegenteil

24 stupidus 3: stumpfsinnig **25 portentum ac spectrum**: Schreckenserscheinung

26 obsurdecsco 3, -dui: taub werden **27 affectibus**: abl. qualitatis

28 breviter: kurz gesagt **29 moror** 1: h. sich kümmern um **30 mandare laqueum**: den Strick drehen

31 absolutus 3: vollkommen **32 suffragium**, -i: Abstimmung

33 id genus: derartig

3

vivator[34] eiusmodi convivam[35], quis servus talibus moribus dominum vel optet vel ferat? Quis autem non malit vel unum quemvis de media stultissimorum hominum plebe, qui stultus stultis vel imperare possit vel parere, qui sui similibus placeat, sed quam plurimis, qui comis[36] sit in uxorem, iucundus amicis, bellus[37] conviva, convictor[38] facilis[39], postremo qui nihil humani a se alienum putet? Sed me quidem iam dudum istius sapientis piget.

34 convivator, -is m.: Gastgeber **35 conviva**, ae m.: Gast

50 **36 comis**, -e: freundlich **37 bellus** 3: nett **38 convictor**, -is: Gesellschafter **39 facilis**, -e: umgänglich

Kommentar 5

22 δημιουργεῖ: ironische Anspielung auf den „Demiurgen“, den Weltschöpfer und -baumeister aus Platons Dialog ***„Timaios“***

54 nihil humani alienum putet: Zitat aus der Komödie „Der Selbstquäler – *Heautontimorúmenos*“ des römischen Dichters Terenz (2. Jh. v. Chr.), das schon in der Antike sprichwörtlich angewendet wurde, um Verständnis für menschliche Schwächen auszudrücken:

Ich bin ein Mensch, nichts Menschliches, glaube ich, liegt mir fern. – *Homo sum, humani nil a me alienum puto.*

Vertiefung 5

1. Wie beschreibt Erasmus die Lehre der Stoa von den Affekten? Was kritisiert er an der Auffassung Senecas?
2. Welche negativen Eigenschaften trägt der stoische „Ideal-Weise“ im 3. Absatz des Textes (Z. 28 ff.)?
3. In welchen Bereichen der menschlichen Gesellschaft ist der Weise nach der Ansicht des Erasmus im 4. Absatz des Textes (Z. 42 ff.) fehl am Platz?

3

6 text

Seneca,
Epistulae morales 23, 1–4, gek.

„Lerne dich zu freuen!“

Seneca ermuntert Lucilius, sich um wahre Freude zu bemühen.

1 [...] Ego vero aliquid, quod et mihi et tibi prodesse possit, scribam: [...] Ne gaudeas

2 vanis[1]! [...] Ad summa[2] pervenit, qui scit, quo gaudeat, qui felicitatem suam in aliena potestate non posuit. [...]

3 Hoc ante omnia fac, mi Lucili: disce gaudere! Existimas nunc me detrahere tibi multas voluptates, qui fortuita submoveo[3], qui spes, dulcissima oblectamenta[4], devitandas

2 **1 vanus** 3: nichtig, belanglos **2 ad summa** = ad summam laetitiam

3 **3 fortuita submovere**: Geschenke des Zufalls wegnehmen **4 oblectamentum**, -i: h. Ablenkung

esse[5] existimo? Immo contra[6]: nolo tibi umquam deesse laetitiam. Volo illam tibi domi[7] nasci: nascitur, si modo intra te ipsum fit. Ceterae hilaritates[8] non implent pectus: frontem remittunt[9], leves sunt, nisi forte tu
4 iudicas eum gaudere, qui ridet. [...] Mihi crede, verum gaudium res severa est!

5 devito 1: meiden **6 immo contra**: ganz im Gegenteil **7 domi**: im Inneren **8 hilaritas**, -atis f.: (oberflächliche) Heiterkeit **9 frontem remittere**: die Stirn glätten

Vertiefung 6

1 Welche Begriffe verwendet der Autor für „Freude“ bzw. „sich freuen“? Liste sie auf und untersuche ihre tiefere Bedeutung.

2 Was versteht Seneca unter wahrer Freude?

7 text

Seneca,
Dialogus 10 (= De brevitate vitae), 7, 1–3

Zeitverschwendung hektischer Manager

Die meisten Menschen beklagen sich über die Kürze der Lebenszeit. An diesem Zustand sind sie selbst schuld, da ihre alltäglichen Tätigkeiten sie daran hindern, über die Zeit selbstbestimmend zu verfügen. Besonders anfällig dafür sind hektische Manager *(homines occupati)*, die sich oft als unfähig erweisen, die Zeit richtig zu nutzen, sondern sie noch dazu in verkommenem Lebenswandel verschwenden.

7,1 In primis autem et illos numero, qui nulli rei nisi vino ac libidini vacant[1]; nulli enim turpius occupati[2] sunt. Ceteri etiam si vana gloriae imagine teneantur, speciose[3] tamen errant; licet[4] avaros mihi, licet iracundos enumeres vel odia exercentes vel iniusta bella, omnes isti virilius[5] peccant: in ventrem[6] ac libidinem proiectorum[7] inhonesta tabes[8] est.

7,2 Omnia istorum tempora excute[9], aspice, quam diu computent[10], quam diu insidientur[11], quam diu timeant, quam diu colant, quam diu colantur, quantum vadimonia[12] sua atque aliena occupent[13], quantum convivia, quae iam ipsa officia sunt: videbis, quemadmodum illos respirare non sinant vel mala sua vel bona.

7,3 Denique inter omnes convenit[14] nullam rem bene exerceri posse ab homine occupato, non eloquentiam, non liberales disciplinas[15], quando[16] districtus[17] animus nihil altius recipit, sed omnia velut inculca-

7,1 **1 vaco** 1: Zeit haben **2 occupatus** 3: beschäftigt **3 speciosus** 3: blendend **4 licet** (+ coni.): wenn auch **5 virilius**: auf männlichere Art **6 venter**, -tris m.: Bauch; h. Völlerei **7 proiectus** 3: hingerissen zu **8 tabes**, -is f.: Krankheit, Verfall

7,2 **9 excutio** 3M: h. untersuchen **10 computo** 1: rechnen **11 insidior** 1: auf eine günstige Gelegenheit warten **12 vadimonium**, -i: Gerichtstermin **13 occupo** 1: h. beanspruchen

7,3 **14 convenit**: es herrscht Übereinstimmung **15 liberales disciplinae**, -arum: Wissensfächer **16 quando**: zumal da **17 districtus** 3: zerrissen, überbeansprucht

Abb. 15: Hektik an der New Yorker Börse

ta[18] respuit[19]. Nihil minus est hominis[20] occupati quam vivere: nullius rei difficilior scientia est. Professores aliarum artium vulgo[21] multique sunt, quasdam vero ex his pueri admodum ita[22] percepisse[23] visi sunt, ut etiam praecipere[24] possent: vivere tota vita discendum est et, quod maxime fortasse miraberis, tota vita discendum est mori.

18 inculcatus 3: hineingestopft **19 respuo** 3: wieder ausspeien **20 nihil minus est hominis**: nichts versteht ein Mensch weniger **21 vulgo**: überall **22 admodum ita**: bereits so sehr **23 percipio** 3M: begreifen **24 praecipio** 3M: lehren

■ Kommentar 7

liberales disciplinae: ➤ Einleitung S. 81

El text

Epitaph des Rupert Streicher,
Inschrift im Sacellum des alten Salzburger Universitätsgebäudes

Die Lebensweisheit eines Arztes – Epitaph des Rupert Streicher

***Abb. 16: Epitaph des Rupert Streicher,** Inschrift im Sacellum des alten Salzburger Universitätsgebäudes, Ecke Hofstallgasse/Karajan-Platz*

Lies und trauere, Wanderer!

Es liegt hier der edle und hervorragende Rupert Streicher aus Salzburg, zweier großer Fürsten von Salzburg Ratsherr. Verlangst du darüber hinaus zu wissen, wie er war? Erfahre es kurz: Seine ganze Anlage war es, gut zu sein. Niemand bat ihn, ohne dass er ihm Gutes tat. Während er sich durch klugen Rat, erfolgreiche Heilung um eine Mehrzahl verdient machte, tauschte er ein arbeitsam verrichtetes Leben schließlich mit geruhsamem Frieden im Jahre 1687, seinem 58. Lebensjahr. Er ruht, der eben noch 37 Jahre sich für das Vaterland abmühte. Du, Wanderer, erbitte für ihn ewige Ruhe, und von einem Arzt lerne die wahrhaftigste Lebensweisheit: Wir sterben für die Zeit, werden geboren für die Ewigkeit. Lebe wohl und gehe hin, eingedenk des Todes. Die Kunst der Künste ist sterben zu wissen.

Vertiefung 7

1 **a** Welche Gruppen von *homines occupati* führt Seneca an?
b Was steckt hinter ihrem Fehlverhalten?
c Welche Einsicht kann sie vor ihrer Zeitverschwendung retten?

2 Zitiere die Kernaussage des Seneca-Textes (➤ T 3.7, S 95 f.) und vergleiche sie mit der Lebensweisheit des Arztes (➤ ET 1).

FORMEN DER LEBENSBEWÄLTIGUNG

8 text

Cicero,
Laelius de amicitia 20; 22, gek.

Der Wert der Freundschaft

20 Est enim amicitia nihil aliud nisi[1] omnium divinarum humanarumque rerum cum benivolentia[2] et caritate[3] consensio[4]; qua[5] quidem haud scio an[6] excepta sapientia nihil[6] melius homini sit a dis immortalibus datum. [...] Haec ipsa virtus amicitiam et gignit et continet nec sine virtute amicitia esse ullo pacto[7] potest. [...]

22 Amicitia tantas opportunitates[8] habet, quantas vix queo[9] dicere. Principio[10] qui[11] potest esse ,vita vitalis'[12], ut ait Ennius, quae non in amici mutua[13] benevolentia conquiescit[14]? Quid dulcius quam habere, quicum[15] omnia audeas sic loqui ut tecum? Qui esset tantus fructus in prosperis rebus[16], nisi haberes[17], qui illis aeque ac[18] tu ipse gauderet? Adversas[19] vero ferre difficile esset sine eo, qui illas gravius etiam quam tu ferret; denique ceterae res, quae expetuntur[20], opportunae[21] sunt singulae rebus fere singulis[22]: divitiae, ut utare[23], opes, ut colare[23], honores, ut laudere[23], voluptates[24], ut gaudeas, valetudo, ut dolore careas et muneribus fungare[23] corporis. Amicitia res plurimas continet; quoquo[25] te verteris, praesto est[26], nullo loco excluditur, numquam intempestiva[27], numquam mo-

20 **1 nihil aliud nisi**: nichts anderes als **2 benivolentia**, -ae: Wohlwollen **3 caritas**, -tis f.: Wertschätzung **4 consensio**, -nis f.: Übereinstimmung **5 qua** = rel. Anschluss zu *consensio*; abl. comp. **6 haud scio an**: ich weiß nicht, ob = vielleicht **7 nec ... ullo pacto**: und keinesfalls

22 **8 opportunitas**, -tis f.: Annehmlichkeit **9 queo** = possum **10 principio**: zunächst **11 qui**: wie? **12 vitalis**, -e: lebenswert **13 mutuus** 3: gegenseitig **14 conquiesco** 3: Ruhe finden **15 quicum** = cum quo **16 prosperae res**: Glück **17 haberes**: sc. aliquem **18 aeque ac**: im gleichen Ausmaß wie **19 adversas**, sc. res: Unglück **20 expeto** 3: erstreben **21 opportunus** 3: dienlich **22 rebus fere singulis**: meist nur für einzelne Zwecke **23 utare ... colare ... laudere ... fungare**: Kurzformen für utaris ... colaris ... lauderis ... fungaris **24 voluptas**, -tis f.: sinnliche Lust **25 quoquo**: wohin immer **26 praesto esse**: gegenwärtig sein **27 intempestivus** 3: ungelegen

3

lesta est; itaque non aqua, non igni, ut aiunt, locis pluribus utimur quam amicitia. Neque ego nunc de vulgari[28] aut de mediocri[29], quae tamen ipsa et delectat et prodest, sed de vera et perfecta loquor, qualis eorum, qui pauci nominantur[30], fuit. Nam et secundas res splendidiores[31] facit amicitia et adversas partiens[32] communicansque[33] leviores.

28 vulgaris, -e: allgemein üblich **29 mediocris**, -e: gewöhnlich **30 qualis eorum, qui pauci nominantur**: wie <die Freundschaft> der wenigen, deren Namen man nennt **31 splendidus** 3: glanzvoll **32 partior** 4: aufteilen **33 communico** 1: mitteilen

Kommentar 8

20 est enim ...: Definition der idealen Freundschaft, die Cicero dem wichtigsten Gesprächspartner seines Dialogs ***„Laelius de amicitia"*** in den Mund legt. **C. Laelius** (ca. 190–129 v. Chr.), Freund des jüngeren Scipio, des Eroberers von Karthago (146 v. Chr.), setzte sich in dessen Umgebung (dem sog. „Scipionenkreis") intensiv mit griechischer Philosophie, besonders der Stoa, auseinander, was ihm den Beinamen *„Sapiens"* eintrug. Er gilt – nicht zuletzt durch Ciceros Vermittlung – als herausragender Repräsentant von römischer *virtus* und Freundschaft.

omnium divinarum et humanarum rerum: „polare" Ausdrucksweise, die durch die gemeinsame Nennung der gegensätzlichen Pole eine alles einschließende Gesamtheit bezeichnet

22 qui potest ... quid dulcius ... qui esset ...?: rhetorische Fragen zur gedanklichen Anregung

vita vitalis: alliterierendes Wortspiel *(Annominatio)* in der Sonderform einer *figura etymologica* (Wiederholung des substantivischen Wortstamms *vita* im Adjektiv *vitalis)*

ut ait Q. Ennius: Der Dichter Q. Ennius (239–169 v. Chr.), aus Rudiae in Kalabrien stammend, übertrug griechische Tragödien und Komödien frei ins Lateinische und schrieb auch Dramen römischen Inhalts *(fabulae togatae).* Er gilt durch sein erstmals in Hexametern verfasstes, nur bruchstückhaft erhaltenes Epos *„Annales"*, einer römischen Geschichte von den Anfängen Roms bis zu seiner Zeit, als der eigentliche Schöpfer des historischen römischen Epos.

neque ego de vulgari aut de mediocri ... sed de vera perfectaque: Laelius meint damit die landläufige Freundschaft innerhalb der ungebildeten Menge im Gegensatz zur geringen Zahl der *sapientes*.

et delectat et prodest: Die Abwertung der „gewöhnlichen" Freundschaft wird im nachfolgenden Relativsatz gemildert, in der ihr Laelius durchaus auch eine erfreuliche und nützliche Wirkung zugesteht. Bekannt ist das Begriffspaar *delectare – prodesse* auch in der Zweckbestimmung der Dichtung bei Horaz, *„Ars poetica"* 333 f.

3

E2 text

Sebastian Brant,
Das Narrenschiff
(Moralsatire, Basel 1494)

Von wahrer Freundschaft

Wer Gewalt und Unrecht einem Mann
antut, der Leid ihm nie getan,
da stoßen sich zehn andre dran.
[...]

Wer einem Freund ein Leid antut,
der Hoffnung, Treu und Mut
allein gesetzet hat auf ihn,
der ist ein Narr und ohne Sinn.
Es gibt nicht mehr ein Freundespaar,
wie Jonathan und David war,
Patroklos und Achill dabei,
Orest und Pylades, die zwei,
wie Demades und Pythias
oder der Schildknecht Saulis war
und Scipio und Laelius, die beiden.
Wo Geld gebricht, muß Freundschaft scheiden;
die Nächstenliebe so weit nicht geht,
wie im Gesetz geschrieben steht:
Der Eigennutz vertreibt das Recht,
die Freundschaft, Lieb', Sippschaft, Geschlecht;
es lebt jetzt keiner Moses gleich,
an Nächstenlieb wie dieser reich.
[...]

***Abb. 17: Albrecht Dürer, Holzschnitt** zu **Sebastian Brant, Von wahrer Freundschaft**, in: „Das Narrenschiff", Basel 1494*

Vertiefung 8

1 Wie definiert Cicero die Freundschaft?

2 Was leistet die *virtus* für die Freundschaft?

3 Welche Vorteile bietet die Freundschaft?

4 Wodurch zeichnet sich die „ideale" Freundschaft aus?

5 Welche Gefährdungen für echte Freundschaft stellt Sebastian Brant fest (➤ ET 2)?

9 text

Seneca,
Epistulae morales 28, 1–5; 7; 9 f., gek.

Problemverdrängung durch Reisen?

Seneca Lucilio suo salutem

1 Hoc tibi soli putas accidisse et admiraris quasi rem novam, quod peregrinatione tam longa et tot locorum varietatibus non discussisti tristitiam gravitatemque[1] mentis. Animum debes mutare, non caelum! Licet[2] vastum traieceris[3] mare, [...] sequentur te, quocumque perveneris, vitia.
2 Hoc idem querenti cuidam Socrates ait: „Quid miraris nihil tibi peregrinationes prodesse, cum te circumferas? Premit te

1 **1 gravitas mentis**: Schwermut **2 licet / licebit** (+ coni.): mag auch **3 traicio** 3M, -ieci: h. überqueren

eadem causa, quae expulit." Quid terrarum iuvare novitas potest? Quid cognitio urbium aut locorum? In irritum cedit[4] ista iactatio[5]! Quaeris, quare te fuga ista non adiuvet: Tecum fugis! Onus animi deponendum est: non ante[6] tibi ullus placebit locus.

3 [...] Vadis huc illuc, ut excutias insidens[7] pondus, quod ipsa iactatione iancommodius fit, sicut in navi onera immota[8] minus urgent, inaequaliter convoluta[9] citius eam partem, in quam incubuere[10], demergunt. Quidquid facis, contra te facis, et motu[11] ipso noces tibi: Aegrum enim concutis!

4 At cum istud malum exemeris, omnis mutatio loci iucunda fiet. Licebit in ultimas terras expellaris, in quolibet angulo barbariae colloceris, hospitalis tibi qualiscumque sedes erit. *Es ist wichtiger, wer du bist, wenn du ankommst, als wohin du gelangst, und deshalb dürfen wir unser Herz keinem Ort zueignen.* Cum hac persuasione vivendum est: „Non uni angulo natus sum, patria
5 mea totus hic mundus est." Quod si tibi liqueret[12], non admirareris te nihil adiuvari varietatibus regionum, in quas subinde[13] priorum <regionum> taedio[14] migras; prima enim quaeque[15] placuisset, si omnem tuam crederes. Nunc non peregrinaris, sed erras et ageris ac locum ex loco[16] mutas, cum[17] illud, quod quaeris, bene vivere, omni loco positum sit[18]. [...]

7 Dissentio ab his, qui in fluctus medios eunt et tumultuosam probantes[19] vitam cottidie cum difficultatibus rerum magno animo conluctantur[20]. [...] Non multum prodest vitia sua proiecisse, si cum alienis rixandum est[21]. [...]

9 Tempus est desinere, sed si prius portorium solvero[22]: „Initium est salutis notitia peccati." Egregie mihi hoc dixisse videtur Epicurus. Nam qui peccare se nescit, corrigi non vult; deprehendas[23] te oportet[24],
10 antequam emendes[25]. Quidam vitiis gloriantur: tu existimas aliquid de remedio co-

2 **4 in irritum cedere**: erfolglos bleiben **5 iactatio**, -onis f.: Hin und Her **6 ante** = antea

3 **7 insidens**, -entis: drückend **8 onera immota**: festgebundene Fracht **9 inaequaliter convoluta** <onera>: ungleich verstaute Fracht **10 incubuere** = incubuerunt; incumbo 3, -cubui: h. sich verlagern **11 motus**, -us m.: h. Unrast

Abb. 18: Himmel über Palmen

5 **12 liquet** 2: klar sein **13 subinde**: immer wieder **14 taedium**, -i: Ekel **15 prima quaeque**: die erstbeste **16 locum ex loco**: einen Ort nach dem anderen **17 cum** concessivum **18 positum esse**: h. möglich sein

7 **19 probo** 1: billigen **20 conluctor** 1: ringen, kämpfen **21 rixor** 1: hadern, raufen

9 **22 portorium solvere**: Hafenzoll entrichten **23 deprehendo** 3: ertappen **24 oportet** (+ coni.): es ist nötig, dass ...

10 **25 emendo** 1: sich bessern

gitare <eos>, qui mala sua virtutum loco numerant? Ideo, quantum potes, te ipse coargue[26], inquire in te: accusatoris primum partibus fungere[27], deinde iudicis, novissime deprecatoris[28]. Aliquando te offende! Vale.

26 coarguo 3: überführen, h. beschuldigen **27 partibus fungi**: die Rolle spielen **28 deprecator**, -is m.: Fürsprecher

Kommentar 9

9 Epicurus aus Samos (342–270 v. Chr.): ➤ Einleitung S. 79. – Die Briefe 2–29 beschließt Seneca fast ausnahmslos mit einem Zitat aus Epikur. Damit beabsichtigt er, seinem Briefpartner auch Gedanken dieser philosophischen Richtung zu vermitteln und ihn zum Nachdenken darüber anzuregen.

Vertiefung 9

1 Betrachte Senecas „Methode“ zu philosophieren: Wie ist der Brief gegliedert?

2 Belege die Kernaussagen des Briefes mit pointierten Zitaten: Welche Einstellung hat Seneca zu Reisen bzw. Ortswechseln?

3 Mit welcher Metapher beschreibt der Autor das Reisen unter psychischer Belastung?

4 Welches deutsche Sprichwort entspricht dem Epikur-Zitat am Ende des Briefes? Was will der Autor damit verdeutlichen?

5 Aktualisierung: Mit welchen Anreizen animieren Reiseveranstalter heutzutage ihre Kunden? Stimmen ihre Werbestrategien mit Senecas Ansicht überein?

6 Reflexion: Mit welchen Erwartungen gehst du auf Reisen?

10 text

Seneca,
Epistulae morales 7, 1–6; 8, gek.

Verrohung des Menschen in der Masse

1 Quid tibi praecipue[1] vitandum sit, quaeris. – Turbam[2]! […] Ego certe confitebor imbecillitatem[3] meam: numquam mores, quos extuli, refero. Aliquid ex eo, quod composui, turbatur[4]; aliquid ex iis, quae fugavi[5], redit. […]

1 **1 praecipue**: vor allem **2 turba**, -ae: Volksmasse **3 imbecillitas**, -tis f.: Schwäche **4 turbo** 1: durcheinander bringen **5 fugo** 1: verjagen, verscheuchen

2 Inimica est multorum conversatio[6]: Quo[7] maior est populus, cui miscemur, hoc[7] periculi plus est. […] Nihil vero tam damnosum[8] <est> bonis moribus quam in aliquo spectaculo desidere[9]. Tunc enim per voluptatem facilius vitia subrepunt[10].

2 **6 conversatio**, -nis f.: Umgang **7 quo … hoc**: je … desto **8 damnosus** 3: verderblich, schädlich **9 desideo** 2: müßig dasitzen **10 subrepo** 3: sich (heimlich) einschleichen

3 Quid me existimas dicere? Avarior[11] redeo, ambitiosior[12], luxuriosior, immo vero crudelior et inhumanior, quia inter homines

3 **11 avarus** 3: habgierig, unersättlich **12 ambitiosus** 3: ehrgeizig

fui. Casu[13] in meridianum spectaculum incidi lusus[14] exspectans et sales[15] et aliquid laxamenti[16], quo hominum oculi ab humano cruore acquiescant[17]. Contra est: Quidquid ante pugnatum est, misericordia[18] fuit. Nunc omissis[19] nugis[20] mera homicidia[21] sunt: <gladiatores> nihil habent, quo tegantur. Ad ictum[22] totis corporibus expositi numquam frustra manum mittunt[23].

13 casu: zufällig **14 lusus**, -us m.: Scherz **15 sal**, -is m.: h. Witz, Spott **16 laxamentum**, -i: Erholung, Entspannung **17 acquiesco** 3: zur Ruhe kommen **18 misericordia**, -ae: Barmherzigkeit **19 omitto** 3, -misi, -missum: aufgeben, sein lassen **20 nugae**, -arum: h. Possen **21 merum homicidium**: reiner Menschenmord **22 ictus**, -us m.: Hieb **23 manum mittere**: (mit der Hand) zuschlagen

4 Hoc plerique ordinariis paribus[24] et postulaticiis praeferunt. Quidni[25] praeferant? Non galea[26], non scuto[27] repellitur ferrum. Quo[28] munimenta? Quo artes[29]? Omnia ista mortis morae sunt. Mane leonibus et ursis homines, meridie spectatoribus suis obiciuntur. Interfectores[30] interfecturis iubent[31] obici et victorem in aliam caedem detinent. Exitus pugnantium mors est: Ferro et igne res geritur. Haec fiunt, dum vacat[32] harena.

4 **24 ordinarii et postulaticii pares**: übliche und (vom Publikum) geforderte (weil professionelle) Kampfpaare **25 quidni**: warum nicht **26 galea**, -ae: Helm **27 scutum**, -i: Schild **28 quo**: wozu? **29 ars**, -tis f.: h. Fechtkunst **30 interfector**, -oris m.: Schlächter, Mörder; interfecturus 3 (= PFA): künftiger Mörder **31** sc. als Subjekt: **spectatores iubent** **32 vaco** 1: leer sein

5 „Sed latrocinium[33] fecit aliquis, occidit hominem." – Quid ergo? Quia occidit, ille meruit[34], ut hoc pateretur? Tu quid meruisti miser, ut hoc spectes? „Occide, verbera[35], ure[36]! Quare tam timide incurrit in ferrum? Quare parum[37] audacter occidit? Quare parum libenter moritur? Plagis[38] agatur in vulnera, mutuos[39] ictus[40] nudis et obviis pectoribus[41] excipiant!" – Intermissum est[42] spectaculum: interim iugulentur[43] homines, ne nihil agatur! [...]

5 **33 latrocinium**, -i: Raub **34 mereo** 2, -ui: verdienen **35 verbero** 1: schlagen, zuhauen **36 uro** 3: verbrennen **37 parum**: zu wenig **38 plaga**, -ae: h. Schwertstoß **39 mutuus** 3: gegenseitig **40 ictus**, -us m.: Hieb **41 obvium pectus**, -oris n.: ungeschützte Brust **42 intermitto** 3, -misi, -missum: unterbrechen **43 iugulo** 1: abschlachten

6 Subducendus[44] populo est tener[45] animus et parum tenax recti[46]. Facile transitur ad plures. Socrati et Catoni et Laelio excutere[47] morem suum dissimilis[48] multitudo potuisset! Adeo[49] nemo nostrum, qui cum maxime concinnamus[50] ingenium, ferre impetum vitiorum tam magno comitatu venientium potest. [...]

6 **44 subduco** 3: entziehen **45 tener** 3: h. labil **46 tenax recti**: für das sittlich Richtige gefestigt **47 excutio** 3M: vertreiben, austreiben **48 dissimilis**, -e (konzessiv): sogar eine andere (nicht so verrohte) Masse **49 adeo**: erst recht **50 qui ... concinnamus ingenium**, ... = die wir gerade jetzt unsere Persönlichkeit formen, ...

8 [...] Recede[51] in te ipsum, quantum potes! Cum his versare[52], qui te meliorem facturi sunt, illos admitte, quos tu potes facere meliores. Mutuo[53] ista fiunt, et homines, dum docent, discunt.

8 **51 recedo** 3: h. sich zurückziehen **52 versor** 1: verkehren **53 mutuo** (adv.): wechselseitig, gegenseitig

Kommentar 10

3 meridianum spectaculum: Gewöhnlich wurden vormittags Tierhetzen *(venationes)* abgehalten und dann während der Mittagspause harmlose, unterhaltsame Einlagen *(lusus, sales, nugae)* geboten.

4 postulaticis paribus: Berufsfechter, die namentlich bekannt waren und vom Publikum „verlangt" wurden

6 Socrates, Cato, Laelius: Seneca führt diese Männer als Beispiele vorbildhafter Charakterstärke an, meint jedoch, dass selbst sie sich der Massenpsychose bei Gladiatorenspielen kaum hätten entziehen können.

M. Porcius Cato Uticensis (95–46 v. Chr.): nahm sich als überzeugter Republikaner nach dem Sieg Caesars bei Thapsus als Kommandant der Stadt Utica das Leben

C. Laelius (ca. 190–129 v. Chr.): bedeutender Politiker und Redner, Freund des jüngeren Scipio, galt als Exemplum für ehrbare Tüchtigkeit und Freundschaft (➤ T 3.8, S. 97 f.)

***Abb. 19: Jean-Léon Gérôme, Pollice verso**, Historiengemälde aus dem Jahre 1872, in dem der Maler nach umfangreichen Studien in Pompeji den entscheidenden Moment im Ablauf des Kampfes wiedergibt: Die außer sich geratene Menge fällt mit dem Gestus des nach unten zeigenden Daumens das Todesurteil über den unterlegenen Kämpfer. Phoenix Art Gallery (Arizona)*

Vertiefung 10

1. Der vorliegende Brief ist ein Musterbeispiel für Senecas Methode zu philosophieren: Skizziere den gedanklichen Aufbau des Textes.
2. Wie wird die Masse gekennzeichnet?
3. Wie soll sich der Einzelne der Masse gegenüber verhalten?
4. Stilanalyse: Welche Stilmittel setzt der Autor ein? Was will er damit bezwecken? (➤ Stilmittel S. 146 ff.)

3

11 text

Seneca,
Epistulae morales 51, 1; 3–6, gek.

Meide die Verlockungen der Laster! – Über Ausschweifungen der Luxusgesellschaft

1 Quomodo quisque potest, mi Lucili: tu istic[1] habes Aetnam, excelsum ac nobilissimum Siciliae montem, […] nos, utcumque possumus[2], contenti sumus Bais, quas postero die, quam[3] attigeram[4], reliqui, locum ob hoc devitandum[5], cum[6] habeat quasdam naturales dotes[7], quia illum sibi celebrandum[8] luxuria[9] desumpsit.

3 Itaque <sapiens vir> de secessu[10] cogitans numquam Canopum eliget, quamvis neminem Canopus esse frugi[11] vetet, ne Baias quidem: deversorium[12] vitiorum esse coeperunt. Illic sibi plurimum luxuria permittit[13], illic, tamquam aliqua licentia[14] debeatur loco, magis solvitur[15].

4 Non tantum corpori, sed etiam moribus salubrem[16] locum eligere debemus. Quemadmodum inter tortores[17] habitare nolim, sic ne inter popinas[18] quidem. Videre ebrios[19] per litora errantes et comessationes navigantium[20] et symphoniarum cantibus strepentes[21] lacus […] – quid necesse est?

5 Id agere debemus, ut irritamenta[22] vitiorum quam longissime profugiamus. Indurandus[23] est animus et a blandimentis[24] voluptatum procul abstrahendus. Una hiberna[25] Hannibalem solverunt[26] et indomitum illum nivibus[27] atque Alpibus virum enervaverunt[28] fomenta[29] Campaniae: Armis vicit, vitiis victus est!

6 Nobis quoque militandum est, et quidem genere militiae, quo numquam quies[30], numquam otium[31] datur: debellandae[32] sunt imprimis voluptates, quae, ut vides, saeva quoque ad se ingenia[33] rapuerunt. […]

1 **1 istic**: dort **2 utcumque possumus**: so gut wir es können **3 postero die, quam …** = die, post quam … **4 attingo** 3, attigi: h. ankommen **5 locum … devitandum**: ein Ort, der … gemieden werden muss **6 cum** concessivum **7 dotes**: Vorzüge **8 celebrandum**: zum Feiern **9 luxuria**, -ae: h. Luxusgesellschaft, Schickeria

3 **10 secessus**, -us m.: h. abgeschiedener, ruhiger Urlaubsort **11 esse frugi** (dat.; frux, frugis: Frucht): solide sein **12 deversorium**, -i: Sitz, Schlupfwinkel **13 sibi plurimum permittere**: sich sehr viel herausnehmen **14 licentia**, -ae: Zügellosigkeit **15 magis solvi**: h. stärker entfesselt werden

4 **16 saluber**, -bris, -e: heilbringend, gesundheitsfördernd, zuträglich **17 tortor**, -oris m.: Folterknecht **18 popina**, -ae: Beisel, Kneipe **19 ebrius** 3: betrunken **20 comessationes navigantium**: Gelage auf Segeljachten **21 symphoniarum cantibus strepere**: h. von lauter Musik dröhnen

5 **22 irritamentum**, -i: Verlockung **23 induro** 1: abhärten **24 blandimentum**, -i: Verlockung **25 hiberna**, -orum: Winterlager **26 solvo** 3: h. demoralisieren **27 nivibus indomitum**: vom Schnee unbezwungen **28 enervo** 1: schwächen, entkräften **29 fomenta**, -orum: „weiche Betten“, Komfort

6 **30 quies**, -etis f.: Ruhe **31 otium**, -i: h. Pause **32 debello** 1: niederringen, bekämpfen **33 saeva ingenia**: abgebrühte Naturen

Abb. 20: Jachthafen von Monaco – Luxus heute

Kommentar 11

1 **Baiae**, -arum (abl. Baiis od. Bais): in der Kaiserzeit ein mondäner Badeort am Golf von Neapel (Kampanien), berühmt durch seine herrliche Lage am Meer und durch die Heilkraft seiner Schwefelquellen, berüchtigt durch den luxuriösen und zügellosen Lebensstil seiner Gäste

3 **Canopus**, -i: Stadt an der westlichen Nilmündung, viel besuchtes Vergnügungszentrum der Bewohner der ägyptischen Hauptstadt Alexandria

5 **Hannibal** (247/6–183 v. Chr.): Der berühmte Feldherr der Punier im 2. Punischen Krieg (218–202 v. Chr.) setzte sich mit seinen Truppen nach dem Sieg über die Römer in der Schlacht von Cannae (216 v. Chr.) in Kampanien fest. Da sich die Römer in der Folgezeit auf keine weitere große Entscheidungsschlacht einließen, wurde Hannibal fern der afrikanischen Heimat zunehmend isoliert, während die Moral seiner Soldaten immer mehr sank. Inzwischen hatte der Konsul P. Cornelius Scipio eine neue römische Heeresmacht aufgestellt, mit der er 204 v. Chr. nach Afrika übersetzte. Hannibal wurde 203 v. Chr. nach Afrika zurückgerufen und unterlag schließlich den Römern 202 v. Chr. in der Schlacht von Zama.

Vertiefung 11

1 Senecas philosophische Schriften sind eine Fundgrube für sentenzenhafte Lebensweisheiten. Wähle aus dem vorliegenden Text mindestens zwei Beispiele dafür und kommentiere sie.

2 Erkläre die Kriegsmetapher in § 6.

3 Vergleiche die Ausführungen Senecas mit den Auswüchsen des Freizeit-Tourismus in unserer Zeit.

GRENZSITUATIONEN DES LEBENS: KRANKHEIT UND TOD

12 text

Seneca,
Epistulae morales 54, 4 f.; 7, gek.

Bewältigung von Krankheit und Tod
Tod heißt: nicht existieren

In der Einleitung des 54. Briefes berichtet Seneca von einem Asthmaanfall, der ihn zum Nachdenken über Krankheit und Tod veranlasst (1–2): Er kommt zur Überzeugung, dass er die auftauchenden Fragen nicht verdrängen darf, sondern sie geistig bewältigen muss: „Ich habe nicht aufgehört, mich an frohen und ermutigenden Gedanken zu beruhigen. – *Non desii cogitationibus laetis ac fortibus adquiescere*“ (3). Daran schließen die folgenden Überlegungen zum Tod *(meditatio mortis)* an.

4 Tam saepe mors experitur[1] me! Faciat! Ego illam diu expertus sum. – „Quando?“ inquis. – Antequam vel[2] nascerer. Mors est non esse. Id quale sit, iam scio: Hoc erit post me, quod ante me fuit. Si quid in hac re tormenti[3] est, necesse est etiam fuisse, antequam prodiremus in lucem[4]; atqui[5] nullam sensimus tunc vexationem[6].

5 Rogo, non stultissimum dicas[7], si quis existimet lucernae[8] peius esse, cum extincta est[9], quam antequam accenditur? Nos quoque et extinguimur et accendimur: medio illo tempore[10] aliquid patimur, utrimque[11] vero alta securitas est. In hoc enim, mi Lucili, nisi fallor[12], erramus, quod iudicamus mortem sequi, cum[13] illa et praecesserit[14] et secutura sit. Quidquid ante nos fuit, mors est. […]

7 Hoc tibi de me recipe: Non trepidabo[15] ad extrema, iam praeparatus sum, nihil cogito de die toto. Illum tu lauda et imitare, quem non piget[16] mori, cum[17] iuvet[18] vivere!

4 **1 experior** 4, expertus sum: erproben, auf die Probe stellen **2 vel**: h. sogar **3 tormentum**, -i n.: Qual, Pein **4 in lucem prodire**: in das Licht der Welt hinaustreten **5 atqui**: und doch **6 vexatio**, -nis f.: Qual

5 **7 stultum dicere**: töricht nennen; h. indirekter Fragesatz ohne Einleitung: ob **8 lucerna**, -ae: Öllampe **9 extinguo** 3, -tinxi, -tinctus: auslöschen **10 medio illo tempore**: h. in der Zwischenzeit **11 utrimque**: h. vorher und nachher **12 fallor** 3 (med.): sich täuschen **13 cum** adversativum **14 praecedo** 3, -cessi: vorangehen

7 **15 trepido** 1: sich ängstigen, zittern **16 piget** 2 (unpers.): es verdrießt **17 cum** concessivum **18 iuvat** 1 (unpers.): es macht Freude

■ Kommentar 12

5 mors est non esse: Vgl. dazu die Ansicht Epikurs, die er in seinen „Entscheidenden Lehrsätzen“ (**Κύριαι δόξαι** / Kyriai doxai, Nr. 2) niedergelegt hat:

> Der Tod geht uns nichts an; denn was sich aufgelöst hat, hat keine Empfindung. Was aber keine Empfindung hat, geht uns nichts an.

Bemerkenswert ist, dass der Stoiker Seneca wiederholt Epikur, den Begründer der gegnerischen Philosophenschule, zitiert. Zum römischen Eklektizismus ➤ Einleitung S. 81, 84.

7 **hoc tibi de me recipe**: Seneca eröffnet abschließend dem Briefpartner Lucilius gegenüber seine ganz persönliche Haltung zum Tod.

E3 text

Tacitus,
Annalen 15, 63 f., gek.

Seneca stand im Verdacht, an der Pisonischen Verschwörung gegen Nero maßgeblich beteiligt gewesen zu sein. Aus diesem Grund wurde er vom Prinzeps gezwungen, Selbstmord zu begehen (imperata mors).

Tacitus schildert den Tod des Philosophen Seneca

Danach öffneten sie (Seneca und seine Gattin Paulina) sich mit demselben Schnitt des Messers die Pulsadern. Weil Senecas greisenhafter und durch die karge Lebensweise geschwächter Körper dem Blut nur langsam Abfluß ermöglichte, öffnete er auch an den Beinen und Kniekehlen die Adern. [...] Seneca bat, da sich das Sterben noch weiter hinzog und nur langsam vor sich ging, Statius Annaeus, der sich ihm schon lange durch seine treue Freundschaft und seine ärztliche Kunst bewährt hatte, das längst vorbereitete Gift zu holen, mit dem die vom Volksgericht der Athener Verurteilten hingerichtet wurden; als man es brachte, trank er es, aber ohne Folgen, da seine Glieder schon ermattet waren und der Körper sich der Wirkung des Giftes verschloß. Endlich stieg er in ein Bassin mit heißem Wasser, wobei er die zunächststehenden Sklaven besprengte und hinzufügte, er weihe dieses Naß Iuppiter, dem Befreier. Dann in das Dampfbad gebracht und in dessen Qualm erstickt, wurde er ohne jede Leichenfeier verbrannt. So hatte er in seinem Testament verfügt, da er auch zu einem Zeitpunkt, als er noch im Vollbesitz seines Reichtums und auf der Höhe der Macht stand, für sein Ende vorsorgte.

Übers. v. Erich Heller, Tacitus. Annalen. München: dtv 1982. Bibliothek der Antike. Bd. 2283

Abb. 21: P. P. Rubens, Der Tod des Seneca, *Ölgemälde (um 1611), München, Alte Pinakothek*

■ Vertiefung 12

1 Wie definiert Seneca den Tod?

2 Vergleiche Senecas persönliche Sicht des Todes mit dem Bericht des Tacitus (➤ ET 3).

13 text

Cicero,
Tusculanae disputationes 1, 97–99, gek.

Der Tod des Philosophen

Als herausragendes Beispiel der Todesverachtung stellt Cicero an dieser Stelle die Haltung des Sokrates vor, der auf ungerechte Anklagen hin zum Tode verurteilt wurde. Seine Verteidigungsreden schrieb sein Schüler Platon in der „Apologie" nieder. Cicero übernimmt diese Passage aus dem Schlussteil der dritten Rede, die Sokrates nach der Verkündigung des Todesurteils vor den athenischen Richtern hielt (Platon, Apologie 40c–42a), und gibt sie in freier lateinischer Übersetzung wieder.

97 […] „Magna me" inquit[1] „spes tenet, iudices, bene mihi evenire[2], quod mittar ad mortem. Necesse est enim sit[3] alterum de duobus, ut aut sensus[4] omnino omnes mors auferat aut in alium quendam locum ex his locis morte migretur[5]. Quam ob rem, sive sensus extinguitur morsque ei somno similis est, qui nonnumquam etiam sine visis somniorum[6] placatissimam quietem adfert, di boni, quid lucri[7] est emori! Aut quam multi dies reperiri possunt, qui tali nocti anteponantur! Cui si similis est futura perpetuitas[8] omnis consequentis temporis, quis me beatior?

98 Sin vera sunt, quae dicuntur, migrationem esse mortem in eas oras[9], quas, qui e vita excesserunt, incolunt, id multo iam beatius est. *Wenn man denen, die sich in die Reihe der Richter zählen wollen, entronnen ist, kann euch dann diese Reise unbedeutend erscheinen, dass man nämlich zu denen kommt, die wahrhaftig Richter genannt werden dürfen, zu Minos, Rhadamanthys, Aiakos und Triptolemos, und sich mit denen trifft, die gerecht und ehrenhaft gelebt haben? Mit Orpheus, Musaios, Homer und Hesiod zu sprechen, wie hoch würdet ihr das schätzen? Ich freilich würde, wenn es möglich wäre, oft sterben wollen, damit ich das erleben könnte, was ich sage. Wie große Freude würde mich erfüllen, wenn ich Palamedes, Aias und andere, die ein ungerechtes Urteil erfahren haben, träfe! Ich könnte dann auch die Klugheit des Oberkönigs (= Agamemnon) prüfen, der das riesige Heer nach Troja geführt hat, und die des Odysseus und des Sisyphos und ich würde nicht*

97 **1** sc. Socrates **2** **bene mihi evenire**: dass mir Gutes widerfährt **3** **sit** = ut sit **4** **sensus**, -us m.: Sinnesempfindung **5** **migro** 1: reisen **6** **sine visis somniorum**: ohne Träume **7** **lucrum**, -i: Gewinn **8** **perpetuitas**, -tis f.: Dauer

98 **9** **ora**, -ae: Gegend

***Abb. 22: Homer**, Marmorbüste, Neapel, Archäologisches Nationalmuseum, Sammlung Farnese. (Wie Homer wirklich ausgesehen hat, ist unbekannt.)*

zum Tode verurteilt werden, wenn ich Fragen stellte, die ich hier zu stellen pflegte.

99 Ne vos quidem iudices ii, qui me absolvistis[10], mortem timueritis! Nec enim cuiquam bono mali quicquam evenire potest nec vivo nec mortuo, nec umquam eius res a dis immortalibus neglegentur, nec mihi ipsi hoc accidit fortuito[11]. Nec vero ego iis, a quibus accusatus aut a quibus condemnatus sum, habeo, quod[12] suscenseam[13], nisi quod mihi nocere[14] se crediderunt." Et haec quidem hoc modo; nihil autem melius extremo[15]: „Sed tempus est" inquit „iam hinc abire, me, ut moriar, vos, ut vitam agatis. Utrum autem sit melius, di inmortales sciunt, hominem quidem scire arbitror neminem".

99 **10 absolvo** 3: h. freisprechen **11 fortuito** (adv.): zufällig **12 habeo, quod**: ich habe einen Grund, dass **13 suscenseo** 2: zürnen **14 noceo** 2: schaden **15 extremo**: abl. comp.; **extremum**, -i: h. Schluss

Kommentar 13

98 **Minos, Rhadamanthys, Aiakos, Triptolemos**: Minos, Sohn des Zeus und der Europa, sagenhafter König von Kreta, übte ebenso wie sein Bruder Rhadamanthys, bekannt durch seine Weisheit und Gerechtigkeit, in der Unterwelt die Funktion eines Totenrichters aus. Dahinter steht die Vorstellung einer vergeltenden Gerechtigkeit im Jenseits. Aiakos, ebenfalls ein Sohn des Zeus, war durch seine Frömmigkeit und Gerechtigkeitsliebe bekannt und wurde daher nach seinem Tod zum Totenrichter. Triptolemos erhielt von Demeter (Mutter Erde) den Weizen als Geschenk und wurde von ihr beauftragt, den Ackerbau und ihren Kult über die ganze Welt zu verbreiten.

Orpheus: gottbegnadeter Sänger, der mit seinem Gesang sogar Pflanzen und Tiere bezaubern konnte

Musaios: legendärer griechischer Sänger, Sohn des Orpheus

Homer: ältester und berühmtester Dichter der Griechen in der zweiten Hälfte des 8. Jhs. v. Chr., gilt als Verfasser der **„Ilias"** und der älteren Teile der **„Odyssee"**

Hesiod von Askra in Boeotien, um 700 v. Chr.: neben Homer der bedeutendste Epiker der frühgriechischen Zeit, Verfasser einer **„Götterentstehung – Theogonie"** und eines Lehrgedichts **„Werke und Tage – Erga kai hemerai"** (Ἔργα καὶ ἡμέραι)

Palamedes: weiser Ratgeber der Griechen vor Troja; er gilt als Erfinder der Buchstabenschrift, des Rechnens und Messens sowie des Brett- und Würfelspiels. Auf eine Intrige des Odysseus hin wird er ungerechterweise des Hochverrats angeklagt und gesteinigt.

Aias: Sohn des Telamon aus Salamis, war nach Achill der stärkste und wildeste Held vor Troja. Als nach dem Tod des Achill dessen Waffen in einem Schiedsgericht nicht ihm, sondern dem Odysseus zugesprochen werden, will er in seiner Empörung über diese Entscheidung alle griechischen Heerführer töten. Dies kann nur durch die Hilfe der Göttin Athene verhindert werden, die ihn in Wahnsinn verfallen lässt, sodass er an Stelle der Heerführer eine Schafherde niedermetzelt. Wieder bei Sinnen, erkennt er seine Wahnsinnstat und stürzt sich in sein Schwert.

Agamemnon: König von Mykene und Heerführer der Griechen im Krieg gegen Troja

Odysseus: König von Ithaka, galt als einer der klügsten Griechen, weshalb er den Beinamen „der Listenreiche" erhielt

Sisyphos: Erbauer der Stadt Korinth, galt ebenfalls als Inbegriff von Schlauheit und List. In der Unterwelt muss er für seinen ruchlosen Lebenswandel büßen: Er rollt einen schweren Stein eine Anhöhe hinauf; sobald er jedoch den höchsten Punkt erreicht hat, rollt der Stein wieder zurück, und die erfolglose Arbeit muss von Neuem beginnen. Daher die Bezeichnung „Sisyphus-Arbeit" für eine sinnlose, an kein Ziel gelangende Tätigkeit.

Vertiefung 13

1 Welche Alternativen bietet Sokrates in der Deutung des Todes an?

2 **a** Wie stellt sich Sokrates den Aufenthalt in der Unterwelt vor?

b Aus welchem Grund nennt er die Beispiele aus Mythologie und Dichtung?

E4 text

Platon, Phaidon 80e–81a

Sokrates spricht zu Kebes:

„Wenn sich die Seele in reinem Zustande vom Leibe trennt und nichts mehr von ihm mit sich schleppt, weil sie schon im Leben aus freiem Willen nichts mit ihm gemein hatte, sondern ihn gemieden und sich ganz in sich gesammelt hat, da das ihr stetes Streben war – das bedeutet aber nichts anderes, als daß sie auf die richtige Art philosophiert und sich in Wahrheit um einen leichten Tod bemüht, oder heißt das nicht, auf den Tod bedacht zu sein?" – „Allerdings" – „Wenn sie sich also in diesem Stande befindet, dann gelangt sie doch gewiß zu dem, was ihr selber ähnlich ist, dem Unsichtbaren, dem Göttlichen und Unsterblichen und Vernünftigen. Und wenn sie dorthin gelangt, darf sie glücklich sein, frei von Irrtum und von Unvernunft und von Ängsten und wilden Liebesbegierden und den anderen menschlichen Übeln. Und so, wie man es von den Eingeweihten erzählt, verbringt sie dann in Wahrheit die übrige Zeit mit den Göttern."

Übers. v. Rudolf Rufener, Platon. Die großen Dialoge. Zürich/München: Artemis & Winkler 1991

Abb. 23: Jacques Louis David, Tod des Socrates, *Ölgemälde (um 1787), New York, The Metropolitan Museum of Art. Die bildliche Darstellung orientiert sich an der Schilderung in Platons Dialog „Phaidon".*

Erasmus,
Der Trostbrief – De epistola consolatoria, gek.

Heilender Trost – eine Freundespflicht

Erasmus von Rotterdam (➤ Einleitung zu T 3.5, S. 92 ff.) beschäftigte sich wie andere Humanisten in der Nachfolge antiker Vorbilder intensiv mit der Theorie und Praxis des Briefschreibens als einem der wichtigsten Kommunikationsmittel seiner Zeit. So entstand in jahrelanger Beschäftigung ein sogenannter Briefsteller: die **„Anleitung zum Briefschreiben – *De conscribendis epistolis*"** (heutige Textgestaltung aus den Jahren 1522 bzw. 1534). Das Werk enthält nach einer allgemeinen Charakteristik des Briefes und seiner Stilqualitäten sowie einem schulpraktischen Abschnitt konkrete Anleitungen zur Abfassung von Briefen und ihrer einzelnen Gattungen, die nach dem Schema der antiken Rhetorik angeordnet sind: 1. ratgebende Gattung; 2. darstellende Gattung; 3. gerichtliche Gattung; 4. außerordentliche Gattung, von Erasmus als *genus familiare* bezeichnet, unter die auch der „Trostbrief – *epistola consolatoria*" fällt.

Abb. 24: Albrecht Dürer, Erasmus von Rotterdam, *Kupferstich (1526)*

Cum vita mortalium undique plena sit calamitatum neque multos reperire liceat, quos suae fortunae non paeniteat[1], nullum officium incidit[2] frequentius, quam ut amicorum animos consolando[3] sublevemus[4]. Neque vero mediocre[5] beneficium est tempestiva[6] et amica consolatio[7], qua quoties in rebus afflictis[8] eorum, quibus bene volumus, aegritudini[9] re mederi[10] non licet, verbis saltem lenimus dolorem. Verum scite id ipsum faciamus oportet, ne velut imperiti medici vulnus crudum[11] adhuc et recens exulceremus[12] potius quam mitigemus[13].

Proinde triplex[14] erit ratio tractandae[15] consolationis:

Una simplex et aperta, per quam argumentis declaramus non esse causam dolendi: cum viro sapienti nihil accidere possit triste praeter turpitudinem[16] neque

1 **1 paenitet** (unpers.): unzufrieden sein **2 incido** 3, incidi: anfallen (+ acc.)

5 **3 consolor** 1: trösten **4 sublevo** 1: aufrichten **5 mediocris**, -e: unbedeutend **6 tempestivus** 3: rechtzeitig **7 consolatio**, -nis f.: Trost; Trostschrift **8 quoties in rebus afflictis**: jedes Mal im Unglücksfall **9 aegritudo**, -inis f.: Kummer **10 medeor** 2: heilen (+ dat.)

10 **11 crudus** 3: blutend **12 exulcero** 1: zum Eitern bringen **13 mitigo** 1: lindern

15 **14 triplex**, -icis: dreifach **15 tracto** 1: abfassen

20 **16 turpitudo**, -inis f.: Schande

a quoquam laedi possit nisi a se ipso. Huiusmodi validis[17] pharmacis[18] utemur, quoties[19] nobis cum philosopho aut alioqui viro cordato[20] res est.

Altera per insinuationem[21] sumenda, quoties aut animus est infirmior aut dolor recentior acerbiorve, quam ut aperte patiatur sibi admoveri[22] manus. [...]

Quod si[23] eiusmodi sit incommodum[24], ut diuturnum videri necesse sit, aliis extenuandi[25] rationibus utemur. Aut enim non esse incommodum aut non esse tam grave, quam apparet, nitemur ostendere. [...]

Hic philosophorum rationes et praeter ceteros Stoicorum plurimum adiuvabunt, si eiusmodi calamitatem[26] vel famae eius profuturam vel gradum quendam ad maxima commoda[27] iactum[28] esse ostendemus. Solet enim summa virtus summaque felicitas a durissimis initiis plerumque proficisci[29]: idque exemplis approbabimus[30], si theologico more eiusmodi tempestatem[31] a superis propitiis[32] immissam dicemus, corpori quidem molestam, sed animae salutarem. Nihil autem aeque dolorem levat teste Cicerone ut communis tamquam legis humanae conditionis recordatio[33]; quare id mali[34] illi cum universo mortalium genere vel certe cum clarissimis optimisque viris quam plurimis commune esse declarabimus. Hic illustrium virorum exempla, qui in eosdem luctus[35] inciderunt[36] aut certe similes quique eos fortissimo animo, maxima cum laude tulerunt, accumulabimus[37].

17 validus 3: wirksam **18 pharmacum**, -i: Heilmittel **19 quoties**: jedes Mal, wenn **20 cordatus** 3: verständig

21 insinuatio, -nis f.: Empfehlung **22 admoveo** 2: anlegen **23 quod si**: wenn aber **24 incommodum**, -i: Unglück

25 extenuo 1: abschwächen

26 calamitas, -tis f.: Unglück **27 commoda**, -orum: Glück **28 gradum iacio** 3M, ieci, iactus: einen Schritt setzen

29 proficiscor 3: den Ausgang nehmen **30 approbo** 1: nachweisen **31 tempestas**, -is f.: Unwetter, Unheil **32 propitius** 3: wohlmeinend **33 recordatio**, -nis f.: Erinnerung **34 id mali** = id malum

35 luctus (acc. pl.): trauriges Schicksal **36 incido** 3 in: h. erleiden

37 accumulo 1: anhäufen, aufzählen

Vertiefung 14

1 Wie beschreibt Erasmus einleitend die Freundespflicht des Trostes?

2 Wie charakterisiert Erasmus die Methode der Stoiker?

3 Worin liegt nach Ansicht des Autors die *communis hominum condicio?*

IOCUS – IAMBUS – SATURA 4

Heiteres und Hintergründiges in lateinischen Texten

ausgewählt und erläutert von
Günter Lachawitz

C. VALERIUS CATULLUS (ca. 84–54 v. Chr.)

Von den 113 uns überlieferten Catull-Gedichten sind 52 Spottgedichte in allen Nuancen von witziger Ironie und Neckerei bis zu derber, obszöner Verhöhnung. Damit setzt Catull die Tradition des griechischen **„Iambos"** fort. Das Wort bezeichnet zunächst die Dichtungsgattung des Spottgedichts, dann den in ihr verwendeten Versfuß (∪ –́). Der Iambos, von Flötenspiel begleitet (zum Unterschied von der „Lyrik", die von der Lyra begleitet wurde), ist religiösen Ursprungs: Im Kult der Fruchtbarkeitsgöttin Demeter auf der Insel Paros hatte das Aussprechen des Hässlichen den Zweck, das Böse abzuwehren (wie in anderen Kulten das Herzeigen des Hässlichen: vgl. die Perchten und Faschingsmasken). **Archilochos** von Paros (um 650 v. Chr.) hat aus den Stegreif-Jamben dieses Kultes die literarische Gattung geschaffen. Mit seinen Jamben schmäht er seine persönlichen Feinde und macht sich über die Normen der adeligen Gesellschaft lustig. – Unmittelbares Vorbild für Catull war der griechische Dichter **Kallimachos** von Kyrene (ca. 300–240 v. Chr.)
Formal ging Catull neue Wege: Für die meisten seiner Spottgedichte verwendet er nicht jambische Metren, sondern entweder sein Lieblingsmetrum, den **phaläceischen Elfsilber** (➤ S. 152), oder das **elegische Distichon** (➤ S. 152), das Metrum der Elegie und des Epigramms.
Zur Geschichte und dem Wesen des **Epigramms**: Jonische Griechen haben, angeregt vom Rhythmus kleinasiatischer Klagegesänge zur Flöte (Elegien), aus dem Hexameter (➤ S. 151) des Epos eine zweizeilige Strophe, das elegische Distichon, geformt. Diese neue Form eignete sich besser zur Darstellung persönlicher Inhalte, die man in kleine Einheiten fasste. Solche „Epi-gramme" (= „Aufschriften") waren ursprünglich auf Gräbern und Weihegeschenken für Götter zu finden und wurden in hellenistischer Zeit (3. Jh. v. Chr.) zur literarischen Gattung mit folgenden Merkmalen:

1. **Kürze und Prägnanz**, entsprechend dem ursprünglichen Zweck als Aufschrift.
2. **Spiel mit der Sprache**: Verwendung von Figuren, besonders der „Anti-these" (= „Gegenüberstellung") kontrastierender Begriffe, was Schiller (Kleinigkeiten, 1797) in einem berühmten Epigramm ausdrückt:
   Im Hexameter steigt des Springquells flüssige Säule,
   im Pentameter drauf fällt sie melodisch herab.
3. Geistvolle, überraschende **Schlusspointe**.

Catull hat die weitere inhaltliche Entwicklung des Epigramms entscheidend beeinflusst, indem er es auch als **Spottgedicht** verwendete und damit dem Klassiker der Gattung, **Martial**, zum Vorbild wurde.

Außer im Epigramm hat das Spottgedicht im Lauf der Zeiten immer neue Ausdrucksformen gefunden: in der Versfabel, in der Satire, im Vagantenlied, Kabarett-Lied, Protestsong.

1 text

Catull, carmen 13

Einladung an Fabullus

Cénabís bene, mí Fabúlle, apúd me
paucis, si tibi di favent[1], diebus,
si tecum attuleris bonam atque magnam
cenam non sine candida puella
et vino et sale[2] et omnibus cachinnis[3].
Haec si, inquam, attuleris, venuste[4] noster,
cenabis bene: Nam tui Catulli
plenus sacculus[5] est aranearum[6].
Sed contra[7] accipies meros[8] amores
seu[9] quid suavius elegantiusve est:
Nam unguentum[10] dabo, quod meae puellae
donarunt Veneres Cupidinesque[11]:
quod tu cum olfacies[12], deos rogabis,
totum ut te faciant, Fabulle, nasum[13].

1 **1 faveo** 2: gnädig sein

5 **2 sal**, salis m.: Salz, h. Humor **3 cachinnus**, -i: Gelächter **4 venustus** 3: liebenswürdig **5 sacculus**, -i: Geldbeutel **6 aranea**, -ae: Spinne; Spinnwebe **7 contra**: als Gegengabe **8 merus** 3: rein, aufrichtig

10 **9 seu quid**: oder wenn etwas **10 unguentum**, -i: (parfümierte) Salbe **11 Cupido** = Amor **12 olfacio** 3M: riechen **13 nasus**, -i: Nase

*Abb. 1: **Die Cupidines** (Amores, Eroten) **als Weinhändler**, Wandmalerei aus dem Haus der Vettier in Pompeji (1. Jh. n. Chr.). Diese Amores sind die Vorläufer der barocken Putten.*

Kommentar 1

4 **candida**: Heller Teint entsprach dem antiken Schönheitsideal.
puella: Nach griechischer Sitte sorgte ein Gastgeber für die Anwesenheit von Mädchen (sog. Hetären), die die Gäste mit Musik und Tanz unterhielten.
11 **meae puellae**: Damit ist Catulls Geliebte, Clodia, gemeint, der er das Pseudonym „Lesbia" gibt, in Anspielung an die Dichterin Sappho von der Insel Lesbos. Glück und Leid dieser Liebe sind das Thema zahlreicher Catull-Gedichte (➤ S. 50 ff.).
12 **Cupidines**: Seit hellenistischer Zeit wird Amor als geflügelter Knabe mit Pfeil und Bogen dargestellt, und auf Pompejanischen Wandgemälden erscheinen viele solche Amores bei verschiedenen Tätigkeiten: als Goldschmiede, Apotheker oder Weinhändler (➤ Abb. oben)
14 **totum ... nasum**: Vgl. „ich bin ganz Ohr" und G. E. Lessing, „Der Wunsch": „Wenn ich ... ein schönes Mädchen sehe, möcht' ich lauter Auge sein".

Vertiefung 1

1 Catull parodiert hier einen Typ von Einladungsgedichten, in denen sich der Gastgeber für seine bescheidenen Mittel entschuldigt und statt der leiblichen Genüsse geistige verspricht. Worin liegt die Parodie?

2 In welchen Wörtern / Worten siehst du witzige Pointen?

3 Vergleiche mit Martials Epigramm 3,12 (➤ T 4.24, S. 131) und beantworte die dort gestellten Fragen.

2 text

Catull, carmen 43

Nicht vergleichbar!

Sálve, néc minimó puélla náso
nec bello[1] pede nec nigris ocellis
nec longis digitis nec ore sicco[2]
nec sane[3] nimis[4] elegante lingua,
decoctoris[5] amica Formiani.
Ten[6] provincia[7] narrat esse bellam?
Tecum Lesbia nostra comparatur?
O saeclum insapiens et infacetum[8]!

1 **1 bellus** 3: schön
2 siccus 3: trocken
3 sane: wahrlich **4 nimis**: sehr
5 **5** decoctor, -oris m.: Bankrotteur
6 ten = te-ne **7 provincia**, -ae: h. Gegend
8 infacetus 3: geschmacklos

Kommentar 2

Das Gedicht ist die Parodie eines Hymnus (Lobgedicht auf einen Gott), dessen charakteristische Stilfigur die Anapher (➤ Stilmittel 20, S. 147) ist.

7 Lesbia nostra: ➤ K 4.1, V. 11, S. 114

Vertiefung 2

Wodurch wird das Gedicht zur Parodie eines Hymnus? Inwiefern ist es doch ein solcher?

3 text

Catull, carmen 49

An Cicero

Dísertíssime[1] Rómulí nepótum[2],
quot sunt quotque fuere, Marce Tulli,
quotque post aliis erunt in annis,
gratias tibi maximas Catullus
agit, pessimus omnium poeta,
tanto[3] pessimus omnium poeta,
quanto tu optimus omnium patronus[4].

1 **1 disertus** 3: redegewandt **2 nepos**, -otis m.: Enkel, Nachkomme
5 **3 tanto**: um so viel **4 patronus**, -i: Schutzherr, Anwalt

*Abb. 2: **Cicero**, Marmor (1. Jh. n. Chr.), Rom, Kapitolinisches Museum*

Kommentar 3

4 gratias ... maximas ist ironisch: Cicero nannte die jungen Dichter, die sich die „Alexandriner“, die griechischen Dichter am Hof der Ptolemäer in Alexandria, zum Vorbild nahmen (wie Kallimachos und Theokrit), abschätzig „neóteroi“ (Neoteriker), d. h. die „jungen Buben“. Das Gedicht ist die Antwort darauf.

■ Vertiefung 3

1 Welche Formen und welche Stilfiguren imitieren den pathetischen Stil von Ciceros Reden?

2 Aus welchen drei Teilen besteht das Gedicht? Welchen Vers kann man als seine „Achse“ bezeichnen?

3 Welche Bosheit steckt in *omnium*, wenn man es auf *patronus* bezieht?

4 Wo weicht die folgende Übersetzung (A. Kurfeß, 1915) vom Original ab?

Beredtster Sproß des Romulus,
mein lieber Marcus Tullius,
so viel's auch sind, so viel schon waren,
so viel noch kommen in künft'gen Jahren,
verbindlichst Dank sagt dir Catull,
als Dichter eine große Null,
so unbekannt bei Jung und Alt,
wie du berühmt als Rechtsanwalt.

4 text

Catull, carmen 69

Rufus darf sich nicht wundern

Noli admirari, quare tibi femina nulla,
Rufe, velit tenerum[1] supposuisse[2] femur[3],
non, si illam rarae[4] labefactes[5] munere vestis
aut perluciduli[6] deliciis[7] lapidis.
Laedit te quaedam mala fabula[8], qua tibi fertur[9]
valle[10] sub alarum[11] trux[12] habitare caper[13].
Hunc metuunt omnes, neque mirum, nam mala valde est
bestia, nec quicum[14] bella puella cubet[15].
Quare aut crudelem nasorum interfice pestem
aut admirari desine, cur fugiunt!

1 **1 tener**, -a, -um: zart **2 supposuisse** statt supponere **3 femur**, -oris n.: Schenkel **4 rarus** 3: locker, dünn; kostbar **5 labe-facto** 1: „wankend machen“, umstimmen **6 perluciduIus** 3: ziemlich durchsichtig **7 deliciae**, -arum: Freude, h. Köstlichkeit
5 **8 fabula**, -ae: h. Gerücht **9 fertur** = dicitur, mit Ncl **10 vallis**, -is f.: Tal, h. Höhlung; valle sub = sub valle **11 ala**, -ae: Achsel **12 trux**: hartnäckig **13 caper**, -i: Ziegenbock **14 quicum**: alter Abl. statt *quacum* **15 cubo** 1: liegen

■ Kommentar 4

3 rarae: Dünne Gewänder waren besonders kostbar; der Dichter spielt mit der Doppeldeutigkeit des Wortes.

■ Vertiefung 4

In welchem Distichon ist der Anlass für das Gedicht zu finden?

5 text

Catull, carmen 93

An Caesar

Nil nimium[1] studeo, Caesar, tibi velle placere
nec scire, utrum sis albus[2] an ater homo.

1 nil nimium: nicht allzu sehr: Litotes (➤ Stilmittel 6, S. 146) für „überhaupt nicht“ **2 albus** 3: weiß

Abb. 3: ***C. Iulius Caesar****, Grüner Schiefer (1. Jh. n. Chr.), Berlin, Pergamonmuseum*

Kommentar 5

1 **placere** kann menschlich, künstlerisch oder politisch gemeint sein – oder auch in jedem Sinn, was dem Epigramm seine besondere Schärfe gibt.

2 **albus ... ater** spielen wohl auf ein Sprichwort an, das völlige Gleichgültigkeit ausdrückt. – Noch schärfer greift Catull Caesar in c. 57 an: Er nennt ihn *pathicus* („der es mit sich machen lässt").

Sueton lobt in seiner Caesar-Biografie (Kap. 73) dessen Toleranz:

Den Valerius Catullus, durch dessen Verse auf Mamurra er seine eigene Person als dauernd gebrandmarkt betrachtete, lud er am gleichen Tage, an dem jener ihn um Verzeihung bat, zu Tisch und unterhielt auch nach wie vor mit seinem Vater die Gastfreundschaft aufrecht.

In Thornton Wilders Briefroman aus dem Jahr 1948, „Die Iden des März" (VIII 977), macht sich Caesar in einem Brief an einen Freund Gedanken über den Hass Catulls:

Aber warum sollte Catull mich hassen? ... Sind große Dichter unverständig in allem außer der Poesie? ... Ich gestehe, mein lieber Freund, dass ich über eine Schwäche erstaunt bin, die ich in mir erwachen fühle, eine betörende Schwäche. Oh, von einem Menschen wie Catull verstanden zu werden! Gefeiert zu werden von ihm in Versen, die nicht so bald vergessen wären!

Vertiefung 5

Welche Motive hatte Caesar wohl für den Versöhnungsversuch?

PHAEDRUS (ca. 15 v.–55 n. Chr.)

„Phaidros" (so die griechische Form seines Namens) stammte aus Makedonien und kam als Sklave nach Rom in das Haus des Augustus, der ihm – wohl in Anerkennung seines Talents – die Freiheit schenkte. In den Handschriften wird er daher *Augusti libertus* (Freigelassener des Augustus) genannt. Erhalten sind uns von ihm 5 Bücher mit insgesamt **94 Fabeln**; dazu kommen 32, die wahrscheinlich von ihm stammen und vom Humanisten **Perotti** etwa 1470 eigenhändig kopiert wurden (sog. *„Appendix Perottina"*).

Das **Substantiv *fabula*** (vom Verbum *fari* = „sagen, erzählen") hat verschiedene Bedeutungen:

1. die dem Verb entsprechende, nämlich „Gerede, Gespräch, Erzählung";
2. eine Bezeichnung alles Erfundenen und Erdichteten wie Sage, Mythos und Theaterstück;
3. eine kurze volkstümliche Erzählung, die unterhalten und belehren will und in der häufig (aber nicht immer) Tiere als handelnde und sprechende Personen auftreten.

Das deutsche Lehnwort „Fabel" hat meist die dritte der genannten Bedeutungen, bezeichnet aber in der Literaturwissenschaft auch den Grundplan im Handlungsverlauf einer epischen oder dramatischen Dichtung.

Dass man Tiere wie Menschen handeln und sprechen ließ, hat wohl drei Gründe bzw. Wurzeln:

1. das Märchen und den Mythos (Götter wurden, wie in Ägypten, häufig in Tiergestalt verehrt);

4

2. aufgrund allgemein als bekannt vorausgesetzter Verhaltensweisen können Tiere als Typen eingesetzt werden (der „schlaue“ Fuchs, der „gierige Wolf“, „lammfromm“);
3. die Möglichkeit der „maskierten“ Kritik an politischen und gesellschaftlichen Zuständen. Klage und Kritik der sozial Schwächeren erscheinen häufig als Tierfabel.

Die Tierfabel hat eine lange **Geschichte**: Sie findet sich schon im 2. Jahrtausend in sumerischen Texten Mesopotamiens. In der griechischen Literatur ist sie zunächst Bestandteil anderer Werke, so eines Lehrgedichts des Hesiod (um 700 v. Chr.), und zeigt hier bereits den sozialkritischen Aspekt: Der Habicht erklärt der Nachtigall ganz unverblümt, dass sie ihm hilflos ausgeliefert ist.

Im 6. Jh. entstand ein Volksbuch, das die mit vielen Fabeln ausgeschmückte Lebensgeschichte des aus Kleinasien stammenden Sklaven **Aísopos (Äsóp)** erzählt. Aus diesem (nicht erhaltenen) Buch und aus mündlich Überliefertem stellte ein Schüler des Aristoteles um 300 v. Chr. eine Fabelsammlung zusammen, die wahrscheinlich von Phaedrus benützt wurde. Auch sie ging im Mittelalter verloren. Erhalten sind uns unter dem Namen Äsop mehr als 400 griechische Prosafabeln aus dem 2.–5. Jh. n. Chr.

In der römischen Literatur sind, wie in der frühen griechischen, Fabeln zunächst nur vereinzelt zu finden, ehe **Phaedrus** sein poetisches Schaffen ganz dieser Gattung widmet. Seine Sammlung enthält außer Tierfabeln Märchenähnliches, Anekdoten und Novellistisches. Die Verwendung der Stilmittel und der klare Aufbau (s. unten) zeigen den Einfluss der Rednerschulen, die moralisch belehrenden Teile der Fabeln erinnern an die griechische Popularphilosophie, die mit ihren auf das private Glück zielenden Lebensregeln in der frühen Kaiserzeit sehr beliebt war. Trotz aller Einflüsse ist Phaedrus jedoch ein eigenständiger Dichter, der sich durch seine einfache, aber prägnante Sprache, durch sparsame und wirkungsvolle Verwendung von Stilmitteln und vor allem durch die Fähigkeit auszeichnet, mit wenigen Strichen lebendige Gestalten und Szenen zu zeichnen. Die Konzentration auf das Wesentliche *(brevitas)* rechnet er sich selbst seinen griechischen Vorbildern gegenüber als Verdienst an.

Alle Phaedrus-Fabeln haben als Versmaß den **jambischen „Senar“** (*versus senarius*, von *seni* = „je sechs“) aus sechs Jamben (∪ ⊥). Diese können, da jede Länge durch zwei Kürzen (wie in der Musik eine Viertel- durch zwei Achtelnoten) und jede Kürze durch eine Länge ersetzt sein kann, in folgenden Varianten erscheinen: ∪ ∪́ ∪ | — ⊥ | ∪ ∪ ∪́ ∪ | — ∪́ ∪ | ∪ ∪ ⊥. Außerdem ist, wie in allen lateinischen Versen, die letzte Silbe beliebig, d. h. sie kann lang oder kurz sein. Mit der Wahl dieses Metrums stehen die Fabeln in der Tradition sowohl des griechischen Iambos (➤ S. 113) als auch des Dramas, dessen Sprechverse überwiegend jambisch sind. Fabeln haben manches mit dem Drama gemeinsam: direkte Reden, Streitgespräche, Konfliktsituationen.

4

Die Fabeln haben einen bestimmten **Aufbau**, wobei die einzelnen Teile ausführlicher oder kürzer sein können, im Wesentlichen aber fast immer vorhanden sind:

A. Der **belehrende** Teil bringt die „Moral der Geschichte“. Er kann als **Promythion** (Vorwort) oder **Epimythion** (Nachwort) erscheinen; manche Fabeln haben auch beides.
B. Der **erzählende** Teil besteht aus:
   1. der **Exposition** mit der Angabe der Hauptfiguren, des Ortes und der Ausgangssituation;
   2. dem **Konflikt**; er ist dargestellt in

	Handlung	und	Gegenhandlung
oder	Handlung	und	Gegenrede
oder	Rede	und	Gegenhandlung
oder	Rede	und	Gegenrede;

   3. dem **Ergebnis**.

Die antike Fabel hat, obwohl Phaedrus die Anerkennung zu Lebzeiten versagt blieb, eine lange **Wirkungsgeschichte**. Fabelsammlungen in Versen gab es bis in die Spätantike, außerdem entstanden Prosafassungen. Im Mittelalter und dann bei Martin Luther waren Fabeln in Predigten als Gleichniserzählungen nach biblischem Muster beliebt. Die berühmteste Fabelsammlung der Neuzeit ist die 1668 von Jean de **La Fontaine** edierte (237 Versfabeln, davon 21 aus Phaedrus). Im 18. Jh. schrieb Gotthold Ephraim **Lessing** Vers- und Prosafabeln und theoretische „Abhandlungen zur Fabel“ (1759). Der zehnjährige Goethe übersetzte, angeregt durch die Schullektüre, Fabeln des Phaedrus ins Deutsche. Im 19. Jh. schrieben u. a. Franz Grillparzer, Heinrich Heine, Wilhelm Busch und die Philosophen Sören Kierkegaard und Friedrich Nietzsche Fabeln, im 20. Jh. u. a. Franz Kafka, Joachim Ringelnatz, Bert Brecht und James Thurber.

6 text

Phaedrus, 1,1

Lupus et agnus – Der Wolf und das Lamm

Ad rívum[1] eúndem lúpus et ágnus véneránt
sití[2] compúlsi: Súperiór[3] stabát lupús
longéque inférior ágnus. Túnc fauce[4] ímprobá
latro[5] íncitátus iúrgií[6] causam íntulít.
„Cur“, ínquit, „túrbuléntam[7] fécistí mihí
aquám bibénti?“ Lánigér[8] contrá timéns:
„Qui[9] póssum, quáeso, fácere, quód quererís, lupé?
A té decúrrit ád meós haustús[10] liquór.“
Repúlsus ílle véritátis víribús:
„Ante hós[11] sex ménses mále[12]“, ait, „díxistí mihí.“
Respóndit ágnus: „Équidem[13] nátus nón erám.“
„Pater hércle[14] túus ibi“, ínquit, „máledixít mihí.“
Atque íta corréptum lácerat[15] íniustá necé.
Haec própter íllos scrípta est hómines fábulá,
qui fíctis cáusis ínnocéntes ópprimúnt.

1 **1 rivus**, -i: Bach **2 sitis**, -is f. (abl. -i): Durst **3 superior**: weiter oben **4 faux**, faucis f.: Rachen; Fressgier **5 latro**, -onis m.: Räuber **6 iurgium**, -i: Streit
5 **7 turbulentus** 3: trüb
8 lani-ger, -i: „Wollträger“
9 qui: wie (alter abl. modi)
10 haustus, -us m.: Trinken

10 **11 hos**: diesen (zuletzt vergangenen) = vor jetzt ... **12 maledico** 3 (+ dat.): beschimpfen **13 equidem**: wahrlich
14 hercle: „beim Hercules“ = fürwahr
15 lacero 1: zerfleischen

4

Kommentar 6

5 f. turbulentam ... aquam: Davon stammt die Redewendung „kein Wässerchen trüben können“ für besondere Harmlosigkeit.

Vertiefung 6

1 Folgt die Fabel dem üblichen Aufbauschema (➤ S. 118)?

2 Wie viele Vorwände gebraucht der Wolf? Was haben sie sprachlich gemeinsam?

3 Welche politische Aussage steckt darin, dass der Wolf das Lamm nicht sofort tötet, was er ja tun könnte, sondern verschiedene Vorwände gebraucht?

4 Zum Vergleich:

a **G. E. Lessing, Der Wolf und das Schaf**

Der Durst trieb ein Schaf an den Fluß; eine gleiche Ursache führte auf der anderen Seite einen Wolf herzu. Durch die Trennung des Wassers gesichert und durch die Sicherheit höhnisch gemacht, rief das Schaf dem Räuber hinüber: „Ich mache dir doch das Wasser nicht trübe, Herr Wolf? Sieh mich recht an: Habe ich dir nicht etwa vor sechs Wochen nachgeschimpft? Wenigstens wird es mein Vater gewesen sein." Der Wolf verstand die Spötterei; er betrachtete die Breite des Flusses und knirschte mit den Zähnen. „Es ist dein Glück", antwortete er, „daß wir Wölfe gewohnt sind, mit euch Schafen Geduld zu haben", und ging mit stolzen Schritten weiter.

Ist das noch dieselbe Fabel?

b **Helmut Arntzen** (geb. 1931), **Der Wolf und das Lamm**

Der Wolf kam zum Bach. Da entsprang das Lamm. Bleib nur, du störst mich nicht, rief der Wolf. Danke, rief das Lamm zurück, ich habe im Äsop gelesen.

7 text

Phaedrus
1,3

Graculus superbus et pavo – Die hochmütige Krähe und der Pfau

Ne glóriári[1] líbeat[2] álienís bonís
suóque pótius hábitu[3] vítam dégeré,
Aesópus nóbis hóc exémplum pródidít:
Tuméns[4] inání[5] gráculús supérbiá
pennás, pavóni quáe decíderant, sústulít
seque éxornávit. Deínde cóntemnéns suós[6]
se immíscuít pavónum fórmosó gregí.
Illi ímpudénti[7] pénnas éripiúnt aví
fugántque róstris[8]. Mále mulcátus[9] gráculús
redíre máerens cóepit ád propriúm genús.
A quó repúlsus trístem[10] sústinuít notám.
Tum quídam ex íllis, quós priús despéxerát:
„Conténtus[11] nóstris sí fuísses sédibús,
et, quód natúra déderat, vóluissés patí,
nec íllam expértus ésses cóntuméliám[12]
nec hánc repúlsam[13] túa sentíret cálamitás[14]".

1 **1 glorior** 1: sich rühmen **2 ne … libeat**: dass man nicht … soll **3 habitus**, -us m.: Aussehen, Gestalt, Kleidung **4 tumeo** 2: geschwollen sein, aufgeblasen sein **5 inanis**, -e: leer, nichtig, selbstgefällig
5 **6 suos**: die Seinen

7 impudens, -entis: schamlos
8 rostrum, -i: Schnabel (➤ Abb. 1.1, S. 1)
9 mulco 1: misshandeln, zurichten
10 **10 tristem … notam**: bittere Schmach (➤ K) **11 contentus** 3: zufrieden
15 **12 contumelia**, -ae: Schmach **13 repulsa**, -ae: Zurückweisung **14 tua … calamitas**: du Unglückliche, du in deinem Unglück

Kommentar 7

11 **nota** ist eigtl. das Brandmal, dann metaphorisch die Rüge durch den Prätor; hier ist *nota* als Metapher der Metapher gebraucht.

16 **calamitas**: Phaedrus verwendet öfter das abstrakte Substantiv statt des entsprechenden Adjektivs.

Vertiefung 7

1 Welche sprichwörtliche Redewendung hat in dieser Fabel ihren Ursprung?

2 Beschreibe den Aufbau der Fabel. Folgt er dem üblichen Schema (➤ S. 118)?

3 Zum Vergleich: **G. E. Lessing, Die Pfauen und die Krähe**

Eine stolze Krähe schmückte sich mit den ausgefallenen Federn der farbichten Pfaue und mischte sich kühn, als sie genug geschmückt zu sein glaubte, unter diese glänzenden Vögel der Juno. Sie ward erkannt, und schnell fielen die Pfaue mit scharfen Schnäbeln auf sie, ihr den betriegerischen Putz auszureißen.

„Lasset nach!" schrie sie endlich. „Ihr habt nun alle das Eurige wieder." Doch die Pfaue, welche einige von den eignen glänzenden Schwingfedern der Krähe bemerkt hatten, versetzten: „Schweig, armselige Närrin; auch diese können nicht dein sein!" – und hackten weiter.

Welche menschliche Schwäche prangert Lessings Version zusätzlich an?

8 text

Phaedrus
1,4

Canis per fluvium carnem ferens – Der Hund, der ein Stück Fleisch durch den Fluss trägt

Amíttit mérito[1] próprium, qui álienum áppetít.
Canís per flúmen cárnem[2] dúm[3] ferrét natáns[4],
lymphárum[5] in spéculo[6] vídit símulacrúm[7] suúm
aliámque práedam ab álteró ferrí putáns
erípere vóluit; vérum[8] décepta[9] áviditás[10]
et[11], quém tenébat óre, dímisít cibúm,
nec, quém petébat, pótuit ádeo attíngeré.

1 **1 merito**: mit Recht **2 caro**, carnis f.: Fleisch **3 dum**: als (durch inhaltsschwerere Wörter vom Gliedsatzbeginn verdrängt) **4 nato** 1: schwimmen **5 lympha**, -ae: (klares) Wasser **6 speculum**, -i: Spiegel **7 simulacrum**, -i: Ebenbild
5 **8 verum**: aber **9 decipio** 3M: täuschen, decepta sc. est **10 aviditas**, -atis f.: Gier **11 et ... nec ... adeo**: einerseits ... andererseits ..., erst recht nicht

Vertiefung 8

1 Auch diese kurze Fabel enthält die typischen Aufbauelemente (➤ S. 118). Zeige diese.

2 Inwiefern zeigt V. 1 eine raffinierte Wortstellung?

3 Welche Wortart gibt es in dieser Fabel besonders häufig, welche fehlt gänzlich?

4 Wodurch unterscheidet sich hier das Verhalten des Tieres (!) von dem in den bisherigen Fabeln?

Phaedrus 1,13

Vulpes et corvus – Der Fuchs und der Rabe

Qui sé laudári gáudet vérbis súbdolís[1],
sérá[2] dat póenas[3] túrpes páeniténtiá[4].
Cum dé fenéstra córvus ráptum cáseúm
comésse[5] véllet célsa[6] résidens árboré,
vulpés hunc vídit, deínde síc coepít loquí:
„O quí[7] tuárum, córve, pénnarúm est nitór[8]!
Quantúm decóris[9] córpore ét vultú gerís!
Si vócem[10] habéres, núlla príor[11] alés[12] forét[13]."
At ílle stúltus, dúm vult vócem osténderé,
emísit óre cáseúm, quem céleritér
dolósa vúlpes ávidis rápuit déntibús.
Tum démum ingémuit[14] córvi déceptús[15] stupór[16].

1 **1 subdolus** 3: hinterlistig
2 serus 3: spät **3 poenas dare**: Buße zahlen
4 paenitentia, -ae: Reue
5 comedo 3: fressen, comesse: verkürzter Inf. **6 celsus** 3: hoch
5 **7 qui** = qualis, zu nitor **8 nitor**, -ris m.: Glanz **9 quantum decoris** = quantum decorem: welchen Schmuck **10 vocem** (prägnant): eine schöne Stimme **11 prior**: überlegen, zu *foret* **12 ales**, -itis f.: Vogel **13 foret** = esset
10 **14 ingemisco** 3: aufseufzen **15 decipio** 3M: täuschen **16 stupor**, -ris m.: Dummheit

Kommentar 9

3 fenestra: Häuser waren in der Antike ursprünglich fensterlos und erhielten das Tageslicht vom Innenhof (wie orientalische Häuser vielfach bis heute). Das Einbauen von Fenstern lernten die Römer von den Etruskern und übernahmen auch deren Wort.

12 corvi ... stupor ist stärker als *corvus stupidus*.

Vertiefung 9

1 Zeige die Ausgewogenheit der Aufbauelemente (➤ S. 118). Welches ist das Kernstück der Fabel?

2 Durch welche Fähigkeiten ist der Fuchs dem Raben überlegen?

3 Zum Vergleich:

Jean de La Fontaine, Der geschmeichelte Sänger

Herr Rabe auf dem Baume hockt,
im Schnabel einen Käs.
Herr Fuchs, vom Dufte angelockt,
ruft seinem Witz gemäß:
„Ah, Herr Baron von Rabe,
wie hübsch Ihr seid, wie stolz Ihr seid!
Entspricht auch des Gesanges Gabe
dem schönen schwarzen Federkleid,
seid Ihr der Phönix-Vogel unter allen."

Der Rabe hört´s mit höchstem Wohlgefallen,
läßt gleich auch seine Stimme schallen,
und aus dem Rabenschnabel rollt der Fraß
dem Fuchs ins Maul, der unten saß.
Der lachte:„Dank für die Bescherung!
Von mir nehmt dafür die Belehrung:
Ein Schmeichler lebt von dem, der auf ihn hört.
Die Lehre ist gewiß den Käse wert."
Der Rabe saß verdutzt und schwor,
das käm ihm nicht noch einmal vor.

La Fontaine sagte, er wolle seine Leser erheitern. Mit welchen Details gelingt ihm das?

10 text

Phaedrus
1,24

Rana rupta et bos – Der zerplatzte Frosch und der Ochse

Inóps[1], poténtem dúm vult ímitarí, perít.
In práto[2] quóndam rána cónspexít bovém
et tácta invídia[3] tántae mágnitúdinís
rugósam[4] inflávit[5] péllem[6]. Túm natós[7] suós
intérrogávit, án[8] bove ésset látiór.
Illí negárunt[9]. Rúrsus íntendít cutém[10]
maióre nísu[11] et símili quáesivít modó,
quis máior ésset. Ílli díxerúnt bovém.
Novíssime[12] índignáta[13] dúm vult válidiús
infláre[14] sése, rúpto iácuit córporé.

1 **1 inops**, -opis: hilflos, schwach **2 pratum**, -i: Wiese **3 invidia**, -ae: Neid (abl. causae zu *tacta)* **4 rugosus** 3: runzelig **5 inflo** 1: aufblasen **6 pellis**, -is f.: Fell (Erbwort!), Haut **7 natus**, -i: poetisch für *filius*
5 **8 an**: ob **9 negarunt** = negaverunt **10 cutis**, -is f.: Haut **11 nisus**, -us m.: Anstrengung **12 novissime**: zuletzt, schließlich **13 indignor** 1: empört sein
10 **14 inflo** 1: aufblasen

Vertiefung 10

1 Welche sprichwörtliche Redewendung und welche verbale Metapher (➤ Stilmittel, S. 146 f.) des Deutschen haben in dieser Fabel ihren Ursprung?

2 Warum sind die „Gegenreden“ so kurz?

3 Was fällt sprachlich an der Beschreibung des dreimaligen sich Aufblasens des Frosches auf?

4 Aus welchen vier durch Adverbia gekennzeichneten „Akten“ besteht diese „Tragödie“?

5 In welchem Bereich des heutigen Lebens hat die Aussage der Fabel (Promythion!) besondere Gültigkeit?

11 text

Phaedrus
4,3

De vulpe et uva – Der Fuchs und die Traube

Famé[1] coácta vúlpes álta in vínéá[2]
uvam áppetébat súmmis sáliens[3] víribús.
Quam tángere út non pótuit, díscedéns aít:
„Nondúm matúra est; nólo acérbam[4] súmeré.“
Qui, fácere quáe[5] non póssunt, vérbis élevánt[6],
adscríbere hóc debébunt éxemplúm sibí.

1 **1 fames**, -is f.: Hunger **2 vinea**, -ae: Weinstock **3 salio** 4: springen **4 acerbus** 3: sauer
5 **5 quae**: das, was … (Objektsatz zu *elevant)* **6 elevo** 1: erleichtern, verkleinern, h. schlecht machen

Kommentar 11

1 alta: Weinstöcke wurden oft an Ulmen hochgezogen.

2 uvam: Füchse, Hunde und Marder fressen auch saftige Obstsorten (Beeren, Kirschen, Trauben).

Vertiefung 11

1 Enthält auch diese kurze Fabel die üblichen Aufbauelemente?

2 Die moderne Psychologie hat festgestellt, dass Frustration folgende Reaktionen auslösen kann: Aggression, Flucht oder Rationalisierung, d. h. verstandesmäßige Begründung des Versagens, die entweder ehrlich oder eine Selbsttäuschung sein kann. Welche Reaktion zeigt der Fuchs?

3 Beschreibe eine alltägliche Situation, auf die diese Fabel anwendbar ist.

4 Zum Vergleich:

a La Fontaine, Der Fuchs und die Trauben

Ein Fuchs, der auf die Beute ging,
fand einen Weinstock, der voll schwarzer Trauben an einer hohen Mauer hing.
Sie schienen ihm ein köstlich Ding,
allein beschwerlich abzuklauben.
Er schlich umher, den nächsten Zugang auszuspähn.
Umsonst! Kein Sprung war abzusehn.
Sich selbst nicht vor dem Trupp der Vögel zu beschämen,
der auf den Bäumen saß, kehrt er sich um und spricht
und zieht dabei verächtlich das Gesicht:
„Was soll ich mir die Mühe nehmen?
Sie sind ja herb und taugen nicht."

Mit welchen beiden Details verändert La Fontaine die Vorlage?

b Lessing, Die Traube

Ich kenne einen Dichter, dem die schreiende Bewunderung seiner kleinen Nachahmer weit mehr geschadet hat als die neidische Verachtung seiner Kunstrichter.

„Sie ist ja doch sauer!" sagte der Fuchs von der Traube, nach der er lange genug vergebens gesprungen war. Das hörte ein Sperling und sprach: „Sauer sollte diese Traube sein? Darnach sieht sie mir doch nicht aus!" Er flog hin und kostete und fand sie ungemein süß und rief hundert näschige Brüder herbei. „Kostet doch!" schrie er, „kostet doch! Diese treffliche Traube schalt der Fuchs sauer." Sie kosteten alle, und in wenig Augenblicken ward die Traube so zugerichtet, daß nie ein Fuchs wieder darnach sprang.

Was übernimmt Lessing von La Fontaine und worin kehrt er zu Phaedrus zurück? Wer ist bei ihm die „Hauptperson"? Was symbolisiert sie?

4

12 text

Phaedrus
4,10

De vitiis hominum – Die Fehler der Menschen

Perás[1] impósuit Iúppitér nobís duás:
Propriís replétam[2] vítiis póst[3] tergúm[4] dedít,
aliénis[5] ánte péctus súspendít[6] gravém.
Hac ré vidére nóstra mála non póssumús,
alií simúl delínquunt[7], cénsorés[8] sumús.

1 **1 pera**, -ae: Sack, peras ... duas: statt bisaccium = Doppelsack, der in der Mitte abgebunden und über die Schulter gehängt wurde **2 repleo** 2: anfüllen **3 post**: hinten auf ... **4 tergum**, -i: Rücken **5 alienis** sc. vitiis, zu gravem **6 suspendo** 3: (auf)hängen
5 **7 delinquo** 3: einen Fehler machen **8 censor**, -ris m.: (strenger) Richter

Kommentar 12

Vgl. Matthäus 7, 3: „Warum siehst du den Splitter im Auge deines Bruders, aber den Balken in deinem Auge bemerkst du nicht?“

Vertiefung 12

Wie viele Fabeln ist auch diese von Antithesen (➤ Stilmittel 37, S. 148) bestimmt. Um welche handelt es sich? Welche wird durch die Stellung unterstrichen?

13 text

Phaedrus
4,24

Mons parturiens – Der kreißende Berg

Mons párturíbat[1] gémitus[2] ímmanés[3] ciéns[4],
erátque in térris máxima éxspectátió.
At ílle múrem[5] péperit. Hóc scriptúm est tibí,
qui, mágna cúm mináris, éxtricás[6] nihíl.

1 parturio 4: gebären wollen **2 gemitus**, -us m.: Klagen, Seufzen **3 immanis**, -e: gewaltig **4 cieo** 2: hervorbringen **5 mus**, muris m.: Maus **6 extrico** 1: herauswickeln, h. ausrichten

Kommentar 13

Das Motiv ist zwar nicht in der Sammlung Äsops, aber beim griech. Autor Athenaios (um 200 n. Chr.) belegt und dürfte schon früh sprichwörtlich gewesen sein. Horaz verspottet (*„Ars poetica“* 139) einen Möchtegern-Poeten, der großsprecherisch seine Werke ankündigte, mit dem Hexameter: *Párturiént montés, nascétur rídiculús mus.*

Vertiefung 13

1 Welche vorher genannten Wörter stehen zu *murem* in Antithese (➤ Stilmittel 37, S. 148)?

2 Nenne sinnverwandte sprichwörtliche Wendungen (eine ist der Titel einer Komödie von William Shakespeare).

M. VALERIUS MARTIALIS (ca. 40–102 n. Chr.)

Martial wurde in Nordspanien geboren und kam im Jahr 64 nach Rom, gewann hier die Gunst vornehmer Männer und – mit zahlreichen Bettelgedichten und Schmeicheleien – auch die der Flavier-Kaiser Titus und Domitian, sodass er ein Leben ohne materielle Not führen konnte. Nach der Ermordung des tyrannischen Domitian (96) versuchte er noch, die Gunst seines Nachfolgers Nerva zu gewinnen, kehrte aber (98) in seine Heimat zurück.

Er schrieb ausschließlich **Epigramme**, wie Catull in elegischen Disticha (erkennbar an den eingerückten Versanfängen), Phaläceischen Elfsilbern (➤ S. 152, Versanfänge in gleicher Höhe) und Hinkjamben (fünf Jamben und ein Trochaeus), im Umfang zwischen zwei und 56 Versen. Auf ein Buch mit Impressionen aus dem *Amphitheatrum Flavium* (= „Kolosseum") folgen zwei mit Begleitgedichten zu Gastgeschenken und **12 Bücher aus den Jahren 85–102** mit überwiegend zeitkritischem Inhalt, also **Jamben** im Sinn der literarischen Gattung (➤ S. 113). (Daneben stehen vereinzelt Gedichte voller Lebensweisheit und humaner Gesinnung.) Martial ist ein Meister des Wortspiels, der wirkungsvollen Antithese, der Prägnanz und der überraschenden Pointe. Mit einem wahren Panoptikum von Figuren und Typen (die Namen der Spottepigramme sind fingiert, es geht ihm also nicht um persönlichen Angriff) prangert er menschliche Schwächen, Zeiterscheinungen und Modetorheiten an. Wie sein jüngerer Zeitgenosse, der große Historiker Tacitus, ahnte er wohl, dass die Gesellschaft, die er in oft so grellen Farben malt, ihrem Untergang entgegenging.

Martial blieb allen späteren Epigrammdichtern von der Spätantike bis in die Neuzeit Vorbild. **Lessing** bekennt sich in seinen „Zerstreuten Anmerkungen über das Epigramm" (1771) zu ihm und schreibt Epigramme in seinem Stil und zum Teil mit seinen Motiven. **Goethe** und **Schiller** bezeichnen ihn in den „Xenien" („Gastgeschenke" mit literarischer Polemik, 1797) als ihren Vorgänger. Im 19. Jh. schrieben u. a. Eichendorff und Mörike, im 20. Jh. Morgenstern, Ringelnatz und Kästner Epigramme.

14 text

Martial
1,10

Versmaß: Hinkjamben

Erstaunliche Brautwerbung

4

Petít Geméllus núptiás Marónillae
et cupit et instat et precatur[1] et donat.
Adeone[2] pulchra est? Immo[3] foedius[4] nil est.
Quid ergo in illa petitur et placet? Tussit[5].

1 precor 1: bitten **2 adeo**: gar so; die Frage stellt ein fiktiver Gesprächspartner
3 immo: im Gegenteil **4 foedus** 3: hässlich
5 tussio 4: husten

Vertiefung 14

1 Welche Figur drückt das ungeduldige Drängen des Freiers aus?
2 Die Pointe liegt (wie auch häufig bei Witzen) im Unausgesprochenen. Was wird nicht gesagt?
3 Welchen anderen Schluss könnte man erwarten?

15 text

Martial 1,28

Acerra trinkt

Hesterno[1] fetere[2] mero[3] qui credit Acerram,
fallitur[4]: In lucem[5] semper Acerra bibit.

1 hesternus 3: gestrig **2 feteo** 2: stinken **3 merum**, -i: reiner (nicht mit Wasser gemischter) Wein **4 fallo** 3: täuschen, fallitur: med. **5 in lucem**: bis zum Morgen

■ Vertiefung 15

Welche weniger bissige Pointe, die man erwarten könnte, wird überboten?

***Abb. 4: Die trunkene Alte** (3. Jh. v. Chr.), Rom, Kapitolinisches Museum*

16 text

Martial 1,32

Abneigung gegen Sabidius

Non amo te, Sabidi, nec possum dicere, quare:
Hoc tantum[1] possum dicere: Non amo te.

1 tantum: nur

■ Vertiefung 16

1 Welche Wiederholungsfigur (➤ Stilmittel, S. 147 f.) gibt dem Epigramm seine Pointe?

2 Was geht in **Lessings** Version zusätzlich verloren?

Ich hasse dich, Sabin; doch weiß ich nicht, weswegen.
Genug, ich hasse dich. Am Grund ist nichts gelegen.

17 text

Martial 1,47

Der Arzt Diaulus

Nuper erat medicus, nunc est vispillo[1] Diaulus:
Quod vispillo facit, fecerat et[2] medicus.

1 vispillo, -onis m.: Leichenträger
2 et = etiam

■ Kommentar 17

Da es bis etwa 200 n. Chr. keine Prüfungen für die Ausübung des ärztlichen Berufs gab, „drängten sich viele Unberufene, besonders aus den unteren Ständen, zur Ausübung der Kunst, die im

4

Fall des Gelingens sehr einträglich war. Schuster, Zimmerleute, Färber, Schmiede gaben ihr Handwerk auf und wurden Ärzte; wie denn wohl auch Ärzte, denen es nicht glückte, das Leichenträger- oder Gladiatorenhandwerk ergriffen“ (L. Friedländer, Darstellungen aus der Sittengeschichte Roms).

Vertiefung 17

1 Mit welchem deutschen Wort könnte man *vispillo* wiedergeben, um die Pointe (eigentliche und metaphorische Verwendung desselben Wortes) in die Übersetzung zu bringen?
2 Welche syntaktische Figur zeigt der Hexameter, welche der Pentameter?
3 Zum Vergleich:

a **Giorgio Anselmi** (um 1500), ***„De Sosylo medico“***

De lanio[1] medicus fit Sosylus; haud nova res est:
  Fecit enim lanius, quod facit et medicus.

1 lanius, -i: Fleischhauer

b **Lessing, 122. Sinngedicht**

Klystill, der Arzt – der Mörder sollt' ich sagen -
will niemands frühern Tod mehr auf der Seele tragen,
und giebt, aus frommer Reu, sich zum Husaren an,
um das nie mehr zu tun, was er so oft gethan.

Welches Rezeptionsbeispiel entspricht den Gesetzen des Epigramms mehr?

18 text

Martial
1,57

Was für ein Mädchen?

Qualem, Flacce, velim, quaeris, nolimve puellam?
  Nolo nimis facilem[1] difficilemque nimis.
Illud, quod medium est atque inter utrumque, probamus[2]:
  nec volo, quod cruciat, nec volo, quod satiat[3].

1 facilis, -e: leicht zu haben
2 probo 1: gutheißen
3 satio 1: h. übersättigen

Vertiefung 18

1 Was lässt sich über die Wörter an den Versrändern sagen?
2 Worin liegt die überraschende Pointe?

19 text

Martial
1,62

Der Badeaufenthalt der Laevina in Baiae

Casta nec antiquis cedens[1] Laevina Sabinis[2]
  et quamvis[3] tetrico[4] tristior[5] ipsa viro,
dum modo Lucrino[6], modo se permittit Averno[7]

1 **1 cedo** 3: nachstehen **2 Sabini**, -orum: Die Sabiner waren für ihre Sittenstrenge bekannt **3 quamvis**: schon genügend (konzessiv zu *tetrico)* **4 tetricus** 3: sittenstreng **5 tristis**, -e: ernst **6 Lucrino** sc. lacu: Lukrinersee: ein Kratersee bei Neapel **7 Averno** sc. lacui

et dum Baianis[8] saepe fovetur[9] aquis,
incidit in flammas iuvenemque secuta relicto
coniuge Penelope[10] venit, abit Helene[11].

8 Baianus 3: Adj. zu Baiae: ein mondänes Thermalbad bei Neapel (➤ S. 105) **9 foveo** 2: wärmen
10 Penelope (prädikativ): als P., die Frau des Odysseus, Urbild ehelicher Treue **11 Helene**: Frau des Menelaos, fuhr mit Paris nach Troja; Urbild ehelicher Untreue

Vertiefung 19

1 Welche Vorstellung wird in V. 3 mit *se permittit* und den beiden Namen suggeriert?

2 Welche Sinnfigur (➤ Stilmittel, S. 148 f.) entsteht in V. 4 f. durch die Aufeinanderfolge von *fovetur aquis* und *incidit in flammas*?

3 Welche syntaktische Figur (➤ Stilmittel, S. 148) unterstreicht die Schlusspointe in V. 6?

20 text

Martial
1,73

Caecilianus und seine Frau

Nullus in urbe fuit tota, qui tangere vellet
uxorem gratis[1], Caeciliane, tuam,
dum licuit. Sed nunc positis custodibus ingens
turba fututorum[2] est: Ingeniosus[3] homo es.

1 gratis = gratiis: für den bloßen Dank, umsonst
2 fututor, -oris m.: Liebhaber, wörtlich?
3 ingeniosus 3: erfinderisch

21 text

Martial
1,109

Publius und seine Issa

Issa est passere nequior[1] Catulli,
Issa est purior osculo[2] columbae[3],
Issa est blandior[4] omnibus puellis,
Issa est carior Indicis lapillis,
Issa est deliciae[5] catella[6] Publi.
Hanc tu, si queritur, loqui putabis;
sentit tristitiamque gaudiumque.
Collo[7] nixa[8] cubat capitque somnos,
ut suspiria[9] nulla sentiantur;
et desiderio[10] coacta ventris[11]
gutta[12] pallia[13] non fefellit[14] ulla,
sed blando pede suscitat[15] toroque[16]
deponi monet et rogat levari[17].
Castae tantus inest pudor catellae,
ignorat Venerem, nec invenimus
dignum[18] tam tenera virum puella.
Hanc ne lux[19] rapiat suprema totam,

1 nequior: verspielter (vom Adv. *nequam*)
2 osculum, -i: h. Schnäbelchen **3 columba**, -ae: Taube **4 blandus** 3: schmeichelnd
5 deliciae, -arum: Freude, Vergnügen **6 catella**, -ae: junge Hündin
7 collum, -i: Hals, collo sc. suo **8 nitor** 3, nixus sum (+ abl.): sich stützen auf **9 suspirium**, -i: Seufzer
10 desiderium, -i: Bedürfnis **11 venter**, ventris m.: Bauch **12 gutta**, -ae: Tropfen (gutta ... ulla: abl. instr.) **13 pallium**, -i: h. Bettdecke **14 fallo** 3: h. (heimlich) beflecken **15 suscito** 1 sc. Publium: aufwecken **16 torus**, -i: Bett **17 levo** 1: aufheben
18 dignus 3 (+ abl.): würdig (+ gen.)
19 lux ... suprema: letzter Tag

picta Publius exprimit[20] tabella[21],
in qua tam similem videbis Issam,
ut sit tam similis sibi nec ipsa.
Issam denique pone cum tabella:
Aut utramque putabis esse veram
aut utramque putabis esse pictam.

20 exprimo 3: h. darstellen **21 tabella**, -ae: kleines Bild

Kommentar 21

Der Name **Issa** soll mit *issa*, der umgangssprachlichen Form von *ipsa* assoziiert werden (vgl. ital. essa/sie), womit Sklaven die Herrin und Elegiendichter die Geliebte bezeichneten.
1 passere ... Catulli: Anspielung auf ein Gedicht Catulls (➤ T 2.9, S. 51), in dem dieser den Tod des Lieblingsvogels (Blaudrossel oder Sperling) seiner Geliebten beklagt. **1–5** Die Anapher (➤ Stilmittel 20, S. 147) entspricht dem Stil eines Götterhymnus, der hier parodiert wird.

Vertiefung 21

1 Wo wird die mit dem Namen Issa geweckte Erwartung enttäuscht?
2 Worin zeigt sich die Ironie des Gedichts?
3 Inwiefern entspricht in den Versen 22 f. die Form dem Inhalt?

22 text

Martial
2,38

Der Ertrag des Landgutes

Quid mihi reddat ager, quaeris, Line, Nomentanus?
Hoc mihi reddit ager: Te, Line, non video.

Vertiefung 22

Im Doppelsinn welchen Wortes liegt die Pointe?

23 text

Martial
2,56

Die Frau des Statthalters

Gentibus in Libycis uxor tua, Galle[1], male audit[2]
immodicae foedo crimine[3] avaritiae.
Sed mera narrantur mendacia[4]: Non solet illa
accipere omnino. Quid solet ergo? Dare.

1 Gallus ist Statthalter in der Cyrenaica, dem Gebiet um Cyrene in Ostlibyen. **2 audio** statt *dicor:* man spricht von mir **3 crimen**, -inis m.: Vorwurf **4 mendacium**, -i: Lüge

Kommentar 23

1 Gallus könnte zugleich ein sprechender Name sein: Galli hießen die Priester der Göttin Kybéle, die sich bei ihrem Kult selbst entmannten …

Vertiefung 23

1 Zu welchem Begriff steht *accipere* in Antithese?

2 In der Doppeldeutigkeit welches Begriffs liegt die Pointe des Epigramms?

24 text

Martial
3,12

Der knausrige Gastgeber Fabullus

Unguentum, fateor, bonum dedisti
convivis[1] heri, sed nihil scidisti[2].
Res salsa[3] est bene olere et esurire[4]:
Qui non cenat et unguitur[5], Fabulle,
hic vere mihi mortuus videtur.

1 **1 conviva**, -ae m.: Gast **2 scindo** 3, scidi, scissus: (Fleisch) schneiden **3 salsus** 3: salzig; witzig **4 esurio** 4: hungern **5 unguo** 3: salben

Kommentar 24

5 mortuus: In vornehmen Familien wurden Tote von Leichenwäschern *(pollinctores)* gewaschen und gesalbt und bis zu sieben Tagen im Atrium aufgebahrt.

Vertiefung 24

Woran ist zu erkennen, dass Martial an Catulls 13. Gedicht (➤ T 1.1, S. 114) erinnern will? Stelle die Unterschiede fest:

a in der Rolle der Figuren,

b in der zeitlichen Relation zwischen Gedicht und Anlass (Gastmahl).

25 text

Martial
3,53

Nein danke!

Et voltu poteram[1] tuo carere
et collo[2] manibusque cruribusque
et mammis natibusque[3] clunibusque[4]
et, ne singula persequi[5] laborem[6],
tota te poteram, Chloë, carere.

1 **1 poteram**: Das Impf. drückt den Zustand aus, der von der Vght. in die Ggw. reicht **2 collum**, -i: Hals **3 natis**, -is f.: Hinterbacke, pl. Gesäß **4 clunis**, -is m.: Hintern **5 persequor** 3: h. aufzählen **6 laboro** 1: h. sich die Mühe machen

Vertiefung 25

1 Welcher Körperteil wird durch eine Wiederholungsfigur (➤ Stilmittel, S. 147 f.) besonders hervorgehoben?

2 Formuliere das Epigramm zu einem Liebesgedicht um.

26 text

Martial 3,55

Die parfumierte Gellia

Quod[1], quacumque[2] venis, Cosmum[3] migrare putamus
et fluere excusso cinnama[4] fusa vitro[5],
nolo[6] peregrinis[7] placeas tibi, Gellia, nugis[8]:
Scis, puto, posse meum sic bene olere canem.

1 quod: was das betrifft, dass **2 quacumque** sc. via: überall, wohin **3 Cosmus** ist ein Parfumhändler **4 cinnama**, -orum: Zimtextrakt **5 vitrum**, -i: Glas(flasche) **6 nolo ... placeas** = noli placere **7 peregrinus** 3: fremd, importiert **8 nugae**, -arum: unnötiges Zeug

Kommentar 26

1 **Cosmus** ist der personifizierte griech. *kósmos* (= Schmuck, Körperpflege; Ordnung).

2 **cinnama**: Kleine Flaschen mit Zimtextrakt wurden auch in Gräbern gefunden. Zimtextrakt und Zimtrinde wurden von den Phöniziern aus Ostasien in den Mittelmeerraum gebracht und als Parfum- und Salbenzusatz und als adstringierende Arznei (die Wunde verschließend), aber nicht als Gewürz verwendet.

27 text

Martial 4,12

Die gefällige Thaïs

Nulli[1], Thaï[2], negas, sed si te non pudet istud,
hoc saltem[3] pudeat, Thaï, negare nihil!

1 nulli: statt nemini **2 Thaï**: griech. Vokativ **3 saltem**: wenigstens

Kommentar 27

2 **nihil**: Gemeint ist vor allem die *fellatio*, über die sich Martial oft lustig macht.

Vertiefung 27

Inwiefern ist das Epigramm chiastisch (➤ Stilmittel 33, S. 148) gebaut?

4

28 text

Martial 5,43

Schwarze und weiße Zähne

Thaïs habet nigros, niveos[1] Laecania dentes.
Quae ratio[2] est? Emptos[3] haec habet, illa suos.

1 niveus 3: schneeweiß **2 ratio**: statt *causa* **3 emo** 3, emi, emptus: kaufen

Kommentar 28

Die Technik des Zahnersatzes lernten die Römer von den Etruskern, die sich schon im 7. Jh. darauf verstanden. Ursprünglich setzte man Goldzähne ein, später Tierzähne oder elfenbeinerne. Plomben waren nicht bekannt.

Vertiefung 28

Durch welche syntaktische Figur (➤ Stilmittel, S. 148) wird der Gegensatz unterstrichen?

29 text

Martial
6,7

Die vielen Ehen der Telesilla

Iulia lex[1] populis ex quo[2], Faustine, renata est
atque intrare domos iussa Pudicitia est,
aut minus aut certe non plus tricesima lux est,
et nubit decimo iam Telesilla viro.
Quae nubit totiens, non nubit: Adultera[3] lege est.
Offendor[4] moecha[5] simpliciore[6] minus.

1 **1 Iulia lex** ➤ K **2 ex quo**: seit

5 **3 adultera**, -ae: Ehebrecherin **4 offendor** (+ abl.): sich ärgern über ... **5 moecha**, -ae: Ehebrecherin; Hure **6 simplex**, -icis: ehrlich

Kommentar 29

1 Iulia lex: Domitian erneuerte die augusteische *lex Iulia de adulteriis coërcendis* (julisches Gesetz zur Einschränkung des Ehebruchs) vom Jahr 18 v. Chr., die den Ehebruch von Frauen und ein Verhältnis mit Freigeborenen und Witwen (!) unter Strafe stellte.

30 text

Martial
8,12

Nur keine reiche Frau!

Uxorem quare locupletem[1] ducere[2] nolim,
quaeritis? Uxori nubere[3] nolo meae.
Inferior matrona suo sit, Prisce, marito:
Non aliter fiunt femina virque pares.

1 locuples, -etis: reich **2 ducere** sc. in matrimonium **3 nubo** 3: heiraten: mit Dat. nur von der Frau gesagt, daher h. „Frau werden“

Kommentar 30

1 locupletem: Schon Kleobulos von Lindos, einem der Sieben Weisen (7. Jh. v. Chr.), wird der Ausspruch zugeschrieben: „Man muss aus gleichem Rang heiraten, denn wenn man eine aus höherem Stand heiratet, bekommt man Herrn und nicht Verwandte.“ Publilius Syrus (1. Jh. v. Chr.): *Casta ád virúm matróna párendo ímperát.* **3 Priscus** war ein Freund und Gönner Martials, den er in 12,4 seinen *Maecenas* nennt. Der Name ist hier aber auch deshalb gewählt, weil Priscus die gesunden „alten“ Ansichten vertritt. Über Heiraten aus Geldgier macht sich Martial immer wieder lustig: vgl. 1,10 (➤ T 4.14, S. 126).

Vertiefung 30

Was kann aus dem Epigramm über die Stellung der Frau gesagt werden?

31 text

Martial
8,31

Dento und das „ius trium liberorum“

Nescioquid[1] de te non belle, Dento, fateris,
coniuge qui ducta[2] iura paterna[3] petis.
Sed iam supplicibus[4] dominum[5] lassare[6] libellis[7]
desine et in patriam serus[8] ab urbe redi!
Nam dum tu longe deserta uxore diuque
tres quaeris natos, quattuor invenies.

1 **1 nescioquid** = aliquid **2 ducta** sc. in matrimonium **3 iura paterna**: statt *ius trium liberorum* ➤ K **4 supplex**, -icis: bittend **5 dominus**, -i: Kaiser ➤ K **6 lasso** 1: ermüden **7 libellus**, -i: Schriftstück, Gesuch **8 serus** 3: spät, endlich (Prädikativ statt Adv.)

Kommentar 31

2 Das **ius trium liberorum** (hier poetisch *natorum*), ein Privileg, das erstmals Caesar Vätern von drei Kindern bei der Ansiedlung im kampanischen Staatsland (59 v. Chr.) gewährte, bedeutete seit Augustus auch Bevorzugung bei der Ämterbewerbung (also im *cursus honorum*) und im Erbrecht. Es wurde allerdings auch Kinderlosen für andere Leistungen als *munus* (Geschenk) gewährt, z. B. für das dichterische Werk: so Horaz und Martial.

3 dominus nannte sich als erster Kaiser der tyrannische Domitian, womit alle anderen Reichsbewohner zu *servi* degradiert waren. Er verwandelte damit den von Augustus begründeten Prinzipat in den sog. Dominat, ein Gottkönigtum nach dem Vorbild der hellenistischen Könige, der Nachfolger Alexanders d. Großen.

*Abb. 5: **Kaiser Domitian** (81–96), Rom, Konservatorenpalast*

Vertiefung 31

1 Was wird (unausgesprochen) Dento, was seiner Frau vorgeworfen?
2 In welchen Wörtern liegt die Schlusspointe?

32 text

Martial
8,54

Die schöne Catulla

Formonsissima[1], quae fuere vel sunt,
sed vilissima[2], quae fuere vel sunt,
o quam te fieri, Catulla, vellem
formonsam minus aut magis pudicam[3]!

1 formonsus 3 = formosus
2 vilis, -e: billig (zu haben)
3 pudicus 3: schamhaft, anständig

Vertiefung 32

1 Welche Figuren (➤ Stilmittel, S. 147 ff.) fallen auf? Welche Beziehung haben sie zum Inhalt?
2 Warum heißt die Frau „Catulla“?

33 text

Martial
8,79

Fabulla und ihre Freundinnen

Omnes aut vetulas[1] habes amicas
aut turpes vetulisque foediores[2].
Has ducis comites trahisque tecum
per convivia[3], porticus[4], theatra:
Sic formosa, Fabulla, sic puella es.

1 **1 vetulus** 3: alt; vetula (subst.): Vettel **2 foedus** 3: hässlich

3 convivium, -i: Gastmahl

4 porticus, -us f.: Säulengang

34 text

Martial
9,15

Die Witwe Chloë

Inscripsit tumulis[1] septem scelerata virorum
se fecisse Chloë: Quid pote[2] simplicius[3]?

1 tumulus, -i: Grab(hügel)

2 pote (indecl.): könnte sein

3 simplex, -icis: einfach; ehrlich

Kommentar 34

1 septem: Eine Frau mit sieben Männern war das lasterhafte Gegenstück zum römischen Ideal der *univira*, der Frau, die in ihrem ganzen Leben nur einen Mann hatte. **2 se fecisse**: Auf römischen Grabsteinen stand nicht nur der Name des Toten, sondern auch dessen, der den Stein setzen ließ; in diesem Fall also: *Chloë uxor fecit*.

Vertiefung 34

Cicero nennt in seinem Lehrbuch der Rhetorik *(„De oratore")* den Doppelsinn als Mittel der Komik: In welchen zwei Wörtern liegt er hier?

35 text

Martial
10,8

Paula ist mir zu jung

Nubere[1] Paula cupit nobis, ego ducere[2] Paulam
nolo: Anus[3] est. Vellem, si magis esset anus.

1 nubo 3 + dat.: heiraten **2 ducere**: sc. in matrimonium **3 anus**, -us f.: alte Frau

Vertiefung 35

1 Ist das *ego* hier real oder fiktiv?

2 Cicero schreibt in seinem Lehrbuch der Rhetorik *(„De oratore")*: *Notissimum ridiculi genus, cum aliud exspectamus, aliud dicitur*. Welcher andere Schluss wäre hier zu erwarten?

36 text

Martial
11,100

Versmaß: Hinkjamben

Mein Frauenideal

Habére amícam nólo, Flácce, súbtílem[1],
cuius lacertos[2] anuli[3] mei cingant,
quae clune[4] nudo radat[5] et genu[6] pungat[7],
cui serra[8] lumbis[9], cuspis[10] eminet culo[11].
Sed idem amicam nolo mille librarum[12].
Carnarius[13] sum, pinguiarius[14] non sum.

1 **1 subtilis**, -e: h. zu zart **2 lacertus**, -i: Oberarm **3 anulus**, -i: Ring **4 clunis**, -is m.: Hintern **5 rado** 3: kratzen **6 genu**, -us n.: Knie **7 pungo** 3: stechen **8 serra**, -ae: Säge **9 lumbus**, -i: Lende *(lumbis* abl. sep. zu *eminet)* **10 cuspis**, -idis m.: Spieß **11 culus**, -i: Hintern
5 **12 libra**, -ae: Pfund (0,327 kg) **13 carnarius**, -i: Liebhaber des Fleisches **14 pinguiarius**, -i: Liebhaber des Fettes (ad hoc gebildet)

Vertiefung 36

Was haben die Pointen dieses und des vorigen Epigramms gemeinsam?

37 text

Martial
12,42

Callistratus und Afer heiraten

Barbatus rigido[1] nupsit Callistratus Afro
hac[2], qua lege viro nubere virgo solet.
Praeluxere[3] faces[4], velarunt[5] flammea[6] vultus,
nec tua defuerunt verba, Talasse[7], tibi.
Dos[8] etiam dicta est. Nondum tibi, Roma, videtur
hoc satis? Expectas numquid[9], ut et pariat?

1 **1 rigidus** 3: steif, hart, h. bärtig (der Dativ bei *nubere* sonst von der Heirat der Frau) **2 hac** sc. lege **3 prae-luceo** 2: voranleuchten **4 fax**, -cis f.: (Hochzeits-)Fackel **5 velo** 1: verhüllen **6 flammeum**, -i: (feuerfarbener) Brautschleier **7 Talassus**: Hochzeitsgott (der angerufen wird)
5 **8 dos**, dotis f.: Mitgift **9 numquid** = num

Kommentar 37

1 **barbatus** macht deutlich, dass es sich hier nicht um die in der Antike gesellschaftlich akzeptierte Liebe zu einem halbwüchsigen Knaben handelt, sondern um die als pervers empfundene Beziehung zwischen erwachsenen Männern. Eine Hochzeit zwischen Männern erwähnen auch Tacitus (Annales 15,37: Nero und der Freigelassene Pythagoras) und Sueton (Caligula 24,3; 36,1).

Vertiefung 37

In welchem Wort erreicht die Verspottung ihren Höhepunkt?

38 text

Martial
12,58

Alauda und seine Frau

Ancillariolum[1] tua te vocat uxor et ipsa
lecticariola[2] est: Estis, Alauda, pares.

1 ancillariolus, -i: einer, der hinter Sklavinnen her ist, Schürzenjäger **2 lecticariola**, -ae: eine, die hinter Sänftenträgern, d. h. kräftig gebauten Sklaven, her ist (ad hoc-Bildung um der Pointe willen)

■ Vertiefung 38

Was hat das Epigramm mit 11,100 (➤ T 4.36, S. 136) gemeinsam?

SPÄTANTIKE PROSA

Aulus Gellius (2. Jh. n. Chr.)

Aulus Gellius studierte Rhetorik und wurde zum Richter in Privatprozessen ernannt. Ein ganzes Jahr verbrachte er in Athen, und weil er dort „in den langen Winternächten" allerlei *commentationes* (Abhandlungen) zur Geschichte, Philosophie, Rechtswissenschaft etc. hörte, nannte er deren Sammlung in 20 Büchern ***„Noctes Atticae"***. (Erhalten sind die Bücher 1–7 und 9–20.)

39 text

Gellius,
Noctes Atticae 1,23,4–13

Der schlaue Papirius

Mos antea senatoribus Romae fuit in curiam cum praetextatis[1] filiis introire. Tum, cum in senatu res maior consultata[2] eaque in diem posterum prolata[3] est placuitque[4], ut[5] eam rem, super[6] qua tractavissent[7], ne quis enuntiaret, priusquam decreta esset, mater Papirii pueri, qui cum parente suo in curia fuerat, percontata[8] est filium, quidnam in senatu patres egissent. Puer respondit tacendum esse neque id dici licere. Mulier fit audiendi cupidior: Secretum[9] rei et silentium pueri animum eius ad inquirendum[10] everberat[11]: Quaerit igitur compressius violentiusque. Tum puer matre urgente lepidi[12] atque festivi[13] mendacii[14] consilium capit. Actum[15]

1 **1 praetextatus** ➤ K
2 consulto 1: beraten **3 profero**, -tuli, -latus: aufschieben, vertagen **4 placet**: man beschließt
5 **5 ut … ne quis** = ne quis **6 super** = de **7 tracto** 1: verhandeln
8 percontor 1: ausfragen
10 **9 secretum**, -i: h. Verheimlichung
10 inquiro 3: nachforschen, nachfragen **11 everbero** 1: reizen
15 **12 lepidus** 3: fein **13 festivus** 3: festlich, h. lustig
14 mendacium, -i: Lüge **15 actum** sc. esse

***Abb. 6: Die* Curia** *(Senatsgebäude) auf dem* Forum Romanum

in senatu dixit, utrum videretur utilius exque[16] re publica esse, unus ut duas uxores haberet, an ut una apud duos nupta esset. Hoc illa ubi audivit, animus conpavescit[17], domo trepidans[18] egreditur ad ceteras matronas. Pervenit ad senatum postridie matrum familias[19] caterva[20]: Lacrimantes atque obsecrantes[21] orant, una potius[22] ut duobus nupta fieret quam ut uni duae. Senatores ingredientes in curiam, quae illa mulierum intemperies[23] et quid sibi[24] postulatio ista vellet, mirabantur. Puer Papirius in medium curiae progressus, quid mater audire institisset[25], quid ipse matri dixisset, rem, sicut fuerat, denarrat. Senatus fidem atque ingenium pueri exosculatur[26], consultum facit, uti posthac pueri cum patribus in curiam ne introeant praeter ille unus Papirius, atque puero postea cognomentum[27] honoris gratia[28] inditum[29] „Praetextatus“ ob tacendi loquendique in aetate praetextae prudentiam.

16 ex re publica: zum Nutzen des Staates

17 conpavesco 3 (intr.): erschrecken **18 trepido** 1: h. aufgeregt sein

19 familias: alter Gen. **20 caterva**, -ae: Schar

21 obsecro 1: beschwören, anflehen

22 potius (adv.): eher, lieber

23 intemperies, -ei f.: Unbeherrschtheit

24 quid sibi vult?: Was hat zu bedeuten?

25 insisto 3, institi: drängen

26 ex-osculor 1: besonders loben

27 cognomentum, -i = cognomen **28 gratia** (= causa nach Gen.): wegen **29 inditum** = datum

Kommentar 39

2 praetextatus: mit purpurgesäumter Toga: Diese *toga praetexta* trugen junge Römer bis zum 17. Lebensjahr, danach die *toga virilis* (Männertoga).

Vertiefung 39

1 Welche zwei Aítia gibt diese Anekdote? – Ein Aítion (griech.: „Ursprung, Ursache") erklärt die Herkunft eines Namens oder Brauches.

2 Für eine römische Frau galt das Ideal der *univira*, d. h. nur einen Mann gehabt zu haben. Wo wird dieses Ideal hier ironisiert?

40 text

Gellius,
Noctes Atticae 20,1,13

Ohrfeigen gegen Barzahlung

L. Veratius fuit homo egregie inprobus atque immani vecordia[1]. Is pro delectamento[2] habebat os hominis liberi palma[3] sua verberare[4]. Eum servus sequebatur ferens crumenam[5] plenam assium. Ut quemque depalmaverat[6], numerari[7] statim secundum[8] duodecim tabulas[9] quinque et viginti asses iubebat. Propterea praetores postea hanc legem sustulerunt iniuriisque aestimandis[10] iudices se daturos edixerunt.

1 vecordia, -ae: Verrücktheit
2 delectamentum, -i: Vergnügen
3 palma, -a: Hand(fläche)
4 verbero 1: schlagen
5 crumena, -ae: Geldbeutel
6 de-palmo 1: ohrfeigen **7 numero** 1: zahlen
8 secundum (+ acc.): gemäß **9 duodecim tabulae**: Zwölf-Tafel-Gesetze
10 aestimo 1: abschätzen, beurteilen

Kommentar 40

7 Die **duodecim tabulae** waren die älteste Rechtsaufzeichnung der Römer (451 und 450 v. Chr.). (➤ „Latein in unserer Zeit. Das Lektürebuch II", S. 60)

7 f. quinque et viginti asses war nur für einen Reichen ein Bagatellbetrag: Für 30 Asse bekam man einen Scheffel (6 ½ kg) Weizen.

10 iudices: Mit der Einsetzung dieser Richter wurde das heute selbstverständliche Prinzip der „Billigkeit" begründet, d. h. es ist richterlich festzustellen, was einem Schuldigen als Strafe „zugebilligt" werden kann: Eine Geldstrafe wird in einer bestimmten Zahl von „Tagsätzen" bemessen *(aestimandis)*, die vom Einkommen abhängig sind.

Ambrosius Theodosius Macrobius (um 400 n. Chr.)

Das Hauptwerk des Macrobius sind die ***„Saturnalia“*** in sieben fragmentarisch erhaltenen Büchern: Am Saturnalienfest (17.–19. Dez.) versammeln sich gelehrte Senatoren und unterhalten sich vor allem über Vergil. Im 2. Buch geben sie Anekdoten und Witze Prominenter zum Besten.

41 text

Macrobius, Saturnalia 4,19 f.

Augustus und sein Doppelgänger

Soleo in Augusto magis mirari, quos pertulit, iocos quam, ipse quos protulit, quia maior est patientiae quam facundiae[1] laus, maxime cum aequanimiter[2] aliqua etiam iocis mordaciora[3] pertulerit. Cuiusdam provincialis[4] iocus asper innotuit[5]. Intraverat Romam quidam simillimus Caesari[6] et in se omnium ora converterat. Augustus perduci ad se hominem iussit visumque hoc modo interrogavit: „Dic mihi, adulescens, fuit aliquando mater tua Romae?“ Negavit ille nec contentus[7] adiecit: „Sed pater meus saepe.“

1 **1 facundia**, -ae: Redegewandtheit, Schlagfertigkeit **2 aequanimis**: mit Gleichmut
5 **3 mordax**, -acis: beißend, boshaft **4 provincialis**, -is m.: Provinzbewohner **5 innotesco** 3, -notui: bekannt werden **6 Caesari** = Augusto
10 **7 contineo** 2, -ui, -tentus: zurückhalten, (med.:) sich z.

Abb. 7: Kaiser Augustus *(27 v.–14 n. Chr.), Rom, Kapitolinisches Museum*

ZEITGENÖSSISCHE LATEINISCHE LITERATUR

Wolfram Kautzky (geb.1957)

Lateinlehrer in Wien. Seine ***„Nuntii Latini"***, lateinische Versionen erstaunlicher und amüsanter Nachrichten aus aller Welt, waren seit 1991 im Teletext zu lesen und sind seit 1995 wöchentlich in der Wiener Tageszeitung „Kurier" veröffentlicht. Eine Auswahl von 34 + 30 Texten ist unter dem Titel „Nuntii Latini. Übersetzungsvergnügen mit lateinischen News" in Buchform erschienen (Durchstarten in Latein, Teil 1 und 2, Veritas, Linz ²2000 bzw. 2004).

42 text

Kautzky,
Nuntii Latini

De Iesu ut milionario – Jesus als Millionär

Iam pridem Franciscus Clivus, vir Anglicus LXXII annorum, rem familiarem suam Iesu Christo legare[1] in animo habuit. Qua de causa contractum inusitatum[2] cum „Lloyd's", societate securitatum[3], iniit. Secundum[4] quod pactum Iesus centum milia librarum[5] Anglicarum accipiet, si intra proximos LXXX annos in terram reverterit et se re vera[6] Christum esse probaverit[7]. Interea iam XXII homines, inter quos etiam unus coloratus[8] duaeque feminae erant, societatem adierunt summam cautionis[9] postulaturi. Adhuc autem cuncti petitores[10], postquam diligenter examinati sunt, repudiati[11] sunt.

1 lego 1: vermachen **2 inusitatus** 3: ungewöhnlich **3 societas securitatum**: Versicherungsgesellschaft **4 secundum** (+ acc.): gemäß **5 libra**, -ae: Pfund

6 re vera: wirklich **7 probo** 1: beweisen **8 coloratus**, -i: Farbiger **9 summa cautionis**: Versicherungssumme **10 petitor**, -oris m.: Bewerber **11 repudio** 1: abweisen

43 text

Kautzky,
Nuntii Latini

De basiatorum[1] rege – Der Küsserkönig

Permulti in Lituania[2] certamini basiationis perpetuae, quod a quadam statione radiophonica apparatur[3], interesse student. Leges facillimae sunt: Participibus[4] singulis horis X minutas, quaternis[5] horis XXX minutas se recreare licet, reliquo tempore basiandum est. Victores huius anni, qui L horas continenter basiaverant, praemio navigationis affecti sunt – quam scilicet separati facturi sunt.

1 basiator, -oris m.: Küsser **2 Lituania**: Litauen **3 apparo** 1: veranstalten **4 particeps**, participis m. + f. : Teilnehmer **5 quaterni**: je vier

44 text

Kautzky,
Nuntii Latini

Sinus Danicus[1] – Der dänische Busen

In Dania cuidam sui ipsius nudatrici[2] non contigit[3], ut pro suo sinu remissionem[4] fiscalem[5] acciperet. Anno proximo officium[6] fiscale urbis Vejle nudatrici nomine Lia Damen concesserat, ut in sua confessione censuali[7] MMMC eurones, quos ad sinus amplificandos impenderat[8], velut sumptum[9] pervulgationis[10] deduceret[11], quod illa sectio[12] pro successu professionali necessaria fuisset. Quod argumentum a summis magistratibus fiscalibus reiectum[13] est. Cum femina XXIX annos nata summam fisci instantiam regni Danici adisset, ut ipsa argumenta sua (de)monstraret, tamen eius sinus siliceus non ut „instrumentum laboris necessarium" probatus[14] est. Nunc nudatrix sperat suum sinum titulo „oneris inusitati[15]" deduci posse.

1 Danicus 3: dänisch
1 **2 sui ipsius nudatrix**: Stripperin (wörtl.?) **3 contingit**: es gelingt **4 remissio**, -onis f.: Nachlass **5 fiscalis**, -e: Steuer- **6 officium fiscale**: Finanzamt **7 confessio censualis**: Steuererklärung
5 **8 impendo** 3: aufwenden, zahlen **9 sumptus**, -us m.: Aufwand **10 pervulgatio**, -onis f.: Werbung **11 deduco** 3: abziehen **12 sectio**, -onis f.: Operation **13 reicio** 3M, -ieci, iectus: abweisen
10 **14 probo** 1: anerkennen **15 onus inusitatum**: außergewöhnliche Belastung

Gerardus Alesius (geb. 1967)

Gerd Allesch wurde in Klagenfurt geboren und studierte in Wien Klassische Philologie. Unter dem Titel ***„Epigrammatum libellus"*** publizierte er 101 meist kurze, epigrammatische Gedichte; viele davon sind Spottgedichte in der Tradition Catulls und Martials (Edition Praesens, Wien 2000).

45 text

Alesius,
carmen IX

Versmaß: elegisches Distichon

Ad quendam iactantem[1] illud Socraticum[2]

Scire nihil te scire refers iactasque libenter:
 Non opus[3] est, quia te nil ego scire scio.

1 iacto 1: werfen, h. (Worte) von sich geben **2 Socraticum**, -i: Ausspruch des Sokrates **3 opus est**: es ist nötig

Vertiefung 45

In welchem Kontrast liegt die Komik?

***Abb. 8: Sokrates**, Marmor (4. Jh. v. Chr.), Rom, Kapitolinisches Museum*

46 text

Alesius, carmen XXII

Versmaß: elegische Disticha

Ad Cornutum

Magnum corpus habes, cerebrum, Cornute, minutum:
  Sic natura viros ludere[1] saepe solet.
Insolitum tantis in membris quod mage[2] miror,
  hoc est: Omnino viribus ista carent.
Uxor testis erit, tibi quae praeferre[3] fatetur
  pupillum[4] exiguum, qui sibi tundat[5] utrem[6].

1 ludo 3: h. verspotten
2 mage = magis
3 praefero: vorziehen **4 pupillus**, -i: Bübchen **5 tundo** 3: stoßen **6 uter**, -is m.: eigtl. lederner Schlauch, hier?

Vertiefung 46

Wo wird klar, dass der Verspottete einen sprechenden Namen hat?

47 text

Alesius, carmen XXIV

Versmaß: elegische Disticha

Ad Bassam

Te quia non futuo[1], rumores ore procaci[2]
  spargis me solos noscere[3] posse viros.
Hoc tibi persuasum est. Veram si quaerere causam
  vis et scire: Tuum, Bassa, roga speculum[4]!

1 futuo 3: ficken **2 procax**, -cis: frech, unverschämt **3 nosco** 3: erkennen (in sexuellem Sinn, wie in der Bibel) **4 speculum**, -i: Spiegel

48 text

Alesius, carmen XXVII

Versmaß: elegisches Distichon

Ad Bassum

Arrigis[1] ad vetulas[2], pendet tua cauda[3] puellis:
  non ideo demens, provida sed potius.

1 arrigo 3: aufrichten **2 vetula**, -ae: alte Frau, Vettel **3 cauda**, -ae: Schwanz

Vertiefung 48

Welches Wort deutet die unausgesprochene Pointe an?

49 text

Alesius, carmen XL

Versmaß: elegisches Distichon

Ad Labullam

Caecus[1] amor cum sit, poteris sperare, Labulla,
  errans ut quondam te quoque conveniat[2].

1 caecus 3: blind **2 convenio** 4 (+ acc.): zusammenkommen mit jem.

50 text

Alesius, carmen XLIX

Versmaß: Phaläceischer 11-Silber

Ad superbum

Úrbané[1] nimis háud facís, Supérbe,
quod, cum te aspiciens saluto comis[2],
nullo tu pretio refers salutem,
quamvis sim facilis[3] tibique apertus
protendamque[4] manum meam libenter.
Sed transis acidus[5] trucique[6] fronte,
quam si citrea[7] tota devorasses[8].
Ignosco[9] tamen et volens, Superbe,
dulcis dum tua me salutat uxor.

1 **1 urbanus** 3: höflich
2 comis, -e: freundlich
3 facilis, -e: umgänglich, freundlich
5 **4 pro-tendo** 3: entgegenstrecken
5 acidus 3: sauer **6 trux**, -cis: grimmig, finster **7 citreum**, -i: Zitrone
8 devoro 1: verschlingen **9 ignosco** 3: verzeihen

Vertiefung 50

Welche Rache für die Unhöflichkeit ist hier angedeutet?

51 text

Alesius, carmen LII

Versmaß: Phaläceischer 11-Silber

Ad Lupercum de Lygia

Multi unam Lygiam volunt, Luperce,
frustra: Spernit enim obvios[1] amores.
Nolentes petit invicem[2] puella
affectatque[3] viros volens superbos.
Ergo quid facias, Luperce, apertum est:
Possis ut Lygiam, Luperce, noli!

1 **1 obvius** 3: entgegenkommend, freundlich
2 invicem: ihrerseits, von sich aus
3 affecto 1: zu gewinnen suchen

Vertiefung 51

Welches Verbum ist hier „prägnant" gebraucht (➤ Stilmittel 46, S. 149)?

4

52 text

Alesius, carmen LXIX

Versmaß: elegische Disticha

Ad Nealcen

Non ego te futuam, quamvis sis pulcra, Nealce,
stultula[1] quod nimium stultiloquaxque nimis.
Arrigo[2], cum video te, sed non depsere[3] possum:
Quamvis mentula[4] ait[5], mens tamen usque negat.

1 stultulus 3: Deminutivum von stultus: dumm, dt.? **2 arrigo** 3: (ihn) hochkriegen **3 depso** 3: kneten, h. = futuo
4 mentula = penis **5 aio**: ja sagen

Vertiefung 52

Wie ist *negat* zu übersetzen, damit ein wirkungsvoller Kontrast im Schlussvers entsteht?

Kostproben aus der „*BELLA BULLA*. Lateinische Sprachspielereien“

Gesammelt von Hans Weis (Ferd. Dümmler, Bonn o. J.)
Versmaß: Im Folgenden (1.–4.) sind Hexameter mit hochgestelltem H, Disticha mit D und Pentameter mit P bezeichnet.

1. Lautmalerei:
Anonymus: Die stotternde Balba:
Balba „Vale!“ sponso[1] cum dixerat, inquit: „Apud nos
spero fu-futurum, te, Phi-philippe, brevi[2]“.[D]

> **1 sponsus**, -i: Verlobter
> **2 brevi** sc. tempore: bald

2. Alliteration:
Professor Pontanus lässt nach durchzechter Nacht an der Tür des Hörsaals folgende Nachricht anbringen: Petrus Pontanus, professor publicus, propter pocula[1] prohibetur praelegere.

> **1 poculum**, -i: Becher

3. Wortspiele:
Frühlingssturm: Ventorum violas violat[1] violentia vere.[H]
Vergiftet: Vi viri[2] vir periit.
Auf die Mädchen: Est bellum bellum bellis bellare puellis.[H]
An apple a day keeps the doctor away: Modicus cibi medicus sibi.
Virga[3] et virgo: Virga[3] solet pueros, virgo domare viros.[P]
Femina: Flet, ridet, simulat, dat, petit, odit, amat.[P]
Schopenhauer nach dem Tod einer Frau, der er eine Rente zahlen musste: Obit anus[4], abit onus.
Grabinschrift für einen Geschwätzigen: IACET TACET PLACET
Auf die Jesuiten (in der Zeit der Inquisition): Si cum Iesuitis, non cum Iesu itis.[H]
Auf dem Eton-College bei Windsor: Disce aut discede!

> **1 violo** 1: beschädigen
> **2 virus**, -i n.: Gift
> **3 virga**, -ae: Rute
> **4 anus**, -us f.: Alte

4. Versus serpentinus:
Balnea[1], vina, venus corrumpunt corpora nostra,
sed vitam faciunt balnea, vina, venus.[D]

> **1 balneum**, -i: Bad

5. Versus cancrini
(von cancer = Krebs) eleg. Disticha, die in umgekehrter Wortfolge (und mit teils verschobenen Satzzeichen) das Gegenteil des Ursprünglichen sagen:

Hochzeitswunsch: Coniugium tibi sit blandum[1] nec gaudia sumas
irrita[2]! Sis felix nec cito dispereas[3]!

Auf Luther: Sunt sacra, non mala sunt doctoris dogmata[4] nostri.
Dilige, ne spernas: est bonus, haud malus est.

Auf Päpste:
1. Laus tua, non tua fraus[5], virtus, non copia rerum
scandere[6] te fecit hoc decus eximium[7].
2. Pauperibus tua das, numquam stat ianua clausa,
fundere[8] res quaeris nec tua multiplicas.
3. Condicio[9] tua sit stabilis, non tempore parvo
vivere te faciat hic deus omnipotens!

> **1 blandus** 3: schmeichelnd, reizend **2 irritus** 3: unnütz **3 dis-per-eo**: zugrunde gehen
> **4 dogma**, -atis n.: Lehrsatz
> **5 fraus**, fraudis f.: Betrug
> **6 scando** 3: besteigen, erklimmen **7 eximius** 3: außergewöhnlich **8 fundo**: 3 h. verteilen **9 condicio**, -onis f.: h. Stellung

4

Stilmittel: Metonymien, Metaphern und Figuren

Sie kommen auch im alltäglichen Sprachgebrauch vor, werden aber besonders in der Literatur für folgende Ziele bzw. Wirkungen eingesetzt:

a) Sie meiden das Gewohnte und durchbrechen so die Erwartungen, um die Aufmerksamkeit des Lesers / der Leserin zu wecken sowie seinen / ihren Intellekt zu fordern.
b) Sie rufen bildhafte Assoziationen hervor, verstärken die Eindringlichkeit des Gesagten und wecken so die Emotionen des Lesers / der Leserin.
c) Sie passen die Sprachform dem dargestellten Inhalt an, die Wörter wirken nicht nur als Sinnträger, sondern auch durch ihren Klang und ihre Stellung.

Im Folgenden werden diese Stilmittel nach sprachlich-formalen und logischen Kriterien bzw. alphabetisch geordnet.

A. Metonymien

(von griech. *met-onymía* „Umbenennung") sind Abweichungen der Wörter von ihrer eigentlichen Bedeutung. Ursprünglich geschah dies, weil man für neue Begriffe nicht immer neue Wörter prägte, sondern den Bedeutungsumfang der vorhandenen erweiterte.

1 **Abstractum pro concreto**: *amor* Geliebte, vgl. dt. Liebe, *iuventus* junge Leute, vgl. *Jugend.*
2 **Concretum pro abstracto**: *sol* Sonne > Tag, *lux* Licht > Leben, dt. *Krone* = Herrschaft.
3 **Ant-onomasie** (Wortersatz) und Peri-phrase (Umschreibung): Ein Begriff oder ein Name wird durch eine Eigenschaft bzw. eine Herkunftsbezeichnung ersetzt: *mortales* Sterbliche = Menschen, *laniger* Wollträger = Schaf, *natus* Geborener = Sohn; *Rhodopeïus vates* der Sänger vom Rhodopegebirge = Orpheus, *Paelignus poeta* der Dichter aus dem Pälignerland = Ovid.
4 **Eu-phemismus**: „Schönreden": *exitus* Ausgang = Tod, *effero* hinaustragen = zu Grabe tragen, vgl. *Er ist von uns gegangen.*
5 **Kausalmetonymie**: Die Ursache steht für die Wirkung: *lux* Tag(esbeginn), *caelum* Wetter.
6 **Litótes**: „Schlichtheit": Statt des Wortes wird sein verneintes Gegenteil gesagt: Die scheinbare Abschwächung wirkt verstärkend: ... *nec puella nolebat:* auch sie wollte.
7 **Lokalmetonymie**: Der Ort steht für die Menschen: *domus* Familie, vgl. *Haus* Habsburg, *curia* (< co-viria) Männerversammlung > Senatsgebäude, vgl. *Kirche.*
8 **Materialmetonymie**: Das Material für das Produkt: *ferrum* Schwert.
9 **mythologische Metonymie**: Der Gott für seinen Bereich: Venus Liebe, *Bacchus* Wein, *Ceres* Brot, *Mars* Krieg.
10 **Pars pro toto**: Der Teil für das Ganze: *tectum* Dach = Haus, *puppis* Heck = Schiff.

B. Metaphern

(von griech. *meta-phorá* „Hinübertragen": in einen anderen Bereich). Während bei der Metonymie ein sachlicher, objektiver Zusammenhang zwischen eigentlicher und metonymischer Bedeutung besteht, entspringt die Metapher der subjektiven Fantasie des Autors oder Sprechers, einem unausgesprochenen Vergleich, und es besteht kein *realer* Zusammenhang zwischen Gesagtem und Gemeintem.

Viele Metaphern wurden mit der Zeit immer geläufiger und gehören mittlerweile der Alltagssprache an, weshalb sie nicht mehr als solche empfunden werden: eine *glänzende* Rede; die Frage *erhebt sich*. Gelegentlich ist nur die metaphorische Bedeutung erhalten geblieben: *decoctor* eigtl. „der zu Ende gekocht hat" > Bankrotteur. *Punkt:* eigtl. Stich > Satzzeichen. – Spontanmetaphern sind Erfindungen eines Autors, die jedoch zu geläufigen Metaphern werden können.

Nach den Wortarten kann man unterscheiden:

11 **substantivische M.**: *sal* Salz = Witz; Anmut.

12 **adjektivische M.**: *clarus* klar, hell > berühmt, *dulcis* (uxor) reizend.

13 **verbale M.**: *expugnare* erobern > für sich gewinnen, wie im Dt., (amore) *ardere* in Liebe entbrennen, wie im Dt. – Ein Sonderfall der verbalen M. ist die

14 **Personifikation**: Leblosem wird die Tätigkeit oder der Zustand von Belebtem zugeschrieben: *laedit fabula* das Gerücht verletzt. – Die Sonne *lacht*.

15 In der **Allegorie** beschränkt sich die Metapher nicht auf *ein* Wort, sondern ein ganzer Satz „sagt anderes" (griech. állo agorâsthai) als eigentlich ausgedrückt ist:
Tende plagas! Spanne die Netze = Versuche eine Frau zu gewinnen!
Ad metam properate simul! Eilt gleichzeitig zum Ziel! (beim Sex).
Oft sind Sprichwörter allegorisch: *Der Apfel fällt nicht weit ... Der Fisch beginnt am Kopf ... Eine Krähe hackt der anderen ...*
Im Gegensatz zum Vergleich stehen das Comparatum (das Verglichene) und das Comparandum (was verglichen werden soll) nicht in Form eines wie ..., so ... hintereinander, sondern es wird nur das Comparatum gesagt.

C. Figuren

entstehen durch besondere Anordnung von Wörtern und Satzgliedern.

a) Phonetische Figuren

16 **Alliteration** (Stabreim): Gleichheit der Anfangslaute: *Veni, vidi, vici.* Ich kam, ich sah, ich siegte. *Taedia tolle tui!* Vermeide den Überdruss an deiner Person!

17 **Homoio-téleuton**: griech. „gleich Endendes", Reim: In der römischen Dichtung meist nur als Binnenreim im Pentameter: *sed pater ut gnatos diligit et generos:* sondern wie ein Vater seine Söhne und Schwiegersöhne liebt. – Regelmäßig erst in der mittelalterlichen Lyrik: *sola domi sedeo, / egredi non audeo.*

18 **Onomato-pöíe**: Lautmalerei: *Quamvis sint sub aqua, sub aqua maledicere temptant.* Obwohl sie (die Frösche) unter dem Wasser sind, schimpfen sie (noch) unter dem W.

19 **Par-onomasíe**: Nebeneinander von (ähnlich klingenden) Wörtern, Wortspiel: *Amantes amentes.* Liebende (sind) Verrückte. *Eile mit Weile! Urbi et orbi.*

b) Figuren der Wiederholung und Ausdrucksfülle:

20 **Aná-pher**: „Wiederbringen", Wortwiederholung am Beginn aufeinanderfolgender Satzglieder oder Sätze: *Amor omnia suffert, omnia credit, omnia sperat.* Die Liebe erträgt alles, glaubt alles, erhofft alles: In der Übersetzung wurde aus der Anapher eine

21 **Epí-pher**: „Nachtragen", Endwiederholung. Eine Kombination aus beiden ist der

22 **Kyklos**: „Kreis": *Cras amet, qui numquam amavit, quique amavit, cras amet.* Morgen soll lieben, wer nie geliebt hat ... *Herein, o du Guter, du Alter, herein!* (Goethe). Das Gegenstück zum Kyklos ist die

23 **Ep-ana-lepse**: „Wiederaufnahme": *Spectatum veniunt, veniunt, spectentur ut ipsae.*

24 **Geminatio**: Verdoppelung: *Hic, hic sunt in numero nostro …* Hier, hier in unseren Reihen gibt es Männer … – *Sieh da, sieh da, Timotheus …* (Schiller).

25 **Polý-ptoton**: „viele Fälle“, Wiederholung eines Nomens in unterschiedlichen Kasus: *Homo homini lupus.* Der Mensch (ist) dem Menschen ein Wolf. – *Und lass ihn noch die goldne Last zu andern Lasten tragen* (Goethe).

26 **Pleonasmus**: „Überfluss“: Bedeutungsgleiche oder -ähnliche Wörter verstärken die Aussage: *Delicias libidinesque.* Vergnügen und Lust. *Vilior et levior.* Wertloser und weniger wichtig. – Auf immer und ewig. Aus und vorbei. Sonderformen des Pleonasmus sind:

27 **Tautologie**: „Dasselbe sagen“: *Sunt pueri pueri.* Kinder sind (eben) Kinder.

28 **Figura etymologica**: Prädikat und Objekt mit Wörtern des gleichen Stammes: *basia basiare.* „Küsse küssen“. *Gar schöne Spiele spiel ich mit dir* (Goethe).

29 **Epítheton ornans**: schmückendes Beiwort: Einem Substantiv ist ein Adjektiv beigegeben, das für die Situation nicht von Belang ist, aber eine bildhafte Assoziation weckt: *Caesio veniam obvius leoni.* Einem grauäugigen Löwen will ich begegnen.

c) Syntaktische Figuren:

30 **Ana-strophé**: „Umkehrung“ einer gewohnten Stellung zwecks Voranstellung des Wichtigen: *misero quod omnis eripit sensus mihi …* was *mir Armen* alle Sinne raubt.

31 **A-sýn-deton**: „Unverbundenes“: *Laudat, amat, cantat nostros mea Roma libellos* (Martial). – *Alles rennet, rettet, flüchtet* (Schiller).

32 **Poly-sýn-deton**: „vielfach Verbundenes“: *et cupit et instat et precatur et donat:* und er begehrt und drängt und bittet und schenkt. – *Und wiegen und tanzen und singen dich ein* (Goethe).

33 **Chiasmus**: die vertauschte Anordnung entsprechender Satzglieder: *Quod refugit, multae cupiunt, odere, quod instat.* Was sich rar macht, begehren viele, sie mögen nicht, was sich aufdrängt.

34 **Parallelismus**: die gleiche Anordnung entsprechender Satzglieder: *ista turpiculo puella naso:* dieses Mädchen mit der hässlichen Nase.

35 **Hypér-baton**: „Überschreitendes“ (auch Sperrstellung genannt). Die Trennung von Zusammengehörigem gibt dem Satz Spannung und Rahmung, wichtige Wörter kommen an die einprägsamen Stellen (Anfang und Schluss): *Peras imposuit Iuppiter nobis duas. …* hat uns zwei Säcke angehängt. s. auch 30.

36 **Trikolon (Dreigliedrigkeit)**: Sie erscheint oft gemeinsam mit anderen Figuren: der Alliteration, der Anapher, des Asyndetons, des Polysyndetons und der Klimax: *Tum denique interficiere, cum iam nemo tam improbus, tam perditus, tam tui similis inveniri poterit, qui id non iure factum esse fateatur.* (Cic. Cat. I,5)

d) Sinnfiguren:

Der Autor formuliert pointiert und überraschend oder verlässt überhaupt die gewohnte Sprachlogik (in alphabetischer Folge):

37 **Anti-these**: „Entgegenstellung“, wobei die gegensätzlichen Teile parallel oder chiastisch angeordnet sein können: *tanto pessimus omnium poeta, quanto tu optimus omnium patronus:* sosehr der schlechteste Dichter von allen, wie du der beste Anwalt von allen.
Animum debes mutare, non caelum! Die Einstellung musst du ändern, nicht deinen Aufenthaltsort!

38 **Ellipse**: „Auslassung“, das Fehlende ist aus dem Zusammenhang klar: *De mortuis nil nisi bene* (sc. dicatur)! Über Tote (soll man) nur Gutes (sagen). *Dextra* (manus). – *Faschiertes. Gespritzter.*

39 **En-allagé**: Vertauschung: Beziehung eines Adjektivs auf ein Substantiv, zu dem es streng logisch nicht gehört: *Vulpes avidis rapuit dentibus:* Der Wolf riss es mit gierigen Zähnen an sich, statt *vulpes avida* ...

40 **Hen-dia-dyoín**: „eins durch zwei“: Ein Gedanke (Begriff) wird durch zwei Wörter ausgedrückt: *vis numenque* göttliche Macht, *Wer reitet so spät durch Nacht und Wind?* (Goethe).

41 **Hyperbel**: Übertreibung: *Da mi basia mille!* Gib mir ... – *Tausendmal besser.*

42 **Ironie**: Verstellung: Man macht sich zum Schein die Einstellung des anderen zu eigen oder sagt das Gegenteil des Gemeinten: s. 37.: *tanto pessimus* ...

43 **Klimax**: „Leiter“, Steigerung: s. 31.

44 **Oxý-moron**: „geistvoll Törichtes“: Widersprüchliches wird vereinigt, was auf den ersten Blick dumm, dann aber geistvoll erscheint: *Festina lente!* Eile langsam! – *Beredtes Schweigen.*

45 **Pará-doxon**: „wider Erwarten“. Es werden Begriffe verbunden, die eigentlich einander ausschließen. Zum Unterschied vom Oxymoron liegt der Widerspruch aber nicht an der Oberfläche der Formulierung, sondern in der Sache selbst und löst sich daher bei näherem Hin-sehen nicht auf: *sol niger:* ein schwarzer Tag. *Cum tacent, clamant.* Indem sie schweigen, schreien sie (aus Empörung). *Summum ius summa iniuria.* – Weniger wäre mehr gewesen.

46 **Prägnanz**: Sinnträchtigkeit (prae-gnans = schwanger): In einem Wort ist ein weiterer Begriff mitenthalten: *forma* schöne Gestalt, Schönheit. – *vocem* eine schöne Stimme – *Sei ein Mann!*

47 **Pro-lépse**: Vorwegnahme: Es wird ein Attribut beigegeben, das erst nach dem im Satz Gesagten zutrifft: *Ignis mollibus ardet in medullis.* Das Feuer brennt im weichen Inneren – das erst durch das (Liebes)feuer weich wird. – *Ihm schloss auf ewig Hékate* (die Todesgöttin) *den stummen Mund* (Schiller). *Rote Eier färben. Tot umfallen.*

48 **Rhetorische** (= in Reden häufige) **Frage**, die keine Antwort erwartet: *Tecum Lesbia nostra comparatur?* Mit dir vergleicht man meine Lesbia?

Verslehre (Metrik)

Was ist eigentlich ein Vers?

Unter einem Vers verstehen wir heute eine regelmäßige Abfolge von betonten und unbetonten Silben, z. B.:

Ringsum ruhet die Stadt; still wird die erleuchtete Gasse,
und, mit Fackeln geschmückt, rauschen die Wagen hinweg. — *Friedrich Hölderlin*

So ist die Lieb! So ist die Lieb!
Mit Küssen nicht zu stillen:
Wer ist der Tor und will ein Sieb
Mit eitel Wasser füllen?
Und schöpfst du an die tausend Jahr,
Und küssest ewig, ewig gar,
Du tust ihr nie zu Willen. — *Eduard Mörike*

To be or not to be – that is the question. — *William Shakespeare*

Shall I compare thee to a summer's day?
Thou art more lovely and more temperate. — *William Shakespeare*

Ist das im Lateinischen genauso?

Im klassischen Latein ist ein Vers eine Abfolge von langen und kurzen Silben; entscheidend ist also nicht die Betonung, sondern die **Quantität** (d. h. Länge oder Kürze) der einzelnen Silben.

Das hat zur Folge, dass in einem Vers Wörter oft anders betont werden als in Prosa:

Mílitat ómnis amáns, et habét sua cástra Cupído;
Áttice, créde mihí, mílitat ómnis amáns.

In der folgenden Erklärung wird daher bei allen Beispielen nicht nur die Betonung, sondern auch die Länge (—) oder Kürze (∪) einer Silbe gekennzeichnet.

Wie weiß ich beim Lesen, ob eine Silbe kurz oder lang ist?

Es gibt zwei Möglichkeiten, warum eine Silbe lang sein kann:

- von Natur aus (**Naturlänge**), d. h. wenn sie einen langen Vokal hat, z. B. ā, ē usw. (im Wörterbuch immer so als lang gekennzeichnet!): z. B. *amīca, amōre, amāre;* Diphthonge (Zwielaute wie ae, oe usw.) sind immer lang (und im Wörterbuch nicht extra gekennzeichnet).

  Ausnahme: Wenn in einem Wort zwei Vokale unmittelbar aufeinander folgen, wird der erste gekürzt: *„Vocalis ante vocalem brevis est."*

  z. B.: *monĕo* (kurzes e, obwohl e-Konjugation)

- nach der Übereinkunft *(positio)*, dass geschlossene, d. h. mit einem Konsonanten endende Silben lang sind (**Positionslänge**) und mit Vokal endende, „offene" Silben kurz.

  Aber beachte: Ein Verschlusslaut (er wird durch kurzen Verschluss der Sprechwerkzeuge gebildet, sog. ***muta*** = „stummer" Laut: b, p, c, g, d, t) **und** ein „fließender" Laut (den man beliebig lange anhalten kann: ***liquida:*** l, r), also z. B. cl, tr, pl, **werden nicht getrennt** und bilden daher (meist) keine Positionslänge: *ét lă-crimáe prosúnt ...*: a ist offen und daher kurz.

Was passiert, wenn ein Wort mit einem Vokal endet und das nächste mit einem Vokal beginnt?

Viele Sprachen versuchen das zu vermeiden, weil es als unschön empfunden wird. Im Französischen z. B. fällt in so einem Fall der erste Vokal aus und wird durch einen Apostroph ersetzt: „Je t'aime."

Im Lateinischen werden zwar beide Vokale geschrieben, sie werden aber nur als eine Silbe gelesen.

Wie macht man das beim lauten Lesen?

Da gibt es zwei Möglichkeiten:

- In den meisten Fällen lässt man beim Lesen den ersten Vokal einfach aus (**Elision** = „Ausstoßen"). Korrekter wäre es, die beiden Vokale miteinander zu verschmelzen, d. h. der erste wird nur mehr ganz schwach gehört, der zweite behält die Oberhand (**Synalóephe** = „Verschmelzung"):

  Vívamús, mea Lésbi(a), átqu(e) amémus!

- Wenn das zweite Wort *es* oder *est* ist, fällt das e- aus (**Aphaerése** = „Wegnehmen").

  quáerendá (e)st oculís ápta puélla tuís.

Tritt das nur dann ein, wenn zwei Vokale an der Wortgrenze aufeinander treffen?

Ein h- am Wortanfang wird so schwach gesprochen, dass es nicht als Konsonant zählt. Das Gleiche gilt für ein -m am Wortende. Wenn so ein Wortbeginn bzw. Wortende mit einem anderen Vokal zusammentrifft, kommt es also auch zu Synalóephe bzw. Aphaerése:

Si vóc(em) habéres ...
... amáta nóbis, quánt(um) amábitúr núlla ...
... cópia iúdiciúm saépe moráta meúm (e)st

Wie sieht so ein lateinischer Vers konkret aus?

Jeder Vers besteht aus einer vorgegebenen Anzahl von Versfüßen. Ein Versfuß ist eine bestimmte Anzahl von kurzen und langen Silben. Der Versfuß, den wir für lateinische Verse am häufigsten brauchen, ist der **Daktylus**: — ∪ ∪: z. B. *ómnĭă, mílĭtăt*

Manchmal tritt an die Stelle der beiden kurzen Silben eine lange; dieser Versfuß heißt dann **Spondéus** (— —): z. B. *ōdī; sēd tū*

Heißt das, dass ein und derselbe Vers nicht immer gleich viele Silben hat?

Auf den häufigsten lateinischen Vers trifft das in der Tat zu. Das ist so ähnlich wie in der Musik: Statt einer Viertelnote können auch zwei Achtelnoten stehen, und für den Takt ändert sich trotzdem nichts.

Wo betont man diesen Versfuß?

Die Betonung ist sowohl beim Daktylus als auch beim Spondeus ausnahmslos immer auf der ersten Silbe.

Wie heißt dieser Vers, der im Lateinischen so oft vorkommt?

Der Vers, den wir für unsere Lektüre immer wieder brauchen, ist der **Hexameter** (griech. für „Sechsmaß"). Wie der Name schon sagt, besteht er aus sechs daktylischen Versfüßen, hat also sechs Betonungen. Der sechste Versfuß ist unvollständig (katalektisch) und besteht nur aus zwei Silben, wobei die letzte Silbe (wie in jedem lateinischen Vers) lang oder kurz sein kann. Statt der Daktylen können im Prinzip auch Spondeen stehen, im fünften Versfuß kommt das aber nur ganz selten vor. (Dieser Ausnahmefall heißt dann *versus spondíacus.*)

Das Schema des Hexameters sieht daher folgendermaßen aus:

ˈ— <u>∪∪</u> | ˈ— <u>∪∪</u> | ˈ— <u>∪∪</u> | ˈ— <u>∪∪</u> | ˈ— ∪∪ | ˈ— <u>∪</u>

z. B. *Spéctatúm veniúnt, veniúnt specténtur ut ípsae.*
— — — ∪ ∪ — ∪ ∪ — — — ∪ ∪ — —

Ód(i) et amó. Quar(e) íd faciám, fortásse requíris.
— ∪ ∪ — — — ∪ ∪ — — — ∪ ∪ — ∪

Gibt es noch andere Verse, die aus Daktylen und Spondeen bestehen?

In der lateinischen Liebesdichtung (Liebeselegie) wird meist das sogenannte **elegische Distichon** (griech.: „Zweizeiler") verwendet. Es besteht immer aus einem **Hexameter** und einem **Pentameter** („Fünfmaß"). Der Rhythmus des Pentameters unterscheidet sich von dem des Hexameters vor allem dadurch, dass er in der Mitte eine Pause hat und danach gewissermaßen von neuem beginnt: Diese **Diärese** (griech. „Zerlegung") kommt stets in der Mitte des dritten Versfußes, also nach der dritten Betonung; nach der Pause beginnt der Vers gleichsam von neuem mit einer betonten Silbe und geht wieder bis zur dritten Betonung. Anders als beim Hexameter ist beim Pentameter daher auch die letzte Silbe immer betont.

Er besteht also gewissermaßen aus zweimal zweieinhalb Versfüßen – so kommt es zum Namen Pentameter.

Die Daktylen in der zweiten Vershälfte werden nie durch Spondeen ersetzt; aus diesem Grund ist der Pentameter auch einfacher zu lesen als der Hexameter.

Das Schema des Pentameters sieht folgendermaßen aus:

–́ _∪∪_ | –́ _∪∪_ | –́ || –́ ∪∪ | –́ ∪∪ | _∪́_

z. B. *Néscio séd fierí sénti(o) et éxcruciór.*

Ein Pentameter steht immer nur als zweiter Teil eines elegischen Distichons, also unmittelbar nach einem Hexameter. Da er in der Regel etwas kürzer ist, wird er im Druck etwas eingerückt.

z. B. *Dícebás quondám solúm te nósse Catúllum,*
Lésbia, néc prae mé vélle tenére Iovém.

Das klingt alles außerordentlich kompliziert. Wie kann man beim Lesen diese vielen Regeln beachten?

Das Lesen selbst lernt man nur durch Übung, also indem man immer wieder lateinische Verse laut liest. Hilfreich ist es auch, sich am Anfang bei einigen Versen die richtige Betonung zu markieren, z.B. wenn der Lehrer / die Lehrerin den Vers vorliest. Dadurch kann man dann einige Verse mit Sicherheit richtig lesen und bekommt allmählich ein Gefühl für den Rhythmus.

Sind alle lateinischen Verse so variantenreich wie Hexameter und Pentameter?

Für die Liebesdichtung ist nur noch ein weiterer Vers wichtig, der bei Catull öfter vorkommt. Dieser sogenannte **Hendekasyllabus** (griech. *héndeka* = elf, *syllabé* = Silbe) oder **Phaläceische Elfsilber** (benannt nach einem hellenistischen Dichter), ist aber viel leichter zu lesen, weil er eine genau vorgegebene Anzahl von Silben hat und es somit keine Möglichkeiten für Varianten gibt.

Das Schema des Hendekasyllabus sieht folgendermaßen aus:

_∪́_ _∪_ –́ ∪ ∪ –́ ∪ –́ ∪ –́ _∪_

Vívamús, mea Lésbi(a), átqu(e) amémus

Das elegische Distichon und der Hendekasyllabus sind die beiden Versmaße, die in diesem Band am häufigsten vorkommen. Da das elegische Distichon besonders häufig ist, wird bei den einzelnen Texten nicht mehr extra darauf verwiesen. Vereinzelt finden sich noch andere Versmaße, die sind dann aber an Ort und Stelle (beim jeweiligen Gedicht) kurz erklärt.

Gibt es im Lateinischen eigentlich keine gereimten Verse?

In der Antike ist der Reim eher selten; wenn, dann am ehesten innerhalb des Pentameters:

ádposuí medió mémbra levánda toró.

Erst im Mittelalter fand man an diesem Gleichklang Gefallen. Dies ist der erste große Unterschied zwischen der antiken und der mittelalterlichen lateinischen Verslehre: Mittellateinische Verse sind oft gereimt.

Dabei können die Wörter einsilbig gereimt sein *(exiit* und *induit)* oder mehrsilbig *(floribus* und *frondibus* oder auch: *florentia* und *gaudia)*.

Sehr häufig ist der **Endreim** – wobei die letzten Wörter der Verse gereimt sind:

Die Abfolge der Reime kann wechseln. Es gibt folgende Möglichkeiten:

- „Tiradenreim“: mehrere Verse haben den gleichen Reim (siehe das obige Beispiel), nach dem Schema: a a a a
- „Paarreim“: jeweils zwei aufeinander folgende Verse sind gereimt; Schema: a a b b
- „Kreuzreim“: zwei Reimpaare sind „über Kreuz“ gereimt; Schema: a b a b

Welche Unterschiede zwischen antiker und mittellateinischer Verslehre gibt es noch?

Im Mittelalter – eigentlich schon seit der Spätantike, also etwa dem 4. Jh. n. Chr. – ging das Gefühl für Quantitäten nach und nach verloren, und es entwickelte sich das, was wir heute unter Versmaß verstehen: die rhythmische Abfolge von betonten und unbetonten Silben.

Die mittellateinischen Gedichte in diesem Buch werden daher meist nach dem Wortakzent gelesen, d. h. die Betonung im Vers ist genau so wie in der Prosa.

Namenregister

(in Auswahl)

Bildnachweis

Cover/1 u. Vignette S. 1: Hintergrund-Foto: ra photography / istockphoto. Vordergrund-Foto: Amy Kuck / stock.xchng, mit freundlicher Genehmigung der Urheberin

Cover/2 u. Vignette S. 39: Piazza Armerina. Die Mosaiken der Villa del casale. Palermo: Edizioni Poligraf 1990

Cover/3 u. Vignette S. 75: Archiv für Kunst und Geschichte, Berlin

Cover/4 u. Vignette S. 113: Alfonso de Franciscis, La pittura pompeiana. Foto Giacomo Pozzi Bellini. Florenz: Sadea editore 1965

TEIL 1 ROSTRA

Abb. 1.1: „Digital Roman Forum", University of California Los Angeles http://dlib.etc.ucla.edu/projects/Forum/reconstructions/RostrAugusti_1

Abb. 1.2: G. Nimatallah / DeA Picture Library. http://www.britannica.com/EBchecked/topic-art/501179/124107/Bronze-statue-of-an-orator-150-BC-in-the-Archaeological

Abb. 1.3: Foto Günter Lachawitz

Abb. 1.4: Foto Wolfgang J. Pietsch

Abb. 1.5: Deutsche Bundesbank http://www.bundesbank.de/bibliothek/bibliothek_sammlung_bestaende.php

Abb. 1.6: Foto Wolfgang J. Pietsch

Abb. 1.7: Foto Trinity College, Dublin http://hdl.handle.net/2262/9960

Abb. 1.8: Bildarchiv Preußischer Kulturbesitz

Abb. 1.9: Foto Morse Library, Beloit Chronicle http://www.beloit.edu/~nurember/book/images/People/Classical/History/big/Catiline%20LXXXIXr.jpg

Abb. 1.10: http://de.wikipedia.org/wiki/Bild:Maccari-Cicero.jpg

Abb. 1.11: http://hollowaypages.com/images/DROES.JPG

Abb. 1.12: Foto Arno Declair / Burgtheater. Programmheft zur Aufführung des Wiener Burgtheaters

Abb. 1.13: Verlagsarchiv

Abb. 1.14: Weltgeschichte. Eine Universalgeschichte. Herausgegeben von Golo Mann und Alfred Heuß, Band 4 (Rom – Die römische Welt). Gütersloh: Prisma 1979, S. 699

Abb. 1.15: http://www.elk-wue.de/glauben/gedenktage/gedenktage-2004/augustinusvon-hippo/

Abb. 1.16: CGFA – A Virtual Art Museum. Online unter: http://cgfa.sunsite.dk/

Abb. 1.17: http://www.kb.se/kart_bibl/

TEIL 2 AMOR VINCIT OMNIA

Abb. 2.1: Arthur Henkel, Albrecht Schöne, Emblemata. Handbuch zur Sinnbildkunst des XVI. und XVII. Jahrhunderts. Stuttgart: Metzler 1967

Abb. 2.2: Kunstpostkarte, Becocci Editore, Firenze, beschnitten

Abb. 2.3: Foto Rich Pianka http://www.flickr.com/photos/rpianka/466327601/

Abb. 2.4: Die Presse, 19. 12. 2005, S. 28

Abb. 2.5: http://www.globalgallery.com

Abb. 2.6: http://www.artrenewal.org/pages/artwork.php?artworkid=10029&size=huge

Abb. 2.7: Robert Doisneau 1912–1994. Hrsg. v. Jean-Claude Gautrand. Köln: Taschen 2003

Abb. 2.8: http://stores.shop.ebay.it/ScaccoMattomega-store

Abb. 2.9: http://www.the-athenaeum.org/art/full.php?ID=1245

Abb. 2.10: http://www.brandeis.edu/departments/classics/MastersProgram.html

Abb. 2.11: http://www.artrenewal.org/pages/artwork.php?artworkid=15292&size=huge

Abb. 2.12: Archäologisches Museum Neapel

Abb. 2.13: „Rome", TV-Serie. Episode 9, „Utica". HBO/BBC/RAI 2005

Abb. 2.14: Arthur Henkel, Albrecht Schöne, Emblemata. Handbuch zur Sinnbildkunst des XVI. und XVII. Jahrhunderts. Stuttgart: Metzler 1967

Abb. 2.15: http://files.myopera.com/rato53/albums/70443/1959_BenHur1.jpg

Abb. 2.16: http://www.mlahanas.de/Greeks/Mythology/Eros.html

Abb. 2.17: http://upload.wikimedia.org/wikipedia/commons/0/0a/Casale_Bikini.jpg

Abb. 2.18: Foglia. Aus: Erotik in der Römischen Kunst. Hrsg. v. Angelika Dierichs. Mainz: Philipp v. Zabern 1997

Abb. 2.19: http://www.archart.it

Abb. 2.20: sxc.hu / strecht, http://www.sxc.hu/photo/1141646

Abb. 2.21: http://commons.wikimedia.org/wiki/File:Antinous_Dionysos_Louvre_Ma238.jpg

Abb. 2.22: Foto: Eva Cescutti; Südtiroler Landesmuseum für Volkskunde, Dietenheim bei Bruneck

Abb. 2.23: Archiv für Kunst und Geschichte, Berlin

Abb. 2.24: Foto © 1990, The Metropolitan Museum of Art, New York

TEIL 3: GRUNDFRAGEN DER MENSCHLICHEN EXISTENZ

Abb. 3.1: Papadogeorgos, Georgios, Berühmte Männer des antiken Griechenlands. Ihr Leben und Werk. Koropi: Verlag M. Toubis S. A. 2003, S. 37
Abb. 3.2: Foto: mharrsch.http://www.flickr.com/photos/mharrsch/9943598/sizes/o/
Abb. 3.3: Foto Dino Sassi. Museo Archeologico Nazionale, Napoli
Abb. 3.4: http://upload.wikimedia.org/wikipedia/commons/c/c2/Plato_Silanio_Louvre_Ma3654.jpg
Abb. 3.5: Foto Kunsthistorisches Museum Wien 2005
Abb. 3.6: Foto Luciano Pedicini. Museo Archeologico Nazionale, Napoli
Abb. 3.7: Philosophenstemma: Eva Fussl; Akademie des Platon: Museo Archeologico Nazionale, Neapel. http://media-2.web.britannica.com/ebmedia/80/78680-050-81367A2D.jpg
Abb. 3.8: Sammlungen des Fürsten von und zu Liechtenstein, Vaduz – Wien
Abb. 3.9: Staatliche Museen zu Berlin – Preußischer Kulturbesitz, Antikensammlung Inv. R 391.
Abb. 3.10: Foto Fontanelli. Chiesa di S. Agostino, San Gimignano
Abb. 3.11: © Salvador Dalí. Foundation Gala – Salvador Dalí / VBK, Wien, 2010. http://www.dali-gallery.com/images/works/ 1984_04.jpg
Abb. 3.12: © Salvador Dalí. Foundation Gala – Salvador Dalí / VBK, Wien, 2010. http://www.utexas.edu/research/memoria/
Abb. 3.13: http://commons.wikimedia.org/wiki/File:Peter_Paul_Rubens_118.jpg
Abb. 3.14: http://de.wikipedia.org/wiki/Bibelhumanismus
Abb. 3.15: Foto Richard Drew / Associated Press. http://blog.masslive.com/breakingnews/2008/11/WallStreet.jpg /
Abb. 3.16: Foto Maximilian Fussl
Abb. 3.17: Sebastian Brant, Das Narrenschiff. Basel 1494
Abb. 3.18: Foto Adam Laverty. http://www.aboututila.com/AccomInfo/Little-Cay/Photos/Palm_Trees_Little_Cay-01.jpg.
Abb. 3.19: http://upload.wikimedia.org/wikipedia/commons/c/c5/Jean-Leon_Gerome_Pollice_Verso.jpg
Abb. 3.20: Alfonso Romero / sxc. http://www.sxc.hu/photo/189366
Abb. 3.21: Kunstpostkarte, Foto Blauel – Artothek
Abb. 3.22: Dommermuth-Gudrich, Gerold, Mythen. Die bekanntesten Mythen der griechischen Antike. Hildesheim: Gerstenberg Verlag 2000
Abb. 3.23: The Metropolitan Museum of Art, New York. Catharine Lorillard Wolfe Collection
Abb. 3.24: Katalog zur Ausstellung zum 450. Todestag von Erasmus von Rotterdam. Historisches Museum Basel 1986, S. 23

TEIL 4: IOCUS – IAMBUS – SATURA

Abb. 4.1: http://www.jodin.org/moodle/mod/glossary/view.php?id=2763
Abb. 4.2: http://commons.wikimedia.org/wiki/File:Cicero_-_Musei_Capitolini.JPG
Abb. 4.3: Foto: Wolfsraum. http://www.flickr.com/photos/wolf-rabe/ 4685781563/
Abb. 4.4: http://commons.wikimedia.org/wiki/File:Drunken_old_Woman-Musei_Capitolini.jpg
Abb. 4.5: http://roxbcyouth.wordpress.com/2009/01/13/book-of-revelation-introduction/
Abb. 4.6: Foto G. Lachawitz
Abb. 4.7: Kunstpostkarte, Plurigraf, Terni
Abb. 4.8: http://www.britannica.com/EBchecked/topic-art/263092/72925/Socrates-herm-from-a-Greek-original-second-half-of-the

Illustrationen S. 119, 121, 122, 124: Matthias Grieder

Details zu den verwendeten Textausgaben und weiterführende Literatur ➤ Lehrerbegleitheft: www.braumueller.at